傷痕中的戰鬥民族

RUSSIAN

俄羅斯

蘇聯政治改革、
世紀文學成就、音樂藝術發展……
自由與克制的矛盾體，成就偉大文化的冰封國度

羅頂工——主編

曾以音樂、文學、芭蕾、藝術征服世界的俄羅斯，
在歷史的傷痕中展現其強悍不屈的民族性！

文壇巨擘 × 藝術成就 × 民族性格 × 歷史借鑑
——細談俄羅斯如何成為歷史上的文化巨人

目 錄

第一章　國家檔案

　　俄羅斯是一個古老、神祕的國家，無論中世紀的俄羅斯帝國，還是現代史上的「紅色蘇聯」，都以其厚重和滄桑而令人留戀。災難的俄羅斯，飽受過欺凌和侵略；輝煌的俄羅斯不僅左右過歐洲的格局，還曾主宰過世界。俄羅斯是個大國，國運有起有落，然而在世界格局的博弈中，它絕不是可有可無的棋子，而是影響勝負的棋手。現今的俄羅斯可能背負著沉重的歷史，但即使走過歷史的長途，其身軀仍舊穩健和咄咄逼人。

● 國家象徵

　　國徽、國旗和國歌作為不同形式的國家象徵，在不同的方面代表著一個主權國家。蘇聯解體後，俄羅斯進入轉型時期。由於社會意識形態出現急遽的變化，俄羅斯出現了一股「歷史回歸熱」，特別是帝俄晚期的歷史備受重視。在這種情況下，俄羅斯重新啟用的國徽、國旗、國歌，都表明他們割捨不下過去那段歷史。

雙頭鷹

　　眾所周知，十月革命勝利後，蘇維埃社會主義共和國聯盟於 1918 年確立了鐮刀和鐵錘為國徽。在蘇聯的輝煌時期，這枚鐮刀和鐵錘交叉排列的國徽代表著工農聯盟，曾受到幾代人的愛戴。然而，在經歷 75 年的風雨之後，這枚國徽於 1993 年 11 月 30 日完成了歷史使命。

　　1990 年 11 月 5 日，俄羅斯蘇維埃聯邦社會主義共和國政府通過了關於確定國旗和國徽的決定，並且專門組建了一個政府委員會。委員會經過廣泛、全面的討論之後，向政府提交了白、藍、紅三色國旗和紅底金色雙頭鷹國徽方案。時任俄羅斯總統葉爾欽簽署了〈俄羅斯聯邦國徽令〉。

　　俄羅斯國徽圖案描述如下：圖案是金色雙頭鷹，背景為紅色紋章盾

牌；雙頭鷹上戴著彼得大帝的三頂王冠，雙頭各戴一頂小號王冠，其上方為一頂大號王冠；三頂王冠以絲帶相連；雙頭鷹右爪執權杖，左爪執金球；雙頭鷹胸部的紅色盾牌上是一名身著白衣、披藍色斗篷、騎白色駿馬向左側行進的騎士，手持銀色長矛刺向一條黑龍，黑龍被踏翻在地，仰面朝天，頭向左側。

2000 年 12 月 8 日，國家杜馬一讀和三讀審議通過了〈俄羅斯聯邦國徽法（草案）〉，25 日，總統普丁正式簽署文件，俄羅斯聯邦國徽於 2000 年 12 月 27 日起生效。

俄羅斯人重選舊日的帝國國徽，充分展現出轉型時期俄羅斯人的復古情結。追根溯源，俄羅斯國徽的雛形為大公伊凡三世（西元 1462 ～ 1505 年在位）的印章。伊凡三世自稱「全俄羅斯的君主」，他在迎娶了拜占庭公主索菲婭·帕列奧羅格之後，將拜占庭的王權象徵「雙頭鷹圖案」與莫斯科市徽圖案相結合，形成一個新的印章圖案：正面是莫斯科市徽屠龍騎士，反面是雙頭鷹。

這枚雙頭鷹圖案原是拜占庭帝國的國徽。西元 1453 年，鄂圖曼土耳其人攻占了拜占庭首都君士坦丁堡。拜占庭皇帝君士坦丁十一世戰死，僅有兩個弟弟得以倖存。一個後來臣服於鄂圖曼土耳其帝國，另一個帶著兩個兒子和女兒索菲婭逃到了羅馬。後來，教皇在其父死後，將這兩兒一女撫養成人。

索菲婭長大後美麗聰慧，頗有政治才能。當時的羅馬政治家們因鄂圖曼土耳其的擴張而憂心忡忡，便打算將索菲婭許配給莫斯科大公伊凡三世，目的是想借助俄羅斯的軍事實力來遏制鄂圖曼土耳其。伊凡三世極其隆重地迎娶了索菲婭公主，後者輔佐伊凡三世成就了一代偉業，把俄羅斯的土地聯合在一起，形成了一個疆域遼闊的統一國家。拜占庭帝國的雙頭

鷹徽記也隨著公主來到俄羅斯。

　　應該承認，雙頭鷹標誌並非是拜占庭帝國的首創，亞述王國早在西元前 7 至 6 世紀便採用了這個圖案作為代表。

　　莫斯科市徽圖案為白馬騎士喬治持槍屠龍。據傳，在巴勒斯坦東部湖裡潛有一條惡龍，無惡不作、殘害百姓。當地人為求平安，只好輪流供奉親生女兒。一天，皇帝的公主也被扮成新娘送至湖邊，公主哀戚地等待著厄運的降臨。這時喬治戰畢歸來，路過湖邊時見到此景。於是，他祈求上帝並獲得恩准去懲治惡龍。一場惡鬥，他因具有神賜的力量，終於擊敗了惡龍。百姓獲救了，十分感激這位悄然離去的英雄，特為喬治蓋了一座教堂紀念他。

　　「喬治鬥惡龍的傳說」成為古俄羅斯文學中最受喜愛的題材，喬治因此也被描繪成常勝將軍。東正教的一個重要節日尤利節，舊曆 11 月 26 日，公曆 12 月 9 日就是為紀念喬治戰勝惡龍的日子而設立的節日。西元 14 世紀，莫斯科便正式將此圖案作為市徽。此後，徽章做過數次更改，最後一次是 1917 年 2 月革命後，新當權的臨時政府雖然沿襲帝俄傳統，以雙頭鷹作為國徽圖案，但摘去了雙頭鷹頭上的王冠。

　　在歷史長河中，雙頭鷹雖然曾被棄用，但是它已經融入了國家命運和民族意識之中。它的雙翅之下好似庇護著橫跨歐亞兩大洲的俄羅斯。現今俄羅斯人重新啟用老國徽，當然在情理之中。這表明俄羅斯人在繼承俄羅斯歷史的同時，還希望將雙頭鷹的性格發揚下去。昔日的輝煌是對未來的鞭策，未來的偉大，當然是俄羅斯人追求的目標。

白藍紅

　　俄羅斯國旗為三乘二規格的長方形，旗面的構成是三個平行相連的白、藍、紅三色橫長方形，面積相等。俄羅斯幅員遼闊，國土橫跨寒帶、亞寒帶和溫帶三個氣候帶。為了表示俄羅斯地理位置上的這一特點，人們便將三色橫長方形平行相連。白色代表寒帶，一年四季白雪皚皚；藍色既代表亞寒帶氣候區，又象徵俄羅斯豐富的地下礦藏和森林、水力等自然資源；紅色標示著溫帶，也象徵俄羅斯歷史的悠久和對人類文明的貢獻。

　　俄羅斯白藍紅三色旗有著悠久的歷史。現在使用的三色旗樣式是彼得大帝（西元 1672 ～ 1725）在位期間產生的。紅、白、藍三色被稱為泛斯拉夫顏色。以前，沙皇的公文上蓋的是紅蠟印，在紅色華蓋下君臨萬民；天藍色調被認為是俄羅斯的保護人聖母的顏色；白色是自由與偉大的象徵。在俄羅斯的民族意識中，白、藍、紅三色還代表著高尚、榮譽、勇敢。這種形式的旗幟也符合歷史繼承性的原則，除此之外，它還超越等級、階級、黨派的界限，具有全民性。

　　西元 1848 年，共同斯拉夫大會決定把三色旗作為國旗的基礎。但是，俄羅斯的君主亞歷山大二世在德國的影響之下，根據自己的意願發號施令，定黑色、橙黃色和白色旗為帝王的象徵。而實際上俄羅斯民眾並沒有接受這個君主的意願，結果，「兩旗」現象在俄羅斯僅存在半個世紀。1896 年尼古拉二世時，決定只有白、藍、紅三色旗才能被稱為俄羅斯的國旗。

　　1917 年十月革命勝利後取消三色旗，蘇維埃政府於 1920 年採用新國旗，由紅、藍兩色構成，左邊為垂直的藍條，右邊的紅色旗面上有一顆五角星和交叉著的鐵錘和鐮刀。此旗後為俄羅斯蘇維埃聯邦社會主義共和國國旗。1922 年蘇維埃社會主義共和國聯盟成立後，國旗圖案作了修改，為

一面紅旗，左上角有金色的五角星、鐮刀和鐵錘圖案。1991 年蘇聯解體，俄羅斯蘇維埃聯邦社會主義共和國改稱為俄羅斯聯邦，隨後便恢復了白、藍、紅三色國旗。

愛國者之歌

自從蘇聯解體後，俄羅斯國內對國徽與國旗的意見很快取得了統一。然而唯獨在選定國歌的問題上紛爭不已。當然，這並不是有關詞曲的藝術之爭，而是深刻地反映出俄羅斯社會不同時期的尖銳矛盾和各種政治力量之間的角逐。

2000 年 12 月 8 日，俄羅斯國家杜馬一致通過關於國歌、國旗和國徽的法律草案，決定重新啟用蘇聯時期的國歌〈牢不可破的聯盟〉。當年，十月革命勝利後，〈國際歌〉被選作蘇維埃國歌。在第二次世界大戰期間，〈牢不可破的聯盟〉成為新的國歌。由於該歌的歌詞在頌揚蘇聯「堅不可摧」的同時，還歌頌史達林「喚起我們的勞動和創造熱情」，所以赫魯雪夫大權在握時，便廢止了歌詞，只保留了樂曲。布里茲涅夫上臺後，雖然重填了歌詞，剔除了與史達林有關的字眼，但是在蘇聯 1991 年解體後，它仍舊沒能倖存。

葉爾欽選定的俄羅斯國歌為〈愛國者之歌〉，是大音樂家米哈伊爾‧格林卡所作。然而格林卡這首歌曲沒有歌詞，曲調旋律也太過複雜，不易學習和記憶。此外，俄羅斯民族粗獷豪邁，曲調過於柔情反而不利於展現民族氣概。所以，此曲引起了越來越多的抱怨，其中尤以運動員為最。他們在參加國際賽事或奧運奪冠時，都能夠聽到本國的國歌奏響。此時的他們多麼希望像其他國家運動員那樣，也能隨著國歌引吭高歌。然而當他們張嘴時，才尷尬地感到無詞可唱。

其實，早在幾年前，國家杜馬曾通過沿用蘇聯國歌作為俄羅斯國歌的法律草案，但遭到包括葉爾欽在內的一部分人的反對，法案因此擱置。後來，俄羅斯各種調查機構和新聞媒體做了許多民意調查，結果大多數俄羅斯人均主張沿用前蘇聯的國歌〈牢不可破的聯盟〉樂曲，因為這個曲調慷慨激昂，催人奮進，影響極其深遠。至於歌詞，可以重新填寫。對此，普丁意味深長地告誡國人不能忘記過去：「如果有人說不能用蘇聯的標示，那我們的父母就虛度一生，活得毫無意義。」

普丁總統有關恢復國歌的建議招致了葉爾欽的強烈反對，一名國家首領哪能盲目跟從民眾意志？再者，舊國歌會喚起對過去時代的很多痛苦回憶。的確，葉爾欽提拔過普丁，但是真正能給國家領導人帶來榮譽的，是俄羅斯民族和國家。

自媒體發出徵集國歌新歌詞的公告之後，應徵者甚多，甚至在預選之後都還有 150 首入圍。經過層層審查，關關篩選，最後脫穎而出的還是老將：謝爾蓋‧米哈爾科夫。這位時年 87 歲的老人是蘇聯著名詩人，蘇聯教育科學院院士。他的兒童詩曾影響過蘇聯幾代人，至今仍為兒童所喜愛。此外，他還曾為蘇聯的國歌寫過歌詞。由於他的才華過人，1990 年代初，俄羅斯當局便曾委託他為格林卡的〈愛國者之歌〉配詞，或許無緣，或許是該曲調限制太多，風格不同，總之他苦思幾年也未能完成。

當熟悉的曲調〈牢不可破的聯盟〉響在耳邊時，他在世紀之末的最後幾天寫出了新詞，並且幸運地被選中。千禧年之際，世紀的鐘聲敲響之時，電視臺終於播放出配上新詞的國歌。歌詞由三段組成，每段後面重複副歌。歌詞是：

俄羅斯，我們神聖的祖國。
俄羅斯，我們可愛的國家。

意志堅強，無上榮光，
你的財富源遠流長！
從南海到北疆，
森林和田野無限寬廣，
世界上只有你，
你是神佑的可愛故鄉！
矚望未來的時光，
我們的生活充滿希望。
無論過去，現在，還是將來，
對祖國忠誠賦予我們力量！

副歌：

讚美你，我們自由的祖國，
你是各族人民友誼的堡壘。
祖祖輩輩沉澱的智慧，
帶領我們奔向勝利的遠方。

● 政體、政黨、首都

1991 年 12 月 8 日，俄羅斯總統和白俄羅斯、烏克蘭領導人在明斯克以一紙關於建立獨立國家聯合體（即獨聯體）的協議，宣告了蘇聯的解體。俄羅斯自此後便以獨立的主權國家繼承了蘇聯遺留的大部分責任與權力。

政體

俄羅斯的政治體制基本採納了西方「三權分立」的原則：建立了總統制、議會制和多黨制的政治體制。

（1）行政機構

1991 年 3 月 17 日，俄羅斯全民公決確立了俄羅斯成為一個總統制共和國。按照 1991 年 4 月 24 日通過的俄羅斯〈總統法〉和〈總統選舉法〉，俄羅斯總統任期五年。後來，俄羅斯聯邦憲法於 1993 年 12 月又作出新規定，下屆總統任期為四年，連任不得超過兩屆。然而 2008 年 11 月 21 日，俄羅斯杜馬通過總統梅德維傑夫「俄羅斯杜馬通過延長總統任期憲法修正案」。未來總統和國家杜馬議員任期將由四年分別延長為六年和五年。

根據俄羅斯聯邦憲法法律，總統被賦予一定的權限：總統是國家元首和國家軍事最高總司令；由總統制定內外政策的基本方針；總統可以直接任命政府副總理和各部部長、總統的全權代表、聯邦軍事最高統帥部；經議會同意可以任命政府總理、中央銀行行長，並向議會推薦司法機構的領導人；總統有權宣布聯邦政府辭職，有權根據憲法規定解散議會和確定全民公決，有權主持聯邦政府會議，領導聯邦安全會議；俄聯邦全境必須堅決執行俄羅斯聯邦總統的命令和指令。

然而，總統制的運行初期並沒有展現出多少「民主」的氛圍。俄羅斯歷史沿革下來的專制和集權性質並沒有得到很大改變。葉爾欽在任期間努力想改革俄羅斯經濟，然而國家改革的不成功突顯了總統的「霸氣」。葉爾欽一紙命令走馬燈似的撤換著總理，從蓋達爾的離職到格拉契夫的引退，從切爾諾梅爾金到基里延科的被革職。如果不是普丁的應運而出，葉爾欽說不定還會再任命幾位總理。

當然，其間的原因或許很多，但從法律意義上講，總統與議會之間的權力分配失衡無疑是一個重要的原因。

(2) 立法機構

　　聯邦會議代表俄羅斯立法機構，由聯邦委員會（上院）和國家杜馬（下院）兩院組成。聯邦委員會的構成由俄羅斯聯邦每個主體各派兩名代表組成：一名來自國家代表權力機關，一名來自國家執行權力機關。其主要職能是批准聯邦法律、聯邦主體邊界變更、總統關於戰爭狀態和緊急狀態的命令，決定境外駐軍、總統選舉及彈劾，中央和地方的關係問題等。國家杜馬是俄羅斯的立法機構，由 450 名代表組成，每四年選舉一次，按混合原則選舉產生，即在多數制基礎上按政黨推薦名單和席位選區產生。半數席位由全國 225 個大選區各選一名代表產生，另半數席位則由在選舉中得票率超過 7%的競選黨派按得票多少分配產生。根據憲法規定，沒有跨越 5%得票「大關」的黨派不能參與黨派競選席位的分配。國家杜馬的主要職責是負責起草和制定國家法律、審議總統對政府總理的任命以及決定對總統的信任等。國家杜馬下設國際事務委員會、安全委員會、國防委員會、立法委員會、經濟政策委員會、民族事務委員會等二十多個委員會。

　　兩院分別設正副主席，在職能及內部規則上完全獨立，互不依賴。上院設有聯邦委員會局，負責安排議程和把國家杜馬通過的法律送交聯邦委員會各委員鑑定，國家杜馬通過的法案必須交聯邦委員會審查，聯邦委員會和總統有權駁回國家杜馬提交的議案，而國家杜馬必須以三分之二的絕對多數票才能否決聯邦委員會和總統的決定。

　　通常講，西方的「三權分立」規定，議會（或國會）擁有立法權和監督權。例如在美國，總統的行政權受國會立法的制約，總統無權解散國會，國會也無權解散政府；議員不得同時兼任政府成員，政府成員不能出

席國會的會議。然而在俄羅斯，議會雖然被賦予了諸多權力：如立法、修改憲法、批准總統提名的總理、中央銀行行長和人權委員會主席候選人、解散政府、罷免總統的權力，但是這些權力在實際上受到許多具體制約，所以國家杜馬的司法權與總統的行政權比較起來，顯得「抗衡無力」。

★ **立法權受限**：國家杜馬全體議員以簡單多數通過的任何法律議案，均需提交聯邦委員會審批並得到總統簽署後方能生效。如果聯邦委員會未批准法律草案，國家杜馬可以再次進行表決，如果獲得三分之二的贊成票，便可推翻聯邦委員會的決議。但如果想推翻總統的否決，必須在聯邦委員會和國家杜馬都獲得三分之二的支持票才行。至於修改憲法，必須要得到國家杜馬三分之二的議員、聯邦委員會四分之三的議員和俄羅斯89個州中三分之二的支持。

★ **監督權有限**：國家杜馬對政府的不信任案只要獲得簡單多數贊成票，就算通過。但是總統既可以解散政府，也可以不予理睬。不同的是，如果國家杜馬連續三次拒絕批准總統提名的總理人選，或在三個月內連續兩次通過對政府的不信任案，加之總統又決定不解散內閣時，總統便可以解散國家杜馬。當然，國家杜馬在當選後的第一年內，以及國家杜馬指控總統有叛國罪時，總統無權解散國家杜馬。

★ **對總統權力的制約力有限**：如果議會對總統提出的叛國罪或「其他某種嚴重罪行」的指控獲得三分之二議員的支持，便可以罷免總統。然而這種指控需先由議會的一個特別委員會作出裁決，然後再由最高法院確認總統是否真的犯罪，最後必須由憲法法院來裁定。

試想，憲法法院的法官和總檢察長均由總統提名，要獲得他們的認同本身就不易。再者，俄憲法雖然明文規定國家杜馬代表不能承擔國家公

務、不能成為國家政權其他代表機關和地方自治機關的代表，但是在真正運作時，俄政府為確保議會內有「民主派」代表的比例，以便「協調」執行權力機關和立法機關的關係，允許政府官員和總統辦公廳領導人參加競選。試想，有了這些「沙子」，立法機構的影響力自然難以「威脅」總統。

(3) 司法機構

俄羅斯聯邦司法機關主要有聯邦憲法法院、聯邦最高法院、聯邦最高仲裁法院及聯邦總檢察院。不允許設立特別法庭。就俄羅斯法院系統而言，它由憲法法院、最高法院和最高仲裁法院組成。三大法院的權限、組成由聯邦憲法法律規定。其法官均由聯邦委員會根據總統的提名任命。

俄羅斯聯邦最高法院是民事、刑事、行政以及其他案件的最高司法機關，是擁有一般司法權的裁決法院，按聯邦法律規定的訴訟形式對法院的活動實行司法監督，並對審判實踐問題作出解釋。

2007年11月，俄羅斯聯邦最高法院駁回了「公正俄羅斯黨」的上訴，該黨指責共產黨人在競選中違反智慧財產權，因此應該取消其參加競選的資格。

據報導：俄共11月7日前發行了200萬張賀卡，賀卡背面印有莫斯科一棟1950年代高樓的輪廓以及破冰船、〈工人與集體農莊女莊員〉雕塑、蘇聯旗幟和拿著「祖國-母親在呼喚！」宣傳牌的婦女的輪廓。由於俄羅斯共產黨沒有獲得圖案版權所有者的許可，所以違反了「有關公民選舉權利基本保障」法律第56條。因為該法律規定，在競選宣傳中不能違反智慧財產權。最高法院拒絕取消俄羅斯共產黨參加第五屆杜馬選舉的資格，理由也很簡單，按法律規定，向法院控告侵犯版權的應該是版權所有者，而不是政治對手「公正俄羅斯」黨。

俄羅斯聯邦最高仲裁法院是解決經濟糾紛、和歸仲裁法院審理的其他案件的最高司法機關，按聯邦法律規定的訴訟形式對仲裁法院的活動實行司法監督並對審判實踐問題作出解釋。

憲法法院不僅僅是司法機構，是司法權力的一部分，而且也是國家機構中的一個組成部分。其裁決的範圍如下：聯邦委員會和國家杜馬的法律、決定，聯邦總統的命令，其他聯邦機構的文件，各共和國的憲法，聯邦主體的法律、章程和其他法規，聯邦內部條約和國際條約是否符合聯邦憲法，以及社會團體的成立和活動是否符合憲法的案件。聯邦憲法法院還對聯邦國家權力機關之間、聯邦國家權力機關和聯邦主體國家權力機關之間以及聯邦各主體國家機關之間的權限糾紛作出裁決。

比如，1992 年 11 月 30 日，俄羅斯聯邦憲法法院曾就葉爾欽總統禁止蘇共和俄共活動的命令以及蘇共、俄共是否違反憲法一案作出最後裁決。當時此案件不僅在俄羅斯國內，而且在國際上引起關注。所以憲法法院的判決將帶來極大的影響。憲法法院的判決書措辭巧妙得體，而在法律上也邏輯合宜：鑑於 1991 年 8 ～ 9 月間蘇共事實上已經解體，而俄共尚未形成一個獨立的政黨，憲法法院決定停止審理蘇共、俄共是否違反憲法一案。關於葉爾欽總統 1991 年 8 月和 11 月發布的禁止蘇共、俄共活動和沒收其財產的命令是否違憲一案，判決書指出：禁止蘇共、俄共高層領導機構活動是合法的，而解散共產黨地方基層組織則違反了憲法。的確，當時的俄羅斯政治形勢十分複雜，各派力量之間的爭鬥異常激烈，稍有不慎，新的國家就可能面臨再一次的解體。

聯邦總檢察院監督犯罪案件偵查的合法性，支持在法院的公訴，為維護國家利益、公民的權利和自由而向法院提起訴訟，對於國家機關、地方自治機關和公職人員的違法行為向法院提出異議。檢察院系統實行集中統

一領導制。下級檢察長服從上級檢察長和俄羅斯聯邦總檢察長。俄聯邦總檢察長根據總統提名由聯邦委員會任命。而副總檢察長由聯邦委員會任命。至於俄聯邦各主體檢察長的去留，是由俄聯邦總檢察長與各聯邦主體國家權力機關協商後任免的。各個城市和市區等地方的檢察長直接由俄聯邦總檢察長任命。檢察長任期為五年。

政黨

　　2008 年 4 月 15 日，俄羅斯政黨「統一俄羅斯黨」在第九次代表大會上一致選舉俄羅斯時任總統弗拉迪米爾・普丁為該黨主席，並於 5 月 7 日就職。

　　統一俄羅斯黨與普丁屬於強強聯合，大有火借風勢、風助火威之勢。由於普丁直接出面，力挺統一俄羅斯黨，該黨於 2007 年 12 月在杜馬選舉中以高達 63% 的得票率，遠遠將各參選政黨甩在身後。政壇老將裘加諾夫領導的俄羅斯共產黨雖然排名第二，但得票率僅為 157%，而季里諾夫斯基執掌的自由民主黨得票率僅為 14%。2006 年 10 月才成立的公正俄羅斯黨雖然首次參加杜馬選舉，也取得 74% 的得票率，順利邁過 7% 的門檻。值得注意的是，米羅諾夫率領的公正俄羅斯黨與統一俄羅斯黨一樣，始終被視為普丁的「執政黨」。如果不是普丁在選舉前力挺統一俄羅斯黨，公正俄羅斯黨的支持度或許還會更高。

　　眾所周知，俄羅斯自從確立了多黨制的原則以後，葉爾欽時代的格局較為混亂，各種政黨有如野草一般，群雄並起。政治舞臺上曾活躍著數以百計的政黨、政治團體和各種社會組織。2001 年之前，俄羅斯正式註冊的社會政治團體約有兩百個，其中有九十幾個較為有名。普丁執政後，將政黨活動納入法制和國家管理中，加強對政黨登記的管理。透過提高進入國

家杜馬的門檻、和提高對政黨黨員數額的規定等措施，使政治鬥爭從無序轉向有序，政黨活動也逐漸走向規範。

經過兩年多的兼併組合，大浪淘沙，到 2003 年〈政黨法〉生效之後，很多政黨團體沒辦法通過司法部相應的審理辦法，從而失去了政治上的地位，成為普通的社會組織。當然，這也為一些大的政黨留出了一定的發展空間。

總而言之，在 2007 年第五屆國家杜馬選舉中，共有 11 個政黨參加，而統一俄羅斯黨便席捲了 315 個席位，俄羅斯共產黨擁有 57 個席位，自由民主黨 40 個席位，公正俄羅斯黨 38 個席位。其餘各黨因沒有過 7% 的門檻，而被擋在國家杜馬門外。從而形成了「一黨主導、多黨參與」的政治格局。由於僅只有四大黨派成功進入國家杜馬，因此便簡略地介紹俄羅斯這幾大政黨。

一、統一俄羅斯黨目前是俄國第一大黨。它自稱人民黨，是代表俄羅斯全民族利益的政黨。它的思想基礎是「政治中派主義」，宣稱採取介於左翼和右翼之間的中間立場；反對「政治激進主義」，主張「保守主義」；批判蘇聯歷史消極因素的同時也肯定其積極成果；全面支持普丁總統的政策；主張建立強有力的國家，保護人權和生態環境；要求把溫和的自由主義與俄羅斯的傳統價值觀結合起來；外交上支持普丁總統推行多邊務實政策。俄國政黨制度目前雖然保持多黨制形式，實際上出現了「一黨獨大」的局面。統一俄羅斯黨與普丁總統結盟使它的影響迅速擴大，但也造成了對總統的高度依賴性，出現了「強勢總統、弱勢政黨」的局面。

普丁雖然於 2008 年應邀接任該黨的主席，但並沒有加入該黨。統一俄羅斯黨的實際領導人是鮑里斯‧格雷茲洛夫。後者於 1950 年生於符拉迪沃斯托克（海參崴）。以優異成績畢業於列寧格勒物理數學中學，曾在 2001 年出任內政部長，2002 年 11 月 20 日當選為統一俄羅斯黨最高委員

會主席。現今，統一俄羅斯黨已經獲得杜馬 405 個席位中的 315 個席位，其影響力足以彈劾總統，修改憲法。據 2006 年的資料統計，該黨有 87 名聯邦委員會（議會上院）議員，四十多名黨員擔任聯邦主體的行政長官，五百多名黨員擔任市政機構領導人。因此，統一俄羅斯黨一黨獨大，左右政治的現實已經不容動搖。

二、俄羅斯共產黨成立於 1990 年 6 月，與早年的蘇聯共產黨無法分割。1991 年，蘇聯爆發震驚世界的「八一九」事件後，身為蘇共中央總書記的戈巴契夫不僅辭去了總書記的職務，而且建議解散蘇共中央。後來，蘇共和俄共被宣布停止活動，這為有著一千八百多萬成員的蘇共帶來滅頂之災，當然，其中也包括俄羅斯共產黨。

1993 年 2 月，俄共舉行了重建大會，推選根納季·裘加諾夫為黨的最高領導人。1993 年 3 月，俄共在司法部重新註冊，註冊黨員人數為 50 萬。後來，俄共曾在 1995 年 12 月俄羅斯國家杜馬選舉中，獲得 450 個席位中的 157 個席位，組成了俄國家杜馬中最大的議會黨團。後來，出現了要求取締俄共的主張，俄司法部於 1999 年 5 月 15 日對俄共的活動作出裁決，判定俄共的宗旨與任務並不牴觸俄羅斯現行法律。

俄羅斯共產黨屬於左翼政黨，屬於「愛國主義反對派」。它在繼承蘇共和俄羅斯共產黨的基礎上，「發展馬克思列寧主義理論的基礎。宣揚在集體主義、自由和鞏固多民族聯邦國家的原則上建立公正社會」，堅持社會主義方向，實現人民政權、公正、平等、愛國主義、公民對社會和社會對公民的責任感、社會主義將在未來更新的憲法中出現，最終實現共產主義；同時贊成市場經濟和多黨制，反對土地私有化。

三、俄羅斯自由民主黨成立於 1989 年 12 月 13 日，是蘇聯實行多黨制後成立的第一個政黨。1991 年 8 月 22 日因當局懷疑該黨在「八一九」

事件中支持蘇聯國家緊急狀態委員會，而被中止活動，後因查無實據再獲允許。該黨領導人弗拉迪米爾・季里諾夫斯基從 1991 年起，曾連續參加過三屆總統選舉，分別獲 81%、7% 和 7% 的選票，並在 1993 ～ 1999 年間二度入選國家杜馬代表。自他當選國家杜馬副主席後，他的兒子伊戈爾・列別捷夫接替他任俄羅斯自由民主黨領導人。

1993 年 11 月該黨人數達 10 萬人左右。在 24 個城市建立了黨組織（俄羅斯地區），同時還在波羅的海沿岸各國和烏克蘭等地開展活動。在奧地利、匈牙利、芬蘭、德國均設有組織機構。至 2005 年 3 月，俄羅斯自由民主黨在俄司法部登記的黨員人數為 9 萬人，但自稱擁有 60 萬人，擁有較為穩定的選民隊伍，並連續五年都因穩定的支持率而有代表進入國家杜馬。

在政治上，俄羅斯自由民主黨對內主張集權，建立單一制國家，對重要部門實行國家壟斷，對外主張在蘇聯時期領土內恢復俄羅斯帝國版圖，提出國界「只能外推，不能內縮」；主張加強和東歐的連繫，以建立斯拉夫國家聯盟，「九一一事件」後，又主張與西方結盟。

四、公正俄羅斯黨是一個新的左翼聯盟，成立於 2006 年 10 月 28 日，由俄羅斯生活黨、退休者黨和祖國黨三個中左翼黨派聯合組成，以應對國家杜馬的「高門檻」政策。2007 年，俄羅斯人民黨也加入了該黨。謝爾蓋・米羅諾夫是俄羅斯著名的政界人物，2004 年身為俄生活黨推舉的候選人參加過總統大選，與普丁競爭過總統寶座。2006 年 10 月當選為「公正俄羅斯」黨的領導人。該黨在原俄羅斯祖國黨黨章基礎上建立。「公正俄羅斯」黨作為反對派政黨，實際上擁護俄羅斯普丁總統的現行政策方針。該黨的政治立場比較明確：擁護總統的現實反對派。既擁護總統普丁，但不排除以其他方式來向政府提出建議或施加影響。

首都

俄羅斯聯邦的首都莫斯科是俄羅斯政治、經濟、科學文化中心及交通樞紐。整個莫斯科人口占俄羅斯總人口的七分之一。莫斯科面積 1,081 平方公里，市區東西長 30 公里，南北長 40 公里。

莫斯科位於俄羅斯平原中部、莫斯科河畔，莫斯科河及其支流亞烏扎河穿城而過。地勢平坦，大陸性氣候，年降水量 582 毫米，降雪量大，平均年積雪期長達 146 天（11 月初～ 4 月中旬），冬季寒冷，最低氣溫曾達攝氏零下 43℃。夏季高溫。5 月和 9 月是最好的旅遊季節。

莫斯科的代表性建築當然不得不提克里姆林宮。它作為俄國歷代沙皇的宮殿，氣勢雄偉，舉世聞名。城堡內有精美的教堂、宮殿、鐘塔、塔樓，氣勢雄偉，舉世聞名。巍峨壯觀的聖母升天大教堂屹立在克里姆林宮的中心教堂廣場。克里姆林宮東側是著名的紅場。莫斯科近郊還有新聖母修道院、特羅伊察東正教大修道院、西蒙諾夫修道院等。城郊的新村銀松林、希姆基、奧斯坦基諾等地翠林茂盛，清幽宜人。

莫斯科還有不少博物館，如：莫斯科國家歷史博物館、普希金造型藝術博物館、特列季亞科夫美術館、東方各族人民藝術博物館、中央列寧博物館、衛國戰爭博物館、中央武裝力量博物館、凱旋門和全景畫博物館、綜合技術博物館、農奴創作博物館等等。

莫斯科的雕塑別具風格，市內多處屹立著用青銅或大理石雕塑的塑像和紀念碑。此外，莫斯科樹木蒼翠，綠草茵茵，鮮花盛開。森林、公園綠樹成蔭，莫斯科市以空氣品質冠絕全球而著稱，成為最適宜人居住的城市。該城現有十一個自然森林區、八十九個大公園、四百多個小公園。喬木、灌木、花、草的組合構成了莫斯科的綠化帶。莫斯科因此也是全球綠化最好的城市之一。蔥綠的樹叢和清澈透明的河湖，整潔乾淨，令人神清

氣爽。街頭巷尾中，公園草坪上鳥兒成群，旁若無人地徜徉、覓食，更為這座城市增添了不少活力。

除了地面建築之外，莫斯科最值得一誇的還有精彩紛呈的地下世界，嘆為觀止的地鐵建築。一環線和八條主要幹道組成四通八達的交通網。關於這條環線，據說還有一個有趣的傳聞：聽說原設計的只有直線交錯連接的路線，沒有考慮到環線。當設計圖送去審批時，史達林碰巧將一個茶杯放在設計圖上。一道清晰的壓痕環留在了圖紙上。或許這就是天意，環線便因此應運而出。

概言之，莫斯科不僅是俄羅斯的中心，而且也是世界注目的地方。它帶給世人的，不單單是歷史，時常還有些意外。

● 地理、人口、語言

地理

俄羅斯橫跨歐亞大陸，領土總面積為 17,054 萬平方公里，是美國的八倍，是中國大陸的六倍，是世界上領土面積最大的國家。陸地邊界總長 20,139 公里，其中與中國東北邊界 3,605 公里，與中國西北邊界 40 公里。海岸線總長 37,653 公里。俄羅斯東瀕太平洋，西臨波羅的海，西南接裏海，北面為北冰洋；東西長 9,000 多公里，南北寬 4,000 多公里。俄羅斯國界線長 60,933 公里，其中海岸線長 38,808 公里；大陸線長 14,509 公里；河岸線長 7,141 公里；湖岸線長 475 公里。

俄羅斯聯邦境內自北向南為北極荒漠、凍土地帶、草原地帶、森林凍土地帶、森林地帶、森林草原地帶和半荒漠地帶。瀕臨大西洋、北冰洋和太平洋的十二個海，遠東包括日本海、鄂霍次克海和白令海；西面是波羅

的海；南部包括黑海、亞速海；北面包括巴倫支海、東西伯利亞海、卡拉海、拉普捷夫海、楚科奇海和白海。境內有三百餘萬條大小河流，280餘萬個湖泊。

俄羅斯聯邦由89個平等的主體組成，其中包括21個共和國、6個邊疆區、49個州、1個自治州、10個自治區和2個聯邦直轄市，莫斯科是俄聯邦的首都。

人口

俄羅斯聯邦的人口出生率不斷下降。從絕對數上講，俄羅斯是世界上人口最多的國家之一，然而根據其廣闊的領土面積相對地看，俄羅斯因地廣人稀平均人口密度不到9人/平方公里，僅相當於世界人口平均密度（36人/平方公里）的1/4。

俄羅斯民族多達一百三十多個，其中俄羅斯人占89.5%。主要少數民族有韃靼、烏克蘭、楚瓦什、巴什基爾、白俄羅斯、摩爾多瓦、日耳曼、烏德穆爾特、亞美尼亞、阿瓦爾、馬里、哈薩克、奧塞提亞、布里亞特、雅庫特、卡巴爾達、科米、列茲根、庫梅克、印古什、圖瓦等。人口分布極不均衡，西部發達地區平均每平方公里52～77人，而東北部苔原帶不到一人。高加索地區的民族成分最為複雜，有大約40個民族在那裡生活。

人口逐年減少引起政府的高度重視，時任總統普丁將人口問題列為俄羅斯「最尖銳的問題」之一。為了提高人口出生率、降低死亡率，俄羅斯中央和地方政府正採取一系列措施，其中計劃在2007～2010年間撥款60億盧布（約45億美元）。2007年，俄羅斯人口出生率達到1991年以來最高，比2006年（162萬）增加了127萬。這可是1991年以來從未出現過的現象。第二胎和第三胎的比例，由去年年初的33%增加到年底的42%。

顯然，政府鼓勵生育的措施開始發揮作用。

2009 年元月，俄總統梅德維傑夫在金碧輝煌的克里姆林宮大廳裡，鄭重地為八個家庭授勛，藍色絲帶的銀製五角星「光榮父母勳章」。梅德維傑夫表彰他們為社會作出了貢獻。

在俄羅斯，為了扭轉人口下滑的趨勢，專門設了「光榮父母勳章」。其實申請獲得這種榮譽的條件並不高，父母只需供養四名子女即可。這八個家庭分別獲得五萬盧布的補助金。

語言

俄羅斯民族眾多，所以他們的語言也存在著較大的差異。從語族上分，俄羅斯人、烏克蘭人、白俄羅斯人和波蘭人屬於斯拉夫語族的成員；韃靼人、巴什基爾人、阿爾泰人和雅庫特人等屬於突厥語族的成員；卡累里阿人、高米人等為芬蘭 —— 烏戈爾語族的成員，日耳曼人屬日耳曼語族的成員，而布里亞特人和卡梅克人為蒙古語族的成員。俄羅斯各民族的語言在法律上一律平等。

在俄羅斯聯邦全境內，俄語作為官方語言，流行於各共和國境內。當然各共和國有權規定自己的國語，並與俄語一同在本國通用。1991 年，蘇聯解體後，獨立國家鼓勵使用各自本國的母語，限制了俄語的影響。然而俄羅斯聯邦之外，俄語還是白俄羅斯、哈薩克、吉爾吉斯以及未獲國際承認的聶斯特河沿岸共和國、南奧塞提亞、阿布哈茲的官方語言，俄語也是聯合國六個官方語言之一。

在拉脫維亞，說俄語的人口超過三分之一，主要是早期俄國和蘇聯的移民。而愛沙尼亞，蘇聯移民及他們的後裔約占當前人口的四分之一。在立陶宛，俄語人口占整個人口的十分之一。然而，大約 80% 波羅的海地區

的人口基本通用俄語交流。而在芬蘭仍然有幾個俄語社區。在以色列，至少 75 萬蘇聯的猶太移民使用俄語。

● 風俗文化

俄羅斯民族長期生活在寒冷的自然環境中，在特有的歷史進程、宗教習俗與世俗觀的影響下，逐漸形成了這個民族獨特的風俗文化。

生活禁忌

世界上任何一個民族都有特定的忌諱，它作為民間習俗，反映著這個民族的文化、歷史和傳統。在與俄羅斯人交流的過程中，有必要尊重與了解這個民族文化生活中的禁忌，以便更好地展現民族間的交流與融合。這些禁忌有些源自本民族古老的宗教民俗。有些則產生於近代東西方文化交流及其他民族的影響。歸納起來，主要有如下內容：

★ 忌交叉握手；很多人相見時，相互握手。不過，俄羅斯人忌諱形成四手交叉，即越過另一雙握在一起的手與另一個人握手，這樣會被認為是十分不吉祥。

★ 俄羅斯人有「左主凶、右主吉」的傳統意識，所以無論與對方握手還是遞交物品，都忌諱用左手。

★ 忌諱對婦女不敬。在男女交往中，男士要保持紳士風度，尊重婦女，愛護婦女，恭維婦女。臨別時，男士要為婦女穿大衣，開門讓婦女先行等。尤其不能隨便（無論是當面還是背後）議論婦女的長相，尤其對有生理缺陷的婦女更不能歧視。

★ 忌用「太太」一詞稱呼女性。因為這容易引起對方不悅。最好的辦法

是稱呼職稱或頭銜。如若不清楚時，可將機會留給對方，據相應的介紹而尋找恰當的稱呼。

★ 忌用手指指點點。在任何場合中，俄羅斯人都會將這種方式視作汙辱。在眾人面前，不能將大拇指握在食指和中指間伸出。這個手勢在俄語中稱做「古墓什」，表示蔑視嘲笑的粗魯行為。另外，歐美「OK」的手勢在俄羅斯也是一種非禮的表示。

★ 交往中忌用肩膀相互碰撞。這種行為在摯友間無可厚非，但是如與一般朋友交往，會被視作極為失儀。

★ 交談中忌用「你應該」。因為俄羅斯人歷來尊重個人意見，反感他人發號施令。

★ 敬菸是不能單支送上，而要遞上整盒。點菸時也忌用一根火柴或打火機同時為三人點火。

★ 忌將刀或手帕當做禮物。因為在俄羅斯，刀意味著交情斷絕，或彼此將發生打鬥、爭執；手帕意味著離別。

★ 1 勸酒時切忌刻意對人灌酒。俄羅斯人以愛喝酒出名，酒鬼非常遭人嫌。故意勸人喝醉，同樣令人厭煩、不悅。

★ 忌雙數。俄羅斯人把雙數視為不吉利的數字，如祭奠亡人時送花多為二、四、六、八的雙數。在俄羅斯人看來，雙數是和魔鬼連繫在一起，故稱鬼數。而單數則表示祥和與吉利，故婚慶活動等準備的禮品均為單數。其中尤以一、三、七最為吉祥。「一」代表著開始，它代表從無到有。「三」代表著父、母、子，所以受人喜歡。「七」最受人推崇，認為它是完美、幸福、吉祥的數字。「七」預示著辦事成功，因為上帝創造萬物是在七天內完成的。總之圍繞著「七」的數字吉祥說法很多，俄語中還有許多與「七」有關的成語、諺語，如將

筋疲力盡說成「流下第七滴汗」，比喻上天堂為「爬入了七重天」等等。

★ 忌黃色。俄羅斯人認為黃色為不吉利的顏色，因為過去妓女的身分證是黃色的，精神病院的房屋是黃色的，繪畫中出賣耶穌的猶大也穿著黃色衣服。

當然，俄羅斯的禁忌還有好多，如：忌恭維身體健康；忌讚美過度；忌隔著門檻交談；忌見兔子和黑貓橫穿馬路；忌送活貓；忌送野花；忌左腳先下床；忌相愛的人互換相片；忌出門後返回屋內取遺忘的東西；忌坐桌角吃飯；忌打翻鹽罐；忌就餐時照鏡子；忌把麵包底朝天倒放；忌在房屋內吹口哨；忌五月成婚，等等。

俄羅斯主要節日

節日，從歷史與文化方面彰顯一個民族的精神面貌；節日是一個載體，反映著民族性格、民族習俗、精神信仰、生活習慣等等。俄羅斯民族生性樂觀，節日眾多，形式多樣，可以列數的節日包括正式的、非正式的，傳統的、新興的，世俗的和宗教的，職業性的和家庭性的。現今，俄羅斯實行每週五天工作日，全體勞工每年都有帶薪休假，平均休假日為 22 天。一年全部節假日總數為 120 ～ 130 天。所以，俄羅斯人一年中有三分之一的日子都在過節。

(1) 新年（元旦）

新年是一年當中第一個節日。而早年的俄羅斯新年時間則定在每年初春時分，俄曆 3 月 1 日。屆時會舉辦隆重的祭祀太陽的儀式。十五世紀末，又受拜占庭影響，新年改為俄曆 9 月 1 日，即公曆 9 月 14 日。直至

1699 年，遵照彼得大帝命令，新年才改為俄曆 1 月 1 日，也就是公曆 1 月 14 日。十月革命後，蘇聯接受國際通用曆法，將公曆 1 月 1 日定為新年。1930 年，蘇聯政府正式將新年定為全國性節日。

松、柏、樅等植物成為俄羅斯新年的主要象徵。彼得大帝於 1699 年就曾命令莫斯科居民用這些常青樹來裝飾房屋，以示吉祥！裝飾新年樅樹成為傳統的新年習俗，戶外的主要街道和大廣場上，聳立著高大漂亮的新年樅樹，室內的樅樹上飾有各種彩帶、彩燈，以及掛有各式各樣的小禮物。豐盛的晚餐自然是慶祝新年必不可少的 —— 精美的食品，家人的團聚，在高興的氣氛中迎來新舊交替的午夜鐘聲。

由於俄羅斯幅員遼闊，橫跨 11 個時區，不僅是迎接新年最早的國家，也是迎接新年次數最多的國家。全國共要迎接 11 次新年，有好些地方至少要迎接兩次，一次是按照當地時間，另一次是按照莫斯科時間。公曆 1 月 14 日是俄曆元旦，俄羅斯人照例還要慶祝一番，尤其在農村。

（2）聖誕節

東正教的聖誕節是每年的 1 月 7 日，緊鄰新年假期。所以，俄羅斯人常把新年和聖誕節合在一起慶祝。2004 年，時任總統普丁簽署法令，將新年和聖誕兩個假期連在一起休息。聖誕夜，教堂的祭司和信徒們不僅要在教堂通宵祈禱感謝主恩，而且要舉著十字架和聖誕燈環繞教堂和農舍遊行，以示聖誕燈為人們指引前進的方向。早上，教徒們會排隊等待進入教堂參加慶典，隆重的儀式，聖潔的歌曲，都給這傳統的節日帶來神聖氛圍。

東正教作為俄羅斯的國教，曾長期影響著俄羅斯民眾。該教雖然經歷過十月革命後的壓制，但隨著蘇聯的解體，又再次活躍起來。按宗教說

法，聖誕日是 12 月 25 日，天主教和新教按照公曆計算，而東正教則是按照俄曆來計算。俄曆的 12 月 25 日是公曆 1 月 7 日。另外，1 月 7 日也是俄曆的冬至，從這天開始到主顯節（公曆 1 月 19 日）結束，這兩週統稱為「聖誕節」。

在東正教的活動中，唱聖誕節祝歌必不可少，而且要唱三次：新年一次，聖誕節一次，主顯節一次。屆時，人們成群結隊、挨家挨戶地唱歌祝福，讚美、祝福主人，房主向祝歌人贈送禮物，並端出黑麥餅乾、麵包、肉食或甜點款待他們。當然，聖誕節期間也少不了各種表演、遊戲和娛樂活動。

(3) 主顯節

又稱主領洗節，俄曆 1 月 6 日（公曆 1 月 19 日），在紀念耶穌基督在約旦河裡接受先知約翰洗禮的節日裡，通常會舉行基督教的入教儀式，新生兒在命名日受洗。在主顯節當天，人們除了去教堂祈禱外，還要到河裡破冰取「聖水」。

(4) 俄羅斯建軍節

2 月 22 日是俄軍的建軍節。2 月 23 日是蘇聯的紅軍節。1991 年蘇聯解體後，俄羅斯將這一節日改為俄軍建軍節，並將日期提前到 2 月 22 日。

過去，國家都要在這一天舉行盛大的紀念活動。如今，俄羅斯雖然不再搞大規模的慶祝活動，但國家和政府主要領導人在節日時，都要到莫斯科紅場向無名烈士墓敬獻花圈，舉行儀式，晚上燃放煙火。一些政黨、社會團體仍然自發地組織、舉行各種形式的紀念慶祝活動。

(5) 衛國者日

2 月 23 日這天曾是蘇聯建軍日，又稱軍人節。如今又被視作男人節。女人要向男人表示祝賀並贈送禮品。

(6) 謝肉節

又名狂歡節、送冬節，是俄羅斯一年中最歡樂、最熱鬧的民間傳統節日。謝肉節節期安排在春季大齋前一週，約為 2 月底到 3 月初，是俄羅斯「四季節日」中的第一個節日。謝肉節源於東正教，現在其宗教色彩越來越淡，逐漸演化成告別嚴冬、迎接春天的民間狂歡節。在謝肉節這一週裡，人們可以吃葷食或乳製品，但一週後便進入大齋期。謝肉節的意思就是在大齋前向肉食告別。節日期間，人們縱情歡樂，家家戶戶抓緊時間吃葷，以此彌補齋戒期苦行僧式的生活。

謝肉節又叫送冬節，原為古斯拉夫人的春耕節。中世紀的斯拉夫民族認為，當太陽神雅利拉戰勝了嚴寒和黑夜的時候，就意味著春天的來臨。農民即將開始春耕的勞作。所以，每年 2 月底、3 月初，古斯拉夫人都要舉行隆重的送冬迎春的儀式，用烤成金黃色的圓形小薄餅祭祀太陽，晚上燃起篝火，燒掉用稻草紮成的寒冬女神，期望舊的一切都隨冬日而去，由此產生了送冬節。

春耕節在東正教傳入俄羅斯後改稱謝肉節。謝肉節每一天都有特定的名稱和相應的喜慶活動：星期一為迎春節，家家戶戶煎製圓薄餅，作為節日的必備食品。星期二為始歡節，人們邀請親朋好友家的未婚男女們一起娛樂，為他們牽線搭橋。星期三為宴請日，岳母宴請女婿。星期四為狂歡日。慶祝活動達到高潮。大街上舉行各種狂歡活動，開懷吃喝，盡情歡樂。星期五為新女婿上門日。星期六為歡送日，眾人載歌載舞把象徵寒冬

女神的草人用雪橇送往村外燒毀。這天新媳婦還要拜訪丈夫的姐妹。星期日為寬恕日，走親訪友，拜訪鄰里，請求他人原諒自己的過錯。

1960 年代末，蘇聯政府將這個節日改為送冬節，又叫俄羅斯之冬狂歡節，將節日的古老習俗和宗教意義淡化。現在，隨著時代的變遷，俄羅斯人已不再嚴格遵守節日裡的清規戒律，但烤制麵餅、捆紮並焚燒玩偶的習俗仍保留下來。節日裡，各地都要舉行化妝遊行，彩車上載著由真人裝扮的寒冬女神、俄羅斯三勇士等神話中的人物。人們載歌載舞送別寒冷的冬天，迎接溫暖的春天。

(7) 國際婦女節

3 月 8 日這天只比男人節晚兩週，是一個全世界各國勞動婦女為爭取和平、民主、解放而抗爭的慶祝日。在職的婦女這天通常能享受一天的假期。這天輪到男人們向女人祝賀節日、贈送禮品和鮮花。俄羅斯人比較看重這個節日，在公司，倘若哪位男士忘了祝賀身邊的女性朋友和女同事，將受到公開的責備。在家裡，丈夫通常要把做飯等家事勞動全包下來，讓妻子休息。

(8) 復活節

復活節時間不定，視俄曆而定。基本上在俄曆 3 月 22 日（公曆 4 月 4 日）到 4 月 25 日（公曆 5 月 8 日）之間。復活節是俄羅斯最重要、最古老的宗教節日之一。其內容與西方一樣，也是紀念耶穌復活的節日。概言之，耶穌死後第三天復活升天的日子象徵著重生和希望。復活節時的俄羅斯正值積雪融化、春意正濃。

東正教會在復活節期七天內進行最隆重的教事，諸如教堂內舉行儀式，為耶穌唱頌歌；教徒嚴格齋戒，通宵聚集在教堂裡；祭司誦經等。總

體上講，借助耶穌復活的日子，意在尋求希望，實現自我復活並達到永生，實現與上帝的和諧。事實上，在復活節前夜，人們就要到教堂去做禱告。當零點的鐘聲在虔誠祈禱中敲響時，教堂內所有的燈在同一時間點亮，誦經聲響起，人們高聲歡呼「復活了、復活了」。

根據傳統，在復活節這天，人們見面時要互相祝福並親吻三次以示祝賀，同時還要互相交換俄羅斯復活節彩蛋，吃俄羅斯復活節蛋糕。在這一天，所有的人可以去教堂隨意打鐘，隨時隨地都有渾厚的鐘聲傳來。

節日期間，人們走親訪友，將復活節彩蛋作為禮物相互贈送。拜訪的客人首先要和主人互相祝賀節日，接著主人給客人遞過一個彩蛋，表示慶賀；主人和客人還可以一起玩碰雞蛋的遊戲。客人入座後，主人要拿出復活節麵包（古力察）和復活節糕點（比切尼）招待客人。

(9) 國際勞動節

5月1日國際勞動節在俄羅斯一直受到重視。這天是公休日，由於這個節日正逢春天，很多俄羅斯人會與家人朋友到郊外相聚、踏青。以往，政府組織各種慶祝和遊藝活動，或者舉行群眾性遊行。現在，除政府組織的慶祝活動外，各種不同政見的組織者、勞工團體往往在這一天也自發組織各種慶祝活動，闡述各自政見，擴大組織的影響。各種俱樂部都會舉行內容豐富、色彩繽紛的娛樂活動，節日氛圍濃厚。

(10) 勝利日

5月9日這天是俄羅斯慶祝戰勝納粹德國的勝利日。1945年5月8日蘇聯紅軍攻克柏林，戰敗國在德國正式簽字投降。二戰結束後，無論是蘇聯時期還是現在的俄羅斯，每年都要舉行盛大的活動慶祝這個節日。蘇聯

人民用生命和鮮血換來了戰爭的勝利，幾乎每個家庭都有人傷亡。這天，全國上下都要祭奠戰爭中犧牲的幾千萬烈士：市民們紛紛到博物館和烈士墓參觀、敬獻鮮花；二戰老戰士們則戴上軍功章，與戰友們相聚並接受人們的祝賀。2005 年 5 月 9 日，為紀念反法西斯戰爭勝利六十週年，俄羅斯還在莫斯科紅場舉行了盛大的慶祝儀式。

(11) 詩歌節

6 月 6 日這天也被稱為「普希金節」。因為俄羅斯的偉大詩人普希金誕生於西元 1799 年 6 月 6 日。這天，成千上萬的人們聚集在詩人的家鄉，參加詩歌節紀念儀式和賽詩會。全國各地也都舉行形式多樣的紀念活動。

(12) 國慶節

6 月 12 日這天之所以被定為「俄羅斯日」，是源於俄羅斯聯邦最高蘇維埃於 1990 年 6 月 12 日通過並發表了主權宣言，宣布俄羅斯脫離蘇聯，主權獨立。從 1994 年開始，俄羅斯將每年的 6 月 12 日定為獨立日，即國慶節。2002 年後，這一天又被稱為「俄羅斯日」。目前，俄羅斯人在這一天並沒有舉行什麼特別的慶祝活動。政府也不組織類似的正式慶祝儀式。不過，這天被定為公休日。

蘇聯的國慶節是 11 月 7 日，又稱「十月革命節」。蘇聯解體後，俄羅斯政府將之改為「和諧和解日」，仍作為傳統節日給予保留。過去，這一天要舉行隆重的慶典，大家都會在家中操辦節日宴席。雖然現在政府不再組織慶典和各種娛樂活動，但是許多政治組織、群眾團體仍舊自發地組織各種慶典活動，甚至遊行。莫斯科紅場依然人頭攢動，群情激昂，勝過平時。還有些俄羅斯人把這一天視為共產主義思想的勝利日。

（13）聖三主日

又稱三位一體節。在復活節後第五十天，也稱五旬節。紀念聖父、聖子、聖靈三位聖體同時降臨在門徒身上。當然，還有些與宗教傳說有關的節日仍舊在某些農村地區能夠見到，如尼古拉節、彼德節、以利亞節等，不過它們的影響早已不如從前。

（14）樺樹節

每年俄曆 6 月 24 日是俄羅斯人慶祝樺樹節的日子。樺樹節作為民間重要的傳統節日之一，是俄羅斯「四季節日」中第二個節日。樺樹節源自古代的夏至節，夏至節原本在 6 月 22 日，這一天太陽在空中達到最高點，故此節日具有濃郁的太陽崇拜的色彩。在農村，此時夏季來臨不久，農民辛勞一春，稍得清閒，因此要歡慶一番。

後來，東正教把夏至節與聖三主日結合在一起，節期改在 6 月 24 日，因為東正教在這一天紀念施禮約翰誕辰。民間還把這一天看做是悼亡節，都要去掃墓。

夏至節期間正是草木繁盛、氣候宜人的季節。大家都在戶外舉行歡慶活動，特別是青年人，因此蘇維埃時期的夏至節變成了蘇聯青年節。由於歡慶的節日離不開樺樹，故而從 1964 年起又被稱做樺樹節，或者「俄羅斯小白樺節」。屆時民眾們身著節日盛裝，頭戴花環，圍著篝火唱歌跳舞。有人從篝火上跳過，或燒掉舊衣服，以驅邪避禍，強身健體。人們還把樺樹枝與祭品一起投入湖中，祈求神靈保佑豐收。

既然叫樺樹節，節日的主角自然是白樺樹。白樺樹是俄羅斯的象徵，也稱為「國樹」。早在十一至十五世紀，許多古羅斯文獻就刻寫在樺樹皮

上。不少俄羅斯作家都懷著深厚的感情歌頌過白樺樹：樺樹秀美，挺拔。節日期間，處處有樺樹，家家見樺樹；教堂裝飾有樺樹；教徒做禮拜持樺樹枝；家中每個角落飾有樺樹；商店櫥窗也陳列有樺樹圖案和標示。節日裡的聯歡會上，女主持人也被稱做「小白樺」。化妝遊行上，遊行隊伍簇擁著樺樹。真是樺樹的世界！

(15) 豐收節

　　每年公曆十月的第二個星期日，是俄羅斯的豐收節，是俄羅斯「四季節日」中的第三個節日，蘇聯時期曾稱做農業工作者日。農民們非常重視這個節日，每年收割結束時，還會在田裡留下一束小麥，除盡四周的雜草，在它前面擺上麵包、奶酪、鹽等貢品，祭拜大地，感謝其賜予的恩惠，祈求來年獲得更大的豐收。現在改為把最後一束麥子用紅布紮上拿回村子，放在慶豐收大會的主席臺上，臺上還有其他農產品和大麵包。會後通常還會有遊藝和文藝活動。

(16) 迎冬節

　　迎冬節是「四季節日」中的最後一個節日，具體日期各地不一。當白雪不再融化，當寒冷的氣溫不再回升，有關組織便宣布迎冬節的到來。屆時，各公共休息娛樂場所張燈結綵，舉行聯歡遊藝會，中心人物是「冬媽媽」，人們以麵包和鹽來向她表達敬意，有時還請她坐上馬車在公園裡繞行，讓她視察自己的領地。

（17）俄羅斯聯邦憲法日

12 月 12 日這天也稱國家慶祝日。俄羅斯聯邦在 1993 年的這一天針對新憲法舉行全民公決，半數以上的選民表示贊成，新憲法自即日起生效。俄聯邦政府於是把 12 月 12 日定為憲法日。

（18）俄羅斯其他節日

聖 - 達吉婭娜節（1 月 25 日），又稱大學生節。情人節（2 月 14 日）。科學節（4 月的第三個星期天）。報刊節（5 月 5 日）。兒童節（6 月 1 日）。哀悼日（6 月 22 日）。俄羅斯青年節（6 月 26 日）。漁夫節（7 月的第二個星期天）。體育愛好者節（8 月的第二個星期六）。俄羅斯電影節（8 月 27 日）。知識節（9 月 1 日）。教師節（10 月的第一個星期天）。人民團結日（11 月 4 日）。國際大學生節（11 月 17 日）。另外還有海軍節、建築工人節，軍界、警界方面還有邊防節、克格勃節，以及宇航節、印刷節、無線電節、邊防戰士節等。

第二章　以史為鑑

俄羅斯十九世紀著名詩人丘特切夫曾說過這樣的名言：「用理性不能了解俄羅斯，用一般的標準無法衡量它，在它那裡存在的是特殊的東西。」俄羅斯是個歷史悠久的國家，我們不妨順著歷史的脈絡，來了解這個謎一樣的大國。

● 俄羅斯帝國（862 ～ 1917 年）

幾代王朝，數度沉浮。僅二十世紀，便出現「沙俄→蘇聯→俄羅斯」的巨大變遷。

基輔羅斯

斯拉夫人起源於歐洲南部的多瑙河流域，西元前一千年左右，各個部族散居在歐洲中部和東部的平原上。當時的斯拉夫人介於遊牧民族和農耕民族之間，有時還靠搶掠為生。其居住範圍西起易北河流域，東至頓河、奧卡河、窩瓦河上游地區，北起波羅的海，南達喀爾巴阡山麓。今日波蘭境內的維斯瓦河河谷，被認為是斯拉夫人的故鄉。他們後來分為東斯拉夫、南斯拉夫和西斯拉夫三支。其中東斯拉夫人人數最多。從六世紀起，東斯拉夫人的氏族制度開始解體，逐漸形成了地區性的部落聯盟。六至八世紀，東斯拉夫人已普遍從事農業和畜牧業，然而狩獵、採集、捕魚等在經濟生活中仍然占有重要地位。

西元九世紀，東斯拉夫人逐漸形成幾個較大的部落聯盟，一些公國開始出現，其中較大的是北方諾夫哥羅德公國和南方的基輔公國。據羅斯史籍《往年紀事》記載，西元 862 年，斯拉夫人沒有法律，部落間互相爭鬥不息。最後大家都厭倦了，互相妥協：「讓我們找一個能根據法律來統治我們、解決我們爭端的君主吧！」於是商議請求瓦良格（諾曼）人的首領

留里克來統治他們。

「尊敬的大王，我們的國家遼闊而富饒，但卻沒有秩序，請來管理和統治我們吧！」他們對瓦良格人首領留里克邀請說。留里克欣然接受了建議，偕同兩個兄弟西涅烏斯和特魯沃爾率領眾親兵來到諾夫哥羅德，自稱王公，建立了留里克王朝。

這就是著名的「瓦良格人應邀為王的故事」。留里克以軍事獨裁鞏固政權，以鐵腕的鎮壓來對付此起彼伏的「民主運動」。留里克兄弟的治理主要展現在兩個方面：一、所有斯拉夫人和睦相處，不再兄弟相爭；二、全力保護維繫這塊土地生存和發展的兩條水路，尤其是「從瓦良格人至希臘人之路。」

自此，諾夫哥羅德的土地被稱為羅斯，這兒的東斯拉夫人被稱為羅斯人。至於為什麼稱為羅斯，有著不同的版本。俄羅斯正統史學認為由於瓦良格 —— 羅斯人開始了這塊土地的統治，並且將西元 862 年作為俄羅斯國家的始點。也有人說這塊土地上的居民本來就是「羅斯族」人，因為在遠古的斯拉夫的語言裡，「羅斯」（Rus）這個詞最初出現在西元六世紀，是「河道」的意思，羅斯人即是「居住於河道兩旁的人」。由於首都基輔是羅斯政治、經濟、文化的中心，所以人們稱這個統一的國家為「基輔羅斯公國」。

西元 879 年，留里克死後，其子葉戈爾才兩歲，統治大權由奧列格執掌。奧列格深知「從瓦良格人至希臘人之路」的水路對國家極為重要，時刻擔心基輔人會切斷命脈，故而決心征討基輔。奧列格詭詐地以兄弟和朋友的身分與基輔做買賣，基輔統治者信以為真，在乘船到第聶伯河上來迎接時，奧列格卻派兵包抄了他們。攻占基輔後，奧列格大公因喜愛而將基輔稱為「羅斯諸城之母」，並決定留在這裡治理國家，古羅斯以基輔為中

心逐漸征服周圍地區，稱為基輔羅斯。

西元 907 年，奧列格率領兩千艘戰艦、八萬兵力，向君士坦丁堡進攻。征戰的路上，一座巨大的山脈擋住了去路。奧列格命令手下的人把船弄到岸上，抬起船身，裝上輪子。到了順風的日子，再拉起所有的帆，向君士坦丁堡猛烈進攻。兵臨城下時，拜占庭人萬分驚恐。最後，拜占庭被迫簽訂城下之盟，交納 96 萬格李維納貢銀，同意羅斯商人獲得免繳貿易稅的權利。基輔不僅成為俄羅斯各公國聯盟的中心，也成了歐洲的重要城市之一，在商業、文化、藝術各方面都領先於俄羅斯其他城市。漸漸地，羅斯的疆土不斷擴大：版圖東起喀爾巴阡山，西至頓河，北起波羅的海南岸，南到黑海北岸。十世紀，封建關係在基輔羅斯逐漸建立，大土地所有制形成。

羅斯受洗

西元十世紀初，諾夫哥羅德公國的王公奧列格征服了基輔公國和周圍的幾個小公國。由於基輔城各方面條件比較好，奧列格王公把首都從諾夫哥羅德遷到這裡。此後，在他的統治下，第聶伯河流域的大小公國都被統一了起來。統一之後的國家稱為「羅斯」。

後來的弗拉基米爾大公深知宗教對加強思想統治的作用。他執政時期，俄羅斯與拜占庭商貿往來頻繁，曾有許多國家的使節前來遊說大公皈依自己的宗教。他派出代表團去各宗教國家實地調查，得出的結論是：伊斯蘭教徒不準喝酒，但喝酒是羅斯人的樂趣，沒有酒他們就活不下去；猶太教的神不夠強大，甚至不能保護自己的子民留在耶路撒冷；羅馬天主教教徒中看不到榮耀；而在拜占庭的東正教教堂裡，能見到人間罕見的光輝壯麗，使人不知是置身於天堂還是塵世。弗拉基米爾大公最終決定選擇東正教。

西元 987 年拜占庭發生變亂，向基輔大公求援，雙方締結同盟。拜占庭皇帝將妹妹安娜公主嫁給弗拉基米爾，弗拉基米爾則接受基督教。988 年，他到君士坦丁堡接受洗禮後，帶新婚妻子和一批拜占庭神父及聖像和法器返回基輔，下令把多神教的神像通通燒掉或扔進河裡，強令全體基輔臣民跳入第聶伯河中，讓神父用河水為他們受洗。弗拉基米爾在羅斯建立起大主教區，大量興修教堂和修道院，並捐贈了大片土地給教會。

拜占庭帝國滅亡後，俄羅斯於 1589 年取得自主地位，建立牧首區。至此，俄羅斯東正教形成。

然而，羅斯受洗並不意味著基督教立即取代多神教，多神教的觀念在羅斯根深蒂固。俄羅斯東正教在宗教儀式、聖徒崇拜和聖物崇拜等各方面都融合有多神教傳統的痕跡。

俄羅斯與東正教

俄羅斯是具有深厚東正教傳統的國家。一部俄羅斯的文明史，就是一部東正教的發展史。俄羅斯民族的精神中深深鐫刻著濃重的東正教情結，俄羅斯民族的血脈中源源流淌著聖潔的東正教傳承。「共同的歷史，共同的母親！」1988 年蘇聯在慶祝東正教傳入俄羅斯 1000 年時提出的口號，就是對這一現象最精精闢的總結。根據莫斯科東正教的統計，俄羅斯一億四千二百萬人口中，三分之二是東正教徒，此外，還有數百萬俄羅斯東正教徒散布在其他前蘇聯國家中。

「羅斯洗禮」表明基輔羅斯接納了歐洲的文化。但是，由於當時羅斯接受的基督教傳自拜占庭，拜占庭文化本身就帶有東方色彩，因此俄羅斯接受的基督教是東方化了的基督教，即東正教。東正教奠基了俄羅斯精神兩面性的形成。其實，東正教與天主教在教義方面也有一些區別。

★ 第一，東正教信守前七次公會議信條，不承認以後天主教所舉行的歷次公會議。在「和子句」問題上，東正教繼承東派教會的觀點，認為此乃對《尼西亞信經》的篡改。

★ 第二，東正教注重道成肉身，認為人之得救，在於把必死之人透過與道成肉身的基督神祕聯合而變成屬於神的，不死的生命。東正教神學中很少有涉及人性本原敗壞的內容，因此不十分強調贖罪論。關於恩典和原罪論，東正教的觀點和奧古斯丁的預定論有所不同。東正教認為每一個人都在亞當的罪中犯了罪，拯救既要依靠自身，也要依靠天主。首要的是自身必須擇善，天主才能幫助他們。善功只是條件，並不具有得救的效用，只有依靠天主的恩典才能獲得重生和得救。聖事中基督的血所生的救贖作用，是給予一切人的，凡願意接受信仰和洗禮的都可以得救；凡是願意敬奉天主的，都可以得到報償。

★ 第三，東正教特別重視對聖母的崇拜。三一論確立後，對聖母的崇拜，反映了信仰者需要一個可靠的「中保」思想，童貞女瑪利亞就成了最理想的對象。

從「羅斯洗禮」開始，俄羅斯就成為一個篤信東正教的宗教國家，宗教無處不在，滲透並扎根於俄羅斯民族的方方面面，諸如哲學、政治、文學、日常生活，以及人生觀、價值觀，成為其民族精神、民族性格的主體成分。東正教主張博愛、寬恕和忍耐，造就了俄羅斯人溫順善良的特質。同時因缺乏理性，又容易陷入獻身的狂熱之中。東正教主張苦行主義的自我犧牲和人人得救的群體意識，造就了俄羅斯人具有自我犧牲精神和集體主義精神。東正教主張普濟眾生和「救世」精神，使俄羅斯人產生一種民族主義的優越感和使命感。

金帳汗國的臣民

　　在十二至十三世紀，現今俄羅斯的版圖上曾分布著大大小小數十個封建公國，相互爭奪，內訌不已。韃靼蒙古、日耳曼騎士團和瑞典利用它們的紛爭，從東、從西、從西北，三面侵入，各個擊破，令羅斯民族飽嘗戰亂之苦。公元十三世紀初，正當基輔羅斯各公國忙於互相征戰之際，遠在亞洲腹地的蒙古草原狂飆突起，鐵蹄忽至，茫茫然鋪天蓋地，吞噬了中亞西亞，吞噬了東歐中歐，也吞噬了基輔羅斯。據《諾夫哥羅德編年史》記載：西元 1220 ～ 1240 年代，蒙古韃靼人進入到了基輔羅斯地區，編年史的作者們稱：「我們不知道他們來自何方，也不清楚他們在何處把自己隱藏；我們犯下了罪行，上帝知道從哪裡將他們召來懲罰我們。」西元 1240 年，韃靼人在攻占基輔後，又相繼占領了弗拉基米爾、加利奇等城市。1242 年，金帳汗國新都城薩萊便建在窩瓦河下游。此後，羅斯民族遭受蒙古王公貴族長達兩百多年的野蠻統治和掠奪。當年，教皇派往蒙古的使者普蘭諾·加賓尼途經此地時，看到白骨遍野，人煙凋零，基輔僅剩不到兩百間房子。蒙古軍隊除了征戰時的殺戮，還經常擄掠人口，羅斯男人為此損失過半，十三世紀一位作家描繪道：「父兄之血似流水浸潤土地，無數兄弟子女皆被俘虜，田園荒蕪，草木叢生，偉業淪喪，美景消亡，財富勞動所獲盡為歹徒所僭竊⋯⋯土地悉為異族所掠奪。」

　　在統治方式上，金帳汗國對羅斯採用「以羅治羅」的方針，從羅斯的王公中間選擇一人，冊封為「弗拉基米爾及全羅斯大公」，授權其代替金帳汗國統治羅斯，並向金帳汗國納貢，各公國的王公必須親自去薩萊朝覲金帳汗。與此同時，大汗拔都向各大城市均派有本族官員，其主要任務是調查戶口，登記造冊，作為徵收貢賦、徵集軍隊、攤派徭役的依據。羅斯人被強迫繳納其全部財產的十分之一，違者被賣身為奴。

繳稅納貢的沉重負擔完全落在了貧苦百姓頭上。相反，王公、貴族、教會卻被免除了賦稅，享有種種特權，成為蒙古統治者的工具。為了加強對羅斯的控制，蒙古統治者還在羅斯實行了「八思哈」制度。羅斯各公國因此建立由十戶長、百戶長、千戶長、萬戶長組成的軍事政治組織，由蒙古指揮官統領。主要負責監督羅斯各國繳納貢賦，充當社會憲兵，監視政治生活，防止和鎮壓反抗行動。

血腥屠殺、瘋狂掠奪與野蠻統治必然遭到羅斯人民的激烈反抗。在反抗蒙古統治的抗爭中，一個原本默默無聞的莫斯科小公國悄然興起，最後成為金帳汗國的掘墓人，為未來強大的俄羅斯帝國奠定了基礎。莫斯科公國及其大公因抗擊蒙古韃靼人而贏得了周邊國家和民族的較大擁護，一些小公國和東斯拉夫人的一些部族面臨強敵威脅時，陸續歸附莫斯科公國。西元 1380 年，莫斯科大公德米特里・伊萬諾維奇率領的十五萬羅斯軍隊在頓河上游的庫利科沃原野上，相遇金帳汗國的將領馬麥汗率領的蒙古大軍。兩軍對壘，莫斯科公國軍隊大敗蒙古大軍。1480 年，莫斯科大公伊凡三世率領的軍隊在烏格拉河再敗蒙古軍隊。從此結束了韃靼人對羅斯的統治。長期的外族侵襲活動，對俄國歷史發展的影響是重大的：

★ 第一，侵襲使早期俄國正常的社會經濟發展遭到嚴重破壞，擴大了羅斯和西歐國家的差距。侵襲使得俄國與周邊國家正常的社會經濟連繫被迫中斷，為躲避戰亂而向偏遠貧瘠東北部轉移，從而加劇了俄國經濟的發展難度。近代俄國只能透過野蠻落後的方式來發展自己的社會經濟。當然，「由於俄羅斯掩護而免去亞洲人侵入的西歐，得以在文化方面，特別是在技術方面超過了東歐。三百多年裡拿一切力量來反對韃靼人壓迫的俄羅斯，在發展上落後於西歐。」羅斯與西方的差距在無形中被擴大，也為俄羅斯在今後發展道路上的尷尬與曲折埋下了

伏筆。

★ 第二，蒙古的侵襲與奴役使得俄國社會原有的政治結構遭到很大破壞，王公地位愈加突出。在蒙古異族統治者的教誨下，俄國開始向東方專制主義政治方向發展。在蒙古入侵前，羅斯公國的政治結構大多建立在食邑制和親兵制基礎之上；城市在政治經濟方面享有很大的自治權。直至十三世紀，羅斯政治制度的基本特點是王公權力與本質上對其構成制約的韋徹（即人民會議）並存，這種制度是由瓦良格人軍事組織與羅斯土著的公社民主制結合而成的。然而蒙古人的入侵、征服改變了這一切，「凡是具有自由和古代公民權利形式的東西都受到限制，不復存在。」征服與奴役強化了東方專制主義政治文化在俄國的發展。「蒙古征服最深遠的影響是它改變了羅斯的發展方向。征服者在羅斯推行的一套制度，給羅斯的內部秩序和生活打上了深深的烙印。」絕對權力和絕對權威這種概念在日後俄羅斯中央集權國家的形成過程中被實際地運用了，沙皇專制制度的形成不過是應運而生罷了。

★ 第三，推動了俄羅斯民族意識覺醒與形成，促進了俄羅斯文化的東、西方雙重屬性。俄羅斯民族的專制國家意識最初源於拜占庭帝國。俄羅斯人之所以接受拜占庭基督教，除了在文化上與拜占庭有共同的東西外，主要是看好拜占庭皇帝對宗教和世俗國家的絕對權威和豪華的生活。在建立國家制度方面，俄羅斯統治者最初是吸收了拜占庭的專制集權型的政治制度，但在基輔羅斯時期這些制度還很不完善。莫斯科大公從金帳汗國的絕對權威中，進一步獲得了絕對專制權力的概念，從而大大加強了軍事統治和軍事制度（「八思哈」制度）的概念。此後，俄羅斯總是按蒙古方式來發展軍事、土地和政治制度，並

逐漸形成了以農奴制為基礎、以軍事化為體制的中央集權專制制度。再有，它還發展了拜占庭的宗教服從國家，而國家忠實於東正教信仰的政治關係，把宗教完全置於國家管理監督之下。

★ 第四，俄羅斯民族被迫接受了東方的制度模式和思維方式。俄羅斯剛剛走上西方文明之路，卻在這時在政治上調頭東向。俄羅斯的文化和思想由此滲入了難以清除的東方血液。俄羅斯地處歐洲東部和歐亞大陸的交接處：地勢平坦，交通方便，便於各民族的交往和接觸。在東方和東南方和韃靼蒙古和遊牧的突厥民族相鄰，在西方和西北方和日耳曼和北歐民族相接。從東方接受的是東方宗法家長制和專制統治的傳統，從西方吹來的是歐風西雨和基督教文明。兩個多世紀的野蠻統治阻擋了當時在西歐出現的文藝復興，俄羅斯受影響更多的則是東方文明和專制制度。別林斯基在其《小俄羅斯史》中傳遞了這種思想：俄羅斯人較為內向隱忍的性格和家長制傳統就和蒙古兩百多年的統治密切相關；一些較少受蒙古統治的民族，比俄羅斯人更開朗、更豁達一些，也更少一些宗法家長制的傳統，這和受蒙古統治時間較短，較少受其影響有關。

當然，蒙古韃靼人帶給俄羅斯人的並不全是破壞，還有一些新東西。在文化方面，蒙古特有的遊牧文化與羅斯文化之間形成碰撞與交流，蒙古人的風俗習慣、語言、建築、服飾等方面，這些都積極地影響俄羅斯民族文化的形成和俄羅斯文化在世界文化中的地位。俄羅斯著名思想家別爾嘉耶夫曾精闢論述說：東方與西方兩股世界潮流在俄羅斯發生碰撞，俄羅斯處於兩者的相互作用之中，俄羅斯民族不是純粹的歐洲民族，也不是純粹的亞洲民族，俄羅斯是世界的一個完整部分，是一個巨大的東、西方，它將兩個世界結合在一起，在俄羅斯精神中，東方與西方兩種因素永遠在相

互角力。這段名言精確地詮釋了俄羅斯文化的東、西方雙重屬性。

在行政制度方面，金帳汗國給俄國留下不少重要的遺產：如稅收制度、徵兵制度、驛站制度、戶口制度等等。顯然，中華文化間接地透過這些制度在俄羅斯產生了影響，並為俄羅斯中央集權的出現作了一定的準備。此外，蒙古人與東北羅斯的居民相互融合，人種的交融對於俄羅斯與東方產生了深遠的影響。僅就外族對俄羅斯的影響而言，拜占庭帝國的威儀與影響遠不如蒙古帝國 250 年的占領更為直接，影響更為深遠。

概言之，就俄羅斯在整個東西方關係中的定位而言，蒙古韃靼產生的影響可能有限，但不能說不重要。換言之，金帳汗王朝雖然未實質性地阻礙俄羅斯與西方的交往，但卻為俄羅斯的西化發展打上了東方的烙印。

俄羅斯帝國

如前所述，在異族統治下這一地區的東斯拉夫人已經分為較為明顯的三支：東北部的一支形成為俄羅斯民族，西南部的一支和西部的一支分別形成烏克蘭民族和白俄羅斯民族。十四世紀以後，莫斯科公國的興起，伊凡三世統一了雅羅斯拉夫爾、諾夫哥羅德、特維爾、彼爾姆、梁贊等諸侯國。他還率領諸公國擊敗了金帳汗國，統一了羅斯，並因此功績而成為第一位獲得「大帝」稱號的君主（另兩位分別是彼得大帝和葉卡捷琳娜二世）。馬克思在《十八世紀外交史內幕》一書中寫道：「驚恐的歐洲，在伊凡在位之初，幾乎不知道夾在韃靼人和立陶宛人中間還有一個莫斯科公國，這時（15 世紀），忽然看到一個龐大的帝國突然出現在東部邊境而目瞪口呆；甚至使歐洲發抖的土耳其索丹巴耶濟德本人也破天荒第一次聽到了這個莫斯科公國人的傲慢的語言。」百年之後，這個突然崛起的公國令整個歐洲目瞪口呆！

自西元 392 年，羅馬皇帝君士坦丁一世將基督教定為國教，首創政教合一的「第一羅馬」開始，到 1453 年「第二羅馬」的拜占庭被土耳其攻陷，政教合一的帝國好似歷史性落到伊凡三世肩上。他於 1472 年迎娶了君士坦丁十世的侄女索菲亞，繼續了拜占庭帝國的雙頭鷹國徽，同時宣布自己是拜占庭帝國的繼承者，聲稱莫斯科為「第三個、也是永久的羅馬」。

事實上，伊凡三世在吞併諾夫哥羅德和特維爾後，等於基本完成了俄羅斯的統一。擺脫金帳汗國控制和建立集權國家的體制都已經水到渠成。當具有一定工商業基礎的定居民族俄羅斯人團結一心的時候，固守落後生產方式的蒙古人已經難以與之對抗了，何況他們正四分五裂、內訌不斷。

伊凡三世建立獨立的新國家後，獲得歐洲其他國家的承認。西元 1497 年，伊凡三世頒布了全俄羅斯法典，建立了古俄羅斯的政府機構。雙頭鷹作為國家徽記首次出現在俄羅斯的國璽上。同年，一面鍍金的雙頭鷹徽記被安放在了克里姆林宮的斯巴斯基塔樓上。俄羅斯獲得了象徵自己國家的標示。當然，當時的法典還強化了對農民流動的限制，規定只有在尤里耶夫節（俄曆 11 月 26 日）前後兩週期間，農民才可離開土地四處走動，從而開闢了俄羅斯的農奴化進程。

在俄國歷史上，第一位「沙皇」稱號來自伊凡四世‧瓦西里耶維奇（西元 1530 ～ 1584），即伊凡雷帝，或者「恐怖的伊凡」、「伊凡大帝」。1547 年，伊凡大帝自稱沙皇，並將莫斯科公國改為沙皇俄國，又稱俄羅斯。伊凡大帝一生成就非凡，俄羅斯亦隨之擠入歐洲強國之列。從伊凡四世起，沙皇俄國推行血腥的侵略擴張政策，瘋狂地向西方和東方擴張領土。十六世紀末，沙俄越過歐亞兩洲的分界烏拉爾山，征服了西伯利亞的失必兒汗國和一些民族，並以此為據點，繼續東侵擴張。十七世紀中葉，

大約六十年的時間，沙俄便基本上占領了西伯利亞，版圖擴大三倍以上，成為繼成吉思汗之後，第二個橫跨歐亞兩大洲的大俄羅斯帝國。

俄國第一位沙皇伊凡四世於 1584 年去世後，其子費奧多爾‧伊凡諾維奇繼位（1584～1598）。這位意志薄弱、智力低下的沙皇在位十四年不僅沒有多少建樹，而且還沒留下後嗣。西元 1598 年，留里克王朝在經過長達 736 年的經營後，終於壽終正寢。

中央政權的失衡，自然導致統治階級內部激烈的爭權奪利。從 1598 年起，俄國經歷了連續十五年的「混亂時期」。這個時期不僅有外國對俄國接連入侵，也有農民騷亂和起義的迭起。在這期間，走馬燈似的換了好幾個沙皇：鮑里斯‧戈杜諾夫（1598～1605）、偽季米特里一世（1605～1606）、瓦西里‧叔伊斯基（1606～1610）。

1613 年，在外國入侵者被趕走和人民起義遭鎮壓以後，俄國的王公貴族決定推舉羅曼諾夫家族的代表，十七歲的米哈伊爾‧費奧多羅維奇‧羅曼諾夫為沙皇。從此便開始了俄國歷史上第一個，也是最後一個王朝──羅曼諾夫王朝。

羅曼諾夫王朝

羅曼諾夫王朝是俄羅斯歷史上最後一個王朝，也是俄國歷史上最強盛的王朝。在該王朝時期，俄國由東歐一個閉塞的小國發展為世界強國之一。沙皇是彼得一世，即彼得‧阿列克謝耶維奇‧羅曼諾夫。這位彼得大帝積極鼓勵俄國西方化，建立第一家兵工廠，開設第一家報館等。在他的勵精圖治下，俄國迅速發展成為東歐的強國。馬克思曾指出：「驚慌的西歐，在伊凡統治之初還不知道北方存在著一個莫斯科公國，現在由於看到一個碩大的帝國出現在東部邊境而目瞪口呆。」

　　羅曼諾夫王朝對外為收復國土，對外與瑞典、波蘭開戰，對內則血腥鎮壓農民起義，以恢復和加強中央集權和農奴制度。十七世紀，俄國對外政策從自衛防禦轉變為侵略擴張，不斷派兵向西伯利亞全境推進，並開始侵犯中國黑龍江流域。1654～1667年，俄國和波蘭進行了長達十三年的戰爭，最後簽訂了停戰協定，俄國收復了斯摩棱斯克、契爾尼哥夫、謝維爾斯克和斯塔羅杜勃等西部地區，占有了第聶伯河左岸的烏克蘭。十七世紀後期，沙皇俄國極力維護並加強農奴制，生產力發展因此受到嚴重阻礙，不滿情緒日益增長，農民運動遍及全國。1670～1671年，斯捷潘‧拉辛領導的農民起義便可見一斑。

　　俄羅斯歷史上，彼得大帝是個值得一書的人物。西元1682年他繼位時年僅十歲，1689年正式親政。他在位期間，效法西歐，對政治、軍事、文化等方面進行了一系列改革，促進了經濟發展，增強了國力，封建專制的中央集權制得以加強。有了堅實的基礎，彼得一世於1700～1721年發動了北方戰爭，一舉打敗俄國的夙敵和北方強國瑞典，奪取了芬蘭大公國和夢寐以求的波羅的海出海口。這時的俄羅斯不僅躋身世界強國，而且也加深了與歐洲各國的連繫。戰爭期間，彼得一世於1712年將首都由莫斯科遷至波羅的海沿岸的聖彼得堡，該城後來逐漸成為俄羅斯政治、經濟和文化的中心。彼得一世於1721年改稱皇帝，俄羅斯也開始稱為俄羅斯帝國。

　　彼得一世去世後，屢次發生宮廷政變，皇位更迭頻繁。西元1761年彼得一世的外孫彼得三世繼位。其妻葉卡捷琳娜於次年利用宮廷政變廢黜了彼得三世，稱葉卡捷琳娜二世。這是一位名垂青史的一代女皇。她執政期間，進一步強化了農奴制，擴大了貴族地主的特權。殘酷的壓迫激起了俄國歷史上規模最大的普加喬夫起義。葉卡捷琳娜二世夥同普魯士、奧地

利一起三次瓜分波蘭，把白俄羅斯、立陶宛等地併入俄國。透過 1768 ～
1774 年對土耳其的戰爭，奪得了黑海和第聶伯河口和克里米亞一帶，並在
土耳其境內獲得航行和宗教特權。透過 1787 ～ 1791 年對土耳其的戰爭，
奪得了南布格河與德涅斯特河之間的大片土地，並將克里米亞正式納入俄
國版圖。

　　葉卡捷琳娜二世去世後，繼任人保羅一世推行的內外政策招致軍人不
滿。西元 1801 年，保羅被殺，其子亞歷山大一世繼位。在他執政期間，
繼續奉行葉卡捷琳娜二世的對外擴張，發動了對瑞典、伊朗和土耳其的戰
爭，並取得了抗擊法軍侵略者的勝利。十九世紀初，俄國所轄領土除原來
俄羅斯人居住地外，還包括已經併入俄國版圖的愛沙尼亞、拉脫維亞、立
陶宛、白俄羅斯、烏克蘭、北高加索、西部哈薩克斯坦、西伯利亞和極北
地帶。十九世紀上半期，俄國又把芬蘭、比薩拉比亞、維斯瓦河一帶的波
蘭領土、南高加索、整個哈薩克斯坦併入自己的版圖，領土約增加五分之
一，面積約為一千八百萬平方公里。

　　西元 1825 年，尼古拉一世繼位。在鎮壓了十二月黨人以後，專制制
度得到進一步加強。沙皇俄國成為歐洲憲兵，並繼續向東方和南方擴張。
十九世紀中葉，俄國在克里米亞戰爭中慘遭敗績，這也充分暴露出沙皇專
制制度和腐朽的農奴制度的落後性，俄國農民運動日益高漲。迫使沙皇亞
歷山大二世於 1861 年 2 月 19 日簽署了廢除農奴制的宣言和法令。亞歷山
大在位期間，從中國東北和西北部割走 150 萬平方公里的土地。俄羅斯已
經成為一個橫跨歐亞大陸的龐大帝國。

　　1880 年代，俄國工人階級開始登上政治舞臺。1895 年，列寧建立了
彼得堡「工人階級解放鬥爭協會」。1903 年，俄國出現了無產階級政黨：
布爾什維克黨。

　　十九世紀末到二十世紀初，俄國資本主義發展到了帝國主義階段。日俄戰爭的失敗使俄國陷入嚴重危機，並由此引發了 1905 ～ 1907 年的革命高潮。革命失敗後，開始了由沙皇大臣斯托雷平統治時期。他一面在全國鎮壓反對沙皇的革命運動，一面為適應資本主義發展需要，採取了新的杜馬選舉法和土地政策。

　　1914 年 8 月，第一次世界大戰爆發，俄國和英、法等國家組成「協約國」，與「同盟國」作戰，在戰爭中，俄軍屢戰屢敗，傷亡慘重。1917 年初，國內總危機已經達到極其尖銳的程度。2 月 18 日，彼得格勒普梯洛夫工廠工人開始罷工，26 日，罷工轉為起義，推翻了沙皇專制制度。二月革命後，工農群眾組織了蘇維埃，資產階級、地主則成立了「臨時政府」，從而形成了兩個政權並存的局面。

● 思想之淵源

　　要了解俄羅斯歷史與社會變遷的根源，就不能不從思想層面去深入挖掘。十九世紀中期，俄國思想界經歷了一場關於俄國歷史發展道路的歷史性大爭論。爭論的雙方主角是斯拉夫派和西方派，前者主張俄國走自己獨特的、固有的村社發展道路，避免資本主義，以東正教對抗西歐的天主教。西方派認為俄國將毫無例外地沿著西方文明的資本主義道路發展。這場爭論的意義極為深遠，它的主題，「俄國與西方」的問題，一直貫穿俄國歷史發展道路的始終。「俄國與西方」問題是俄羅斯思想發展中的基本問題，是俄國知識分子關於俄國國家發展道路、俄羅斯的命運思考中的核心問題。後人對斯拉夫派的評價眾說不一。有人甚至認為「斯拉夫主義只是莫斯科兩三個客廳裡的故事，莫斯科警察局中的三兩宗案件」。

斯拉夫主義

簡言之，斯拉夫派就是反對西方派的一種思想潮流。彼得大帝為了學習西歐，強迫所有貴族、平民和農奴犧牲奉獻，繳納苛捐雜稅，並無休止服役，其目的不過是為了建立起西歐式俄國。為此，沙皇的改革近乎瘋狂，他主張廢除傳統曆法、文字、節日、服裝，甚至包括鬍鬚。斯拉夫派的人出於人道主義精神站出來，反對沙皇這種瘋狂變態，寧死不從，以死相逼，不肯拋棄尊嚴，拒絕淪為奴隸。

從理論上講，斯拉夫主義反對機械地借用外來因素、形成真正獨立意義的俄羅斯思想，它對於後來俄羅斯思想的影響是巨大的。斯拉夫派在俄羅斯思想發展的長河中占據著獨特而重要的地位。斯拉夫主義是俄羅斯思想源流中維護民族傳統文化流派的一個發展結果。

斯拉夫派產生於 1830 年代末，其代表是 1839 年霍米雅科夫的論文〈論舊與新〉在莫斯科沙龍裡的宣讀，以及基列耶夫斯基的〈答霍米雅科夫〉以書簡形式的出現。霍米雅科夫的早期文學創作（詩歌、戲劇）已經顯露出斯拉夫主義因素的萌芽，基列耶夫斯基在《歐洲人》雜誌被關閉之後，開始與霍米雅科夫密切交往。他們在反駁恰達耶夫、格拉諾夫斯基極端西方主義觀點的過程中，逐步構建起令後來者信服的斯拉夫主義理論體系。很快科舍廖夫、瓦盧耶夫和波波夫加入了他們的陣營，稍後是康·阿克薩科夫和薩馬林，隨後伊·阿克薩科夫、齊若夫接踵而至，到 1840 年代中期，斯拉夫派已經成為俄羅斯社會思潮最重要的一支。

斯拉夫派小組於 1840 年代中期基本形成，其活動主要是在沙龍裡和在刊物上與西方派的爭論，而在出版問題上則貫穿著與政府的抗爭。

霍米雅科夫·阿列克西·斯捷潘諾維奇（西元 1804 ～ 1860）是「第一個真正地按照東正教的方式進行神學思考的人」。是俄羅斯歷史上的第一

個「世俗的東正教神學家」。「世俗神學家」是個矛盾的說法，這樣的神學家在西方不多，但在俄羅斯的神學思想歷史上，世俗神學家的作用絕不亞於教會神學家，而霍米雅科夫是世俗神學家中的第一人。他開創了俄羅斯東正教「世俗神學」的傳統。此外，霍米雅科夫是獨特的俄羅斯哲學的奠基人之一，他的哲學思想成了俄羅斯哲學思想的總體綱領。此外，俄羅斯的哲學與神學的結合也是從他開始的，因為他自身就是個出色的哲學家和神學家。

霍米雅科夫出生在莫斯科的貴族地主家庭，從小受到良好的教育。霍米雅科夫很早就表現出多方面的才能，早年曾經寫過詩歌和戲劇，在繪畫方面很有才華，他的數學才能也很出色。他是個獨立的人，不依賴於任何權力，也不依賴人民，他是個自由的人，這種生活方式對他的自由理論產生了直接的影響。

一般都認為霍米雅科夫是斯拉夫派的最主要代表，是他把斯拉夫派的學說進行了相對的系統化。斯拉夫派產生於 1830 到 1840 年代，與西方派直接對立，兩派之間就俄羅斯未來歷史發展道路問題展開了激烈的爭論。斯拉夫派強調斯拉夫民族的獨特性，特別是俄羅斯民族的獨特性，認為俄羅斯民族擁有偉大的使命：拯救歐洲，該派把俄羅斯及整個斯拉夫民族在道德、宗教、歷史、文化等方面的優勢進行理想化、絕對化和神化，但霍米雅科夫並沒有把俄羅斯的現實理想化，他曾指出俄羅斯歷史上的諸多問題，同時把歐洲文明的弱點進行誇大，認為歐洲歷史的發展已經無任何前景，正面臨著災難，只能等待俄羅斯民族去拯救。

西方派則認為，俄羅斯歷史證明俄羅斯與西方分道揚鑣的結果是災難性的，俄羅斯的未來不應該脫離歐洲及整個世界歷史的發展，俄羅斯民族的獨特性不僅不是優勢，而且是俄羅斯未來發展的障礙，所以俄羅斯的未

來道路就是西方走過的道路。

在建立斯拉夫派理論過程中，在與西方派進行思想抗爭的過程中，霍米雅科夫的作用是不可替代的。霍米雅科夫是個「沙龍式的思想家」。赫爾岑對他有過如下評價：「這個才能非凡、學識淵博的人，像中世紀的騎士守衛聖母一樣，連睡覺也不卸下武裝。不論白天黑夜，他隨時準備迎接錯綜複雜的辯論，為了使自己的斯拉夫觀點旗開得勝，他不惜利用世界上的一切：從拜占庭神學的決疑法，到中世紀法學家詭計多端的奧妙花招。」霍米雅科夫知識淵博，思想敏銳，他給周圍的人留下的最深刻的印象是：愛爭論。他與人不知疲倦地爭論了一生，他的多數作品都是在與朋友的爭論中針對某個問題而寫的，他的思想廣泛而深刻，是他有限的作品所無法包含的。

莫斯科爭論

從 1830 年代後半期起，俄國知識界開始了十二月黨人後長期壓抑氣氛的甦醒，社會思潮如湧。年輕的思想家們思考俄國的過去和未來，探索俄國與西方的不同。恰達耶夫的《哲學通信》最終使這一思考演變成一場關於俄國歷史發展道路的歷史性大爭論。

在那個年代，莫斯科以其獨一無二的沙龍氣氛成為俄羅斯智力生活的中心。相對於官氣十足的、刻板的聖彼得堡，舊都莫斯科空前活躍起來。爭論的參加者聚集在莫斯科的一些客廳裡，有當事人回憶說：「每逢星期五我們在基列耶夫斯基家聚會，星期四有時在科舍廖夫家，偶爾在巴拉汀斯基家。一週我們聚在一起兩三次⋯⋯霍米雅科夫不斷地辯論，基列耶夫斯基誨人不倦，科舍廖夫娓娓而談，巴拉汀斯基沉浸在詩中，恰達耶夫則擅長說教」。著名的沙龍還有斯維別耶夫家的客廳，用屠格涅夫的表述，

很長一段時期那裡薈萃了「所有在莫斯科生活或者到過莫斯科的俄羅斯社會有思想的隊伍」。而擁有俄羅斯貴族最古老姓氏的阿克薩科夫家無疑是更有名的。這個和睦的、好客家庭的家長是謝·季·阿克薩科夫，兩個兒子也是傑出的斯拉夫主義者，西方派齊切林回憶阿克薩科夫家時寫道：「這是一個出色的、純淨的老式家庭，它因自己活躍的智力興趣，深刻的宗教情感和熱烈的愛國之情而備受尊敬。只是所有這些崇高特質都為他們熱衷於斯拉夫主義扭曲了」。

阿克薩科夫家的客廳可謂是「談笑有鴻儒，往來無白丁」，我們可以列舉出一連串光輝燦爛的名字：別林斯基、赫爾岑、格拉諾夫斯基、屠格涅夫、霍米雅科夫、基列耶夫斯基、薩馬林和納杰日金……他們分屬於不同的流派，有西方派、斯拉夫派或者其他派別，而他們當時更多的是自由主義理想家。

霍米雅科夫是一個個子不高、背微駝的、有點黑的人，長著蓬鬆的黑髮。他有著自學自悟的輝煌天賦，有從早到晚滔滔不絕地講下去的能力，在爭論中，對任何搪塞都不畏縮。赫爾岑稱他為斯拉夫派的「伊里亞·穆洛梅茨」，「霍米雅科夫是真正危險的對手，老練的辯證法的鬥士，他善於利用小小的話題轉移和最微小的退讓。他是有著非凡天賦的人，一個飽學之士，他像中世紀護衛城堡的騎士一樣，全副武裝地趴在那裡，隨時準備迎接最難解難分的戰鬥。」「與這樣的鬥士一起討論任何學說都是值得的，我們各抒己見，毫不退讓」。霍米雅科夫用詩歌，基列耶夫斯基以散文詮釋自己的哲學：西方已經衰落了，它不可能有任何作為，俄羅斯的歷史被彼得大帝破壞了，我們與國家歷史根基的親源連繫被深深地割裂開來，只是僥倖地生存著。

莫斯科爭論無疑是精彩的、有益的。參與爭辯的雙方博學多識，又都

熟悉德國辯證法，所以爭論時，無論從形式、還是內容上，都是充滿智慧的精神活動。西方派和斯拉夫派之間的爭論也常常偷換概念、把對手推向極端。在斯拉夫派一方，說到「西方派」一詞，從語言上就意味著那些公民幾乎就是國家的敵人，而對於西方派來說，斯拉夫派簡直就是頑固的守舊者、狹隘的民族主義者。事實上，正如赫爾岑正確地指出的，西方派和斯拉夫派是「雙面的雅努斯」，雖然向著不同的方向，卻共有一個心臟。這個共同的心臟是自由主義，斯拉夫派和西方派在愛自由、愛俄羅斯人民、反奴役制度上具有深深的內在統一。他們都愛自己的國家俄羅斯，只是斯拉夫派把它當做母親，而西方派把它當做孩子。對母親當然是要維護，對孩子則是要教化。雙方爭論的根本問題是俄國的命運問題，斯拉夫派在對俄羅斯的過去理想化中尋求這一問題的答案，而西方派則指出與歐洲共同的發展道路。

　　歷史的探索俄羅斯的思想根源有助於我們更加深刻地了解俄羅斯過去，探尋歷史事件的根源，了解俄羅斯的現在和未來！民族性格的雙重性，需要從歷史、地緣甚至哲學方面去探源。

● 紅色蘇聯

十月革命

　　二十世紀初，俄國社會面臨著複雜多樣的內外問題。歐洲資本主義工業文明與社會發展進程不可能在俄國土地上複製，正如俄國史學家謝緬尼科娃所說，俄國地處東西方交接處，在一個幅員遼闊的單一制國家裡聯合了各種不同的文明，是二十世紀初「全球整個文明社會的矛盾中心，這些矛盾在二十世紀引發起一次又一次的革命」。

　　眾所周知，俄國社會歷史進程與民族精神的突出特徵具有二元性：「一面是效法歐洲文明的長期努力，另一面是難以擺脫的東方與半東方傳統；一面是高速發展的城市工業與快速發展的市場經濟因素，另一面是貧困落後的農村與頑固封閉的村社經營方式；一面是孤芳自賞或孤軍作戰的知識分子，另一面是意識上與之相互隔絕的基層民眾，尤其是高高在上、暴虐專制的沙皇政權與苦難的廣大民眾之間的矛盾日益尖銳，孕育著時刻都會發生的全社會危機。」事實上，不僅是俄羅斯社會，就連俄羅斯民族的內心精神世界，也存在著類似的二元對立。當歷史進入到二十世紀初時，不可避免地爆發了三次革命：1905 年革命、1917 年「二月革命」和「十月革命」。1917 年 11 月 7 日，列寧領導的俄國布爾什維克政黨成功地取得政權，建立了人類歷史上第一個無產階級專政的社會主義國家，開闢了世界歷史的新紀元。

新經濟政策

　　1921 年由列寧倡導的新經濟政策可以視為社會主義制度之下的第一次重大改革。新經濟政策在經濟學上叫「國家資本主義」，它主要反映在以下幾個領域：

★ **以糧食稅代替餘糧徵集制**：列寧明確提出徵收糧食稅的目的：「即把最必需（對軍隊和工人）的糧食作為稅徵收，其餘的糧食我們將用工業品去交換。」

★ **實行租讓制或租賃制**：即把國家無法經營的企業租讓給外國資本，或把一部分中小企業租賃給私人或合作社經營，以期從資本家「那裡獲得能加速恢復蘇維埃工業的補充裝備與機器」。目的是為了加速恢復蘇維埃的工業，並切實地改善工農生活狀況。

★ **實行自由貿易**：即由國家壟斷貿易改為自由貿易，允許商品生產。不禁止或堵塞商業發展，而是努力把這種發展引上蘇維埃政權控制下的合作制資本主義軌道。至於那些逃避國家監督的貿易，政府「應當重新審查和修改關於投機活動的一切法令，宣布一切盜竊公物行為，一切直接或間接、公開或祕密逃避國家監督、監察和計算的行為，都要受到制裁。」

新經濟政策的核心，就是把社會主義與市場經濟直接連繫起來。這項名為國家資本主義新經濟政策開始於糧食歉收的 1920 年，結束於史達林開始社會主義農業集體化和工業化改革的 1924 年。應該講，列寧推動新經濟政策，對從傳統計畫體制向現代市場經濟過渡的轉型國家而言，具有經久不衰的吸引力。正如前面所講，蘇聯是一個處於高度二元化狀態的大國，重要的是如何把對立的傳統與現實整合為一體，這中間需要過渡，列寧的新經濟政策從某種情況上講，正是治世的一劑良方。

然而，新經濟政策執行不過幾年，而被史達林最終「拋棄」，取而代之的是農業集體化、超高速工業化。結果各種矛盾乃至「階級鬥爭尖銳化」，「大清洗」成為鞏固政權的必經之路了。

角力世界

第二次世界大戰中，蘇聯為贏得勝利付出了 2,660 萬公民的生命，將近 8,684 萬蘇聯官兵在為國捐軀之後，蘇聯終於開始主宰世界的命運。自 1944 年開始，隨著蘇聯紅軍的節節勝利，史達林對東歐、巴爾幹地區的影響日益增加，老牌強國英國深感如坐針氈。邱吉爾於 1944 年 10 月專程訪問蘇聯，透過一紙協議，開始了世界的瓜分：

★ **羅馬尼亞**：俄國 90%；其他國家 10%。

★ **希臘**：英國和美國 90%；俄國 10%。

★ **南斯拉夫**：俄國、英國各 50%。

★ **匈牙利**：俄國、英國各 50%。

★ **保加利亞**：俄國 75%；其他國家 25%。

　　1945 年 2 月 4 ～ 11 日，蘇、美、英三國首腦史達林、羅斯福和邱吉爾齊聚雅爾達，討論戰後世界新格局的建立，達成的一系列協議，確立了雅爾達體系。該體系主要有以下四個方面：一、打敗德、日法西斯，並在兩國徹底剷除法西斯主義和軍國主義，防止法西斯主義東山再起；二、重新繪製戰後歐亞地區的政治版圖，特別是重新劃定德國、日本、義大利等法西斯國家的疆界及其被占領地區的歸屬與邊界；三、建立聯合國組織，作為協調國際爭端、維持戰後世界和平的機構。聯合國的核心機構安理會的表決程式實行「雅爾達公式」，即「大國一致原則」，以美、蘇、中、英、法五大國為核心，聯合國為主導，保護中小國家的安全，維持世界和平；四、對德、日、義的殖民地以及國聯的委任統治地實行託管計畫，原則上承認被壓迫民族的獨立權利。

　　雅爾達體系的實質仍是大國主宰國際事務的強權政治，以軍事實力為基礎，分割勢力範圍的博弈。大國名為四強，實際主宰與安排戰後世界的不外乎美、蘇。經過羅斯福與史達林的一番角力後，「兩分天下」的格局已經基本敲定。歐洲一分為二，西歐托庇於美國，東歐依賴於蘇聯。德國和朝鮮被分割，出現了東、西德國和南、北朝鮮。雖然格局劃定，但是東西方的博弈並沒有結束，美、蘇兩大陣營的策略目標和策略利益不可避免地發生衝突，冷戰氣氛籠罩世界。

在國際事務上，列強除了高喊共同打擊法西斯的口號外，黑幕交易亦不可避免。羅斯福、邱吉爾早在德黑蘭會議期間便明確希望蘇聯盡快在遠東參加對日作戰。精明過人的史達林則明確要求擁有遠東的不凍港，毫不含糊地提出大連和旅順口。這就叫交易，羅斯福與邱吉爾幾乎不假思索就基本同意了史達林的要求。三巨頭根本沒有顧忌中國盟國的利益受損，儘管他們還美其名曰地將中國捧到四強國中的一員。這就是史達林，他不僅巧妙地獲得了利益，而且還說服了羅斯福，後者答應採取措施讓蔣介石就範。

就這樣，史達林好似還有潛臺詞，既然蘇聯積極參與了遠東的軍事行動，他或許還會有更多的要求。在雅爾達，史達林因蘇聯紅軍節節勝利而要求更多的利益：一、恢復在日俄戰爭中失去的俄國利益：俄國在中國和遠東的領地和特權；二、要求將東歐這條入侵蘇聯的危險走廊變成保衛蘇聯的安全地帶。理由是蘇聯特別關心自身的安全，特別是西部邊界。鑑於蘇聯歷史上遭受的幾次大規模的入侵都是來自西部，所以史達林在三巨頭會議上針對波蘭問題直接表態：「波蘭問題對俄國人不僅僅是個榮譽問題，而且是安全問題……因為蘇維埃國家一些極為重要的策略問題都與波蘭有關」；「波蘭問題對蘇維埃國家來說是一個生死攸關的問題。」

史達林要將東歐納入自己的勢力範圍，以確保它們對蘇友好。在德國、中近東、日本、中國等關鍵地區，史達林的確與羅斯福發生過重大衝突，然而蘇聯的橫空出世，已經強大到連美國也不得不顧忌的地步。

後來，美、蘇二強也因其策略目標和策略利益的根本衝突而紛爭不休。杜魯門主義的發表代表著美、蘇冷戰的全面展開。馬歇爾計畫與經互會的對抗是冷戰在經濟領域的開始，「北約」和「華約」的對峙則是冷戰在軍事領域的表現。美、蘇為中心的東西方冷戰成為戰後兩極格局下國際

關係的基調。雅爾達體系在戰後也演變成了以「華約」和「北約」為代表的東西方長達四十餘年的冷戰對峙的兩極格局，一直持續到冷戰結束。

應對冷戰

以美國為首的西方國家發表了一系列的政策，以期達到對蘇聯實行軍事上的遏制、政治上的對抗、經濟上的封鎖、組織上的包圍。1946 年 3 月 6 日邱吉爾由杜魯門陪同，在美國的密蘇里州富爾頓的威斯敏斯特學院發表反共演說，叫囂：「從波羅的海的什切青到亞得里亞海邊的里稚斯特，一幅橫貫歐洲大陸的鐵幕已經降落下來。」並鼓吹建立美、英軍事同盟進行反共戰爭，向蘇聯發出了「冷戰」的信號。1947 年 8 月 12 日杜魯門又提出了援助希臘和土耳其的反共咨文，正式向蘇聯實施起「冷戰」政策。這為美國制訂馬歇爾計畫，建立北大西洋公約及許多地區性的組織鋪平了道路。

1948 年 3 月 17 日，英、法、荷、比、盧組成了為期五十年的布魯塞爾條約組織。又在 1949 年 4 月 4 日由美國、英國、法國、義大利、荷蘭、比利時、盧森堡、挪威、葡萄牙、丹麥、冰島和加拿大等十二國在華盛頓簽約，建立「北大西洋公約組織」（簡稱「北約」）。這實際上是形成了一個以美國為首的軍事、政治集團。其意圖美國時任國務卿艾奇遜已直言不諱地說了，「北約」的主要目的就是要對蘇聯產生一種「威懾作用」。

在經濟上也有「冷戰政策」來加強和共產主義的「抵抗力量」，其主要表現是 1947 年 6 月 5 日美國國務卿馬歇爾在哈佛大學發表演說，提出「援助歐洲復興計畫」。1948 年 4 月 3 日美國國會便以這個演講內容為依據通過了〈援外法案〉，同年 4 月 16 日通過〈經濟合作法案〉，來實施「馬歇爾計畫」，從經濟上「封鎖」蘇聯，以制止共產主義在歐洲的發展。美國便透過馬歇爾計畫一步步地嵌入歐洲。就這樣，以美國為首的西

方國家便從政治、軍事、經濟上形成了一股反蘇的國際勢力，即帝國主義
陣營。

　　蘇聯面對帝國主義一次又一次的挑釁，也針鋒相對：在政治上，鞏固
了在東歐的社會主義陣地。東歐是蘇聯防止西方國家發動武裝侵略的一個
緩衝地帶，也是蘇聯與西方連繫的走廊和門戶，為了保障蘇聯的安全，必
須使東歐各國緊緊團結在蘇聯的周圍。為此，從 1947 年下半年到 1948 年
上半年，東歐各國先後把西方勢力的代理人從政府、議會等各級國家機關
中清除出去，把共產黨與資產階級的聯合政府轉變為由共產黨領導的政
府，各國陸續進入了社會主義革命階段。

　　1947 年 9 月 22 ～ 27 日，成立了以蘇聯共產黨、南斯拉夫共產黨、波
蘭工人黨、捷克斯洛伐克共產黨、羅馬尼亞共產黨、保加利亞共產黨、德
國共產黨、義大利共產黨等組成的「歐洲共產黨和工人黨情報局」，加強
了各國共產黨之間的連繫，這為反對杜魯門主義曾產生過積極作用。

　　在軍事上，蘇聯除了盡快加強國內的軍事力量外，也增強了在東德、
奧地利、羅馬尼亞、匈牙利、波蘭的駐軍實力。在蘇聯的幫助下，東歐各
國共產黨先後接管了國防部，建立了國防軍。為了對付北大西洋公約組織
的軍事威脅，東歐八國於 1955 年 6 月也締結了〈八國友好互助條約〉，通
稱為「華沙條約」（簡稱「華約」）。華沙條約組織既是一個政治同盟又
是一個軍事同盟。從此，在歐洲便形成了「華約」與「北約」兩大軍事集
團的長期對峙。

　　在經濟上，為了打破西方國家的經濟封鎖禁運，加強社會主義各國的
經濟技術合作，在 1946 ～ 1948 年間蘇聯與波蘭、捷克斯洛伐克、羅馬尼
亞、匈牙利、保加利亞簽訂了一系列的經濟貿易協定，以鞏固蘇聯與東歐
各國的經濟連繫。並於 1949 年 1 月正式成立了經濟互助委員會，由過去

經濟上的雙邊關係發展為以蘇聯為中心的多邊關係，建立了與西方市場抗衡的社會主義市場。而且「蘇聯把世界社會主義各國的經濟置於它的經濟影響之下，形成以蘇聯為主體的社會主義經濟體系，並借助於這個體系加強自己的軍事經濟實力，與世界資本主義經濟抗衡。」

同時，社會主義體系的力量也不斷得到發展與壯大，從 1944 年到 1949 年東歐各國都先後建立了人民民主制度，而在亞洲則建立了朝鮮民主主義共和國、越南民主共和國、中華人民共和國。加上早已建立的蘇聯、蒙古人民共和國，社會主義國家已占世界人口的三分之一以上，占世界陸地面積的四分之一以上，在歐亞組成了一個政治整體，形成了以蘇聯為首的社會主義陣營。至此，蘇、美間已在政治、經濟、軍事上形成了全面對峙的局面。

赫魯雪夫的變革

史達林的去世，宣告著一個時代的結束。赫魯雪夫執政（1953 ～ 1964）十一年，恰似承上啟下。承接 1953 年蘇聯人的高歌凱旋，歡聲笑語，蘇聯人對未來充滿無限的憧憬與陶醉。承接著史達林這位「再世的列寧」的輝煌。個人崇拜將之譽為：「蘇聯各族人民的父親」，「人類的天才」，「歷史火車頭的司機」，當「與神靈同輝」。

啟下，指他在整個 1950 年代下半期與 1960 年代初，如何清算史達林的大清洗。赫魯雪夫上臺後一個驚天動地的舉動，就是從根基上動搖了史達林的體制；幾十年來培植起來的「個人迷信」、「個人崇拜」瞬息間被捅破了。赫魯雪夫先後採取了兩項事關國內事務的措施：第一，釋放了大批「罪犯」，其中許多是所謂「政治犯」；第二，實行了戰後最大一次糧食和消費品的全面降價。（麵包與麵粉降價 10%，肉類產品降價 15%，馬

鈴薯和其他蔬菜降價 50%，蘇聯人嗜之如命的伏特加，也降價 15%）。

1956 年 2 月，蘇聯歷史轉入新軌，蘇共二十大以後，傳統的經濟思想雖然受到批判，但是關於計畫優於商品，貨幣關係的觀念以及史達林時期的基本政策並未改變。赫魯雪夫在蘇聯體制和基本政策的改革上，乏善可陳。在對外關係上，雖然破除了一些史達林時期強硬僵化的做法，但「國際階級鬥爭」的根基很深，蘇聯「被包圍」的心態依舊，其表現形式更是出爾反爾、進退失據。時而表示「和解」，時而走「險棋」。他能在高唱緩和的同時挑起了古巴導彈危機、修築起割斷東西連繫的「柏林牆」，等等。1964 年 10 月，布里茲涅夫等人整整策劃了一年，並策反各個中央委員和高級幹部，最後才斷然採取行動，結束了赫魯雪夫的統治。

如果論及赫魯雪夫的「成就」，莫過於反對史達林、反對個人迷信，將史達林趕下「神壇」。從社會思想的長遠影響看，這段歷史對於以後蘇聯的發展和演變都有潛在的作用。

蘇聯解體前後

蘇聯崛起於二十世紀，經歷了創紀錄的大起大落。建國之初社會矛盾尖銳，二戰之間，從屈辱到主宰世界，再從東方帝國的輝煌，到盛極而衰的解體。1917 年俄國爆發十月革命到 1991 年 12 月的蘇聯解體，是多麼難忘的一個過程。如果說列寧時期是初創了「紅色帝國」，史達林時期則奠定了大國基礎，赫魯雪夫時期則走向世界，布里茲涅夫時期則開始了盛極而衰的過程。

史達林根據二戰的經歷獲知，國防力量是和平的重要保證。為了儘快打破美國的核壟斷，蘇聯加大了科學研究投入。1946 年，國家投入到科學研究機構的預算是 1945 年的 4 倍，高達 562 億盧布。4 月，蘇聯政府發表

了科學院基本建設的廣泛計畫。新建立了物理、機械、有機化學、鐳等一系列研究所。在 1946～1950 年間，開設了數百家新的科學研究機構和研究部門：導彈和原子能工業、無線電電子學、遙控力學，開始出現機械化與自動化生產綜合體。1949 年蘇聯有了原子彈，1953 年在美國爆炸氫彈後九個月，蘇聯也進行了氫彈試驗，到 1955 年蘇聯已經批量生產彈道導彈。1957 年 8 月 21 日，蘇聯研製成的洲際彈道導彈全程發射成功，射程達 8,000 公里。蘇聯政府宣布這一消息時，美國人還未研製成射程這麼遠的導彈，有的官員和輿論認為這是吹牛和恐嚇。兩個月後，蘇聯又用同樣的火箭發動機將世界上第一顆人造地球衛星送上天，接著運載火箭，還將搭載有小狗的衛星送入環球軌道。

這無異向世界宣布，蘇聯既然有能力將一噸多重的衛星發射上天，當然也能發射核彈頭。蘇聯洲際導彈的問世，在美國引起的恐慌可想而知。美國人依賴的地理空間完全喪失，除了奮起直追，別無它途。導彈與核武器的發展，成為美、蘇兩國較量的熱點領域。從數量的競爭到力量的較勁。拚到 1960 年代末時，兩國達到了一種「恐怖均勢」的狀態。蘇聯擁有 1,300 枚陸基洲際導彈，美國為 1,054 枚；蘇聯核彈頭數量為 1,250 枚，美國為 4,050 枚。蘇聯核彈頭的數量雖少，但爆炸量卻勝過美國一籌。如果真的打起仗來，雙方都可以將對方毀滅十幾次。雙方的地基和潛射導彈都發展到 2,000 枚左右，多數導彈又裝有 3～10 個核彈頭，換言之，可以將上萬枚原子彈、氫彈同時發射出去！任何一方搶先發難，結局都是同歸於盡，無所謂勝利者與失敗者。

布里茲涅夫取代赫魯雪夫之後，對內也發展經濟改革，希望在不觸動傳統制度和固有觀念的限制下，改善國民經濟。換言之，就是行政管理模式和新經濟機制和睦並行。1965 年，蘇聯發表了改革方案，經濟改革還沒

有真正走上路，1968 年春，「改革家」布里茲涅夫又要開始「加強黨的紀律」，要在意識形態與文化領域實行「擰緊螺帽」。其結果可想而知。

至於對外政策，布里茲涅夫憑藉積聚起來的綜合國力，在全世界展開外交攻勢。他把擁有強大的軍備和核威懾力量看做是推行外交政策的先決條件，把取得軍事優勢作為達到一定政治目的的手段。布里茲涅夫上臺之初，1965 年的軍費支出為 326 億盧布，1981 年增加到 1550 億盧布。15 年間增長 75 倍，占全國財政支出的三分之一。1966 ～ 1969 年的三年間，蘇聯在洲際導彈、潛艇發射導彈的數量方面從占美國的三分之一增至同美國相當，隨後幾年又在數量上超過了美國。蘇聯如此不遺餘力地發展核武器，自然耗竭了自身的國力。

布里茲涅夫爭霸全球需要一個「爪子」，這個「爪子」就是華沙條約組織。1955 年，該組織成立時，蘇聯既有將之作為控制東歐的工具的一面；也有抗衡北約組織、保障東歐地區安全的一面。布里茲涅夫上臺後，先後提出「有限主權論」、「國際專政論」、「利益有關論」、「大國特殊責任論」等等理論，通稱「布里茲涅夫主義」。「布里茲涅夫主義」基本上是針對社會主義國家的，尤其是針對東歐的「社會主義大家庭」的。根據這種理論，其他所有社會主義國家的主權都是有限的，蘇聯的主權是無限的；誰如果想改革史達林模式，建設本國式社會主義，走獨立自主的內政、外交道路，蘇聯就有權進行干涉，直至出動軍隊實行「國際專政」，這是蘇聯的「大國特殊責任」。鎮壓「布拉格之春」是布里茲涅夫主義的一次實際運用，表明華沙條約組織完全變成了蘇聯推行霸權主義的工具。

捷克斯洛伐克地處東、西歐交通要道，是蘇聯在歐洲的重要策略基地。捷克斯洛伐克由蘇聯紅軍解放，戰後完全照搬了蘇聯的一套政治經濟管理模式。根據蘇聯規定的「國際分工」，捷克斯洛伐克事實上成為蘇

聯原材料的加工地。國內經濟因此發展緩慢，嚴重影響了人民生活的提高，引起了人民群眾的不滿。為擺脫經濟困難，捷共 1968 年 4 月提出了改革的新設想，被稱做「布拉格之春」，國內呈現出政治控制有所鬆動的跡象。隨著捷克斯洛伐克改革的不斷深入，出現了脫離社會主義軌道的危險。蘇聯對此出面召集華沙條約組織成員國出兵侵占捷克斯洛伐克，鎮壓了「布拉格之春」。然而軍事上的勝利並不代表著政治上的成功。幾個社會主義國家公然侵犯一個主權的社會主義國家，嚴重損害了社會主義的威信和形象，破壞了共產黨與共產黨之間、社會主義國家與社會主義國家之間獨立自主、相互平等的關係，帶給國際共產主義運動極其惡劣的影響。

蘇聯原有十五個盟國，民族矛盾十分尖銳。俄羅斯人只占人口的一半左右。在「八一九」事變前，波羅的海三國就要求獨立。戈巴契夫試圖透過新聯盟條約把原來高度統一的國家變成一個邦聯制國家，將這些盟國鬆散地拼湊在一起。然而事變後帶來的結果是災難性的，又有一些共和國要求獨立。9 月 6 日，新成立的蘇聯國務委員會承認立陶宛、愛沙尼亞、拉脫維亞三個波羅的海共和國的獨立，從而拉開了蘇聯瓦解的序幕。

12 月，蘇聯迅速瓦解。12 月 1 日，人口和經濟實力占蘇聯第二位的烏克蘭通過全民公決，宣布烏克蘭獨立。12 月 8 日，俄羅斯、烏克蘭和白俄羅斯的領導人拒絕戈巴契夫堅持簽署新聯盟條約的打算，而代之以「獨立國家聯合體」協議的簽署。協議說，「蘇聯作為國際法主體和地緣政治現實正在停止存在。」12 月 21 日，除波羅的海三國和喬治亞外，11 個共和國的領導人在哈薩克斯坦的阿拉木圖舉行會議，聲明這些共和國準備以「平等的創建國」參加「獨立國家聯合體」，發表了〈阿拉木圖宣言〉。正式宣布「蘇維埃社會主義共和國聯盟（即蘇聯）停止存在」，並通知戈巴契夫，取消蘇聯總統這一職務的設置。

　　1991 年 12 月 25 日上午 10 點，戈巴契夫來到克里姆林宮總統府，晚上 7 點，戈巴契夫向全國和全世界發表辭職講話。隨後，他就把發射七萬個核彈頭的「核按鈕」公事包鄭重地透過「獨聯體」武裝力量臨時總司令沙波什尼科夫，交給俄羅斯總統葉爾欽。

　　晚上 7 點 38 分，克里姆林宮上空永遠降下了那面以鐮刀和鐵錘為圖案的蘇聯國旗。一個曾經在國際舞臺上叱吒風雲了七十多年的超級大國從此消亡。

● 俄羅斯聯邦

　　在蘇聯宣告壽終正寢之際，葉爾欽成了克里姆林宮的新主人。1992 年初，新興的俄羅斯在改革方面採用了激進的「休克療法」，誘發了嚴重的經濟危機、政治危機和政治對抗。執法的總統與立法的國會形成空前對立，出現了 1992 ～ 1993 年兩大權力機關對抗的「雙重政權」局面，俄羅斯陷入動盪不安之中。1993 年 12 月 12 日，俄羅斯通過了第一部新憲法，確立了總統制共和國的性質。

　　1996 年，葉爾欽在俄羅斯聯邦第二次總統大選中獲得連任。然而面對經濟衰退和政治鬥爭，總統只能依靠頻繁地更迭政府和調整政策來維持統治。20 世紀的最後一天，葉爾欽忽然做出了一個驚天決定，他出乎意外地發表了辭職告別演說。葉爾欽承認：「我曾相信希望透過一次跳躍就能徹底擺脫停滯、專制時代而走向繁榮、文明的將來，而這一跳躍沒有成功。從某種程度上說，我過於天真幼稚了，實際上問題要複雜得多。許多人在這個複雜的年代裡經受了磨難與失落。」歷史在這時，卻將一個新的人物推到了臺前：代總統普丁。葉爾欽的一句「珍惜俄羅斯！」讓整個俄羅斯

動容，從而贏得了不少尊重。

2000 年 3 月 26 日，普丁以較高的得票率正式成為第二位總統。普丁選擇的發展道路是以維護政局穩定、保持社會和諧為基本目標的「可控民主」，以注重效率、兼顧公平為基本特徵的社會市場經濟，以「平衡性」為基本指導原則的全方位外交。

在新的執政理念指導下，普丁著手恢復俄羅斯政治經濟秩序、實行穩妥的改革政策、堅決懲治腐敗、著力改善人民生活、建立強大國防、開展靈活外交。普丁執政期間，俄羅斯政局穩定，經濟持續增長，國際地位不斷提高，民眾支持率始終保持在 70%以上，這在一個民選大國實屬罕見。在普丁的全力支持下，統一俄羅斯黨、公正俄羅斯黨、俄羅斯農業黨和公民力量黨於 2007 年 12 月聯合推舉前政府第一副總理梅德韋杰夫為總統候選人。2008 年 3 月 2 日，梅德韋杰夫以 70.28%的得票率高票順利當選俄羅斯第四任總統。5 月 7 日，梅德韋杰夫正式從普丁手中接過了象徵國家元首權力的總統旗、總統徽章和核密碼箱，並於當日提名普丁為新一屆政府總理候選人。在俄羅斯的歷史上，將首次出現強勢總理和總統共事的政治局面。

● 宗教情結

東正教在俄羅斯一千多年的傳播與影響，幾乎滲透進俄羅斯民族的血液和生活之中。可以這樣講，東正教作為俄羅斯的國教，自羅斯受洗後，一直影響著俄羅斯民族的方方面面。即使紅色政權揮利劍欲滅殺宗教，然而東正教仍如流水：抽刀斷水水更流！

紅白分化

　　1917 年 8 月，一個代表全教會的會議在莫斯科召開，有 265 個神職人員和 299 個世俗神學家與會，而在此次會議的會前會議中，已就民主化的架構事先規劃。它採用一個新的教會體制，使主教轄區能重新建立，讓主教能由各個教區共同選出，並讓一般大眾能參與教會各管理階層的事務。最後莫斯科的主教吉洪（Tikhon），在 1917 年 10 月 31 日被選為宗主教。雖然因革命的爆發，造成改革無法全面完成，但至少人民已能在部分教區選出新的主教。

　　1918 年 1 月 20 日，政府頒布了一條命令，剝奪教會所有合法的權利，包括財產權。然而這個法令未能立即執行，教會也仍然保有一個強而有力的社會力量達數年之久。吉洪對此法令的回應是將「公開或偽裝的基督者」逐出教會，雖然他並未指明針對政府；他同時針對政治議題發表了具有道德意義的聲明：在 1918 年 3 月，他指責俄國和中央政府間布勒斯特立陶夫斯克和約（Brest-Litovsk）的休戰協議，同年 10 月他「告誡」列寧，要求他宣布特赦。

　　然而吉洪小心翼翼地試圖不讓自己染上反革命的色彩，1919 年 9 月他呼籲信徒不要支持白黨（反共主義者），而要遵守蘇聯政府制定的那些不違背基督信仰的法令。獨立教會在 1922 年之後遭到很大的壓迫。同年 2 月，政府下令沒收教會所有珍貴的財物，遭到吉洪的反對。俄國政府贊助那些願與之合作的教士來推翻大主教，但卻不願給他們任何擔保；在吉洪遭軟禁時，這群教士便接收了他的辦公室，並且很快宣布這些主教和教士對政府的效忠。這就是所謂「革新教會」或「活教會」的分裂，不但切斷了教會內部的連繫，也使教會再無招架之力；許多對宗主教忠實的主教和教士都遭到審判並處死。據俄聯邦安全局提供的資料顯示，僅僅在 1937

年 8 月 8 日～ 1938 年 10 月 19 日就有 20,765 人被殺。蘇聯政府 1921 ～
192 年還要求上繳全部教會器物，從而導致教會和新政權之間發生嚴重的
衝突和對立。到二戰以前，教會體系幾乎被徹底消滅。

　　1927 年，暫代牧首職位的塞爾吉烏斯（Sergius）大主教宣誓效忠蘇聯
政府。在蘇維埃消滅宗教的狂潮中，大批教徒被迫流亡海外，這些人被
稱為「白色東正教」；而效忠蘇維埃政府的東正教則被稱為「紅色東正
教」。

　　東正教教會的分裂甚至波及到了教徒和他們的家庭。比如在同一個家
庭中，有的家庭成員信奉歸順莫斯科的東正教，但其他的家庭成員卻信任
在海外的東正教。

紅白合併

　　蘇聯前總統戈巴契夫對重振東正教產生很大影響力。蘇聯 1990 年 10
月通過了〈信仰自由和宗教組織法〉和〈宗教自由法〉，東正教開始重登
政治舞臺。教會在俄羅斯恢復了生機，許多俄羅斯人重返東正教門牆，大
大小小的教堂一時間門庭若市。

　　人們需要從蘇聯解體的巨大震撼中拯救自己，人們需要從巨大的失落
中找到救贖，於是俄羅斯人自然而然地想到了東正教。

　　2007 年 5 月全俄民意調查中心公布的一份民調顯示，有 63％的俄羅
斯人認為自己是東正教信徒，另有 12％的人相信上帝，但不具體信奉某個
教派。從這個比例可以看出，東正教幾乎就是整個俄羅斯民族的信仰和生
活方式。

　　目前，東正教教會已經恢復了在醫院、養老院、軍隊和監獄中從事宗
教活動。針對俄羅斯人口銳減的現象，東正教會強調婚姻和家庭穩固的神

聖性，呼籲國家大力扶持多子女家庭。東正教還呼籲教徒和各種惡勢力抗爭。這對於俄羅斯遏制犯罪、淨化社會環境以及擺脫人口危機等，均產生了良好的作用。

對於瀰漫著濃重宗教氣息的俄羅斯，2007 年 5 月 17 日注定是不平凡的一天。這一天，東正教全俄大牧首阿列克謝二世與流亡海外的東正教主教拉夫里在俄羅斯最大的救世主大教堂舉行了海外東正教回歸俄羅斯的慶典。歷經九十年的磨難，流亡海外的俄羅斯東正教終於找到了自己的歸宿！

俄羅斯東正教合併是具有重大歷史意義的事件。阿列克謝說：「俄羅斯的東正教重新統一起來。這個隆重儀式對教徒來說是十分寶貴的，對所有的俄羅斯人民來說也是十分寶貴的。」一直為海外東正教回歸奔忙的俄羅斯總統普丁也說：「當代的俄羅斯社會是以民主原則，也就是公開和宗教信仰自由為基礎而建立起來的。所以，兩家東正教教會的對抗已經沒有基礎，分歧應該消除。」

普丁說：「東正教是俄羅斯社會的重要支柱。」

「虔敬上帝、熱愛和平、對人博愛、寬容與隨和」是東正教的基本理念，也是俄羅斯社會的價值目標。「度盡劫波兄弟在，相逢一笑泯恩仇」，在主的恩澤下，「紅」、「白」東正教實現了歷史性的回歸！

第三章　民族性格

俄羅斯主體民族在十九至二十世紀初曾自稱大俄羅斯人或大羅斯人，以居住在俄羅斯為多數，另有部分分布在加拿大、美國和歐亞一些國家。俄羅斯人屬東歐型歐羅巴人種。其使用的俄羅斯語，分南、北兩大方言，以莫斯科方言為標準語，屬印歐語系斯拉夫語族。文字採用斯拉夫字母。十世紀前後傳入東正教，但至今仍保留精靈崇拜、祖先崇拜和巫術等傳統宗教信仰。

● 俄羅斯人

人種學上講，屬歐羅巴人種的俄羅斯人：淺色皮膚，柔軟的波狀髮，男子鬍鬚和體毛發達，鼻窄且高隆，唇薄，面部輪廓清晰，身材中等或中等以上。眾所周知，俄羅斯幅員遼闊，各地區的人還各有特點：北部俄羅斯人屬歐羅巴人種中的白海－波羅的海型，身材中等，頭形較長，鼻子高突，鼻樑呈直形或凹形，頭髮和眼珠色淺。南方俄羅斯人屬歐羅巴人種中的中歐類型（又稱阿爾卑斯類型），身材中等或中等以上，頭型寬短，臉寬，鼻高且大，頭髮淡黃並呈波狀。

俄羅斯人因地區不同和生活文化的差異，在十九世紀中期，便出現了諸多地方性的民族團體。其中區別較大的是北方俄羅斯人、南方俄羅斯人，以及位於二者之間的中部俄羅斯人。此外，還有白海沿岸的波莫爾人、梁贊北部的梅肖爾人、哥薩克人，以及後貝加爾湖地區的謝麥伊人、哈薩克斯坦布赫塔爾姆河的卡緬希克人等。

俄羅斯幅員遼闊，民族眾多，從歐洲波羅的海之濱，到亞洲太平洋沿岸，俄羅斯大地上生活著的一百七十多個民族，每個民族都盛產美女。有金髮碧眼、高大挺拔的斯拉夫人、外高加索的波斯人，有西伯利亞皮膚白皙，性格沉靜的蒙古人和奔放的中亞突厥人……不同的血緣，不同的基因

碰撞融合，造就了俄羅斯女性的天生麗質。

應該講，俄羅斯民族是偉大的民族。長期以來，在抗擊外來侵略、維護國家獨立的抗爭中，特別是二戰的衛國戰爭中，俄羅斯民族表現出了偉大的民族精神，形成了熱愛國家、熱愛自由、勇敢頑強的精神品格。

然而俄羅斯民族建立起的國家也是世界上最國家化的帝國。這個世界上當時最強大的帝國，不僅可以與美歐集團抗衡，甚至將他們逼到驚呼「狼來了」的地步。然而，也是這個民族，竟然不可思議地完成了自我大崩潰，親手毀掉了輝煌的帝國。這個民族的矛盾性好似表現得特別極端：命題可以轉變為反命題，官僚主義的國家機構可以誕生於無政府主義，極端民族主義誕生於超民族主義，無限的奴性出自於無限的自由，永恆的滯留來自永恆的漫遊。

事實上，這種性格的多面性可以從俄羅斯人的宗教信仰中尋找到痕跡。原始多神教中的酒神狄奧尼索斯式的自然元素，和東正教苦修禁慾主義的思想構成了俄羅斯精神的基本框架。雙重信仰形成了多元的文化形態，也形成了俄羅斯精神兩面性，形成了俄羅斯人性格中那種奔放與克制的矛盾體。

從地理位置看，俄羅斯民族既不是純粹的歐洲民族，也不是純粹的亞洲民族。一側倚著中國，另一側倚著德國。歐亞大陸分別代表著兩種元素、兩種文化。處在這種地理位置中，東西方兩股歷史潮流相互撞擊，歐亞文明相互融合作用，便是造成俄羅斯民族性格矛盾性、複雜性、兩極性的原因。

除地理位置外，俄羅斯在社會上和歷史上都介於歐洲和亞洲之間。在不同的時期、不同的方面，有時接近這一邊，有時接近另一邊。俄羅斯在處理與西方國家的關係時常左右搖擺，反覆不定。對於較自己發達的西

方，俄羅斯既羨慕、嚮往和熱愛，又對西方價值觀充滿了仇恨和拒斥心
理。這種矛盾深刻展現在俄羅斯許多思想家身上，他們中的許多人往往從
親西方開始，以反西方告終。杜斯妥也夫斯基一方面承認自己是「憎惡歐
洲的人」、「敵視歐洲的人」，但又滿懷深情地歌頌歐洲：「對於俄羅斯
來說，歐洲如同俄羅斯一樣地珍貴；歐洲的任何一塊石頭都是可愛的和珍
貴的。如同俄羅斯一樣，歐洲也是我們的祖國，啊，更大的祖國！我對俄
羅斯的熱愛不能比對歐洲的熱愛更多。……近一百年來俄羅斯的存在都不
是為了自己，而只是為了歐洲。」

從意識形態上看，俄羅斯國徽中的雙頭鷹便已經說明了其矛盾的性
格。雙頭雄視東、西兩個方向，完全相反，東、西方文化淵源的交錯與衝
突，帶來了這個民族豐富、矛盾的特質。

不難看出，矛盾性是俄羅斯的民族性格中最大的特點。但凡與俄羅斯
人打過交道的人，都可能感同身受。俄羅斯人非常情緒化。今天可以這樣
誹謗自己的國家「世界上誰都不需要俄羅斯，俄羅斯是世界上最愚笨、
最落後的國家，是文明世界的死角」。明天，這個人可能會說「沒有俄羅
斯，世界早就進地獄了。我們的國家是如此非凡」。

總之，只要細究俄羅斯民族的性格，便有不可思議的發現：兩種相互
對立、相互排斥、互不融合的性格竟然能夠神奇地展現在他們的民族精
神中。

好客、善良、友善、有集體主義精神、有悟性和創造性、崇尚精神文
化、淳樸、易相信人、有幽默感、慷慨、寬容、有愛國主義精神、善於忍
耐、富有同情心。

愛自尊、懶惰、漠然、無責任心、無分寸感、愛酗酒、好冒險、貪婪
妒忌、對當權者不信任。

　　這些都是常被用來形容俄羅斯民族性格的字詞。事實上，早有學者全面地研究過他們的歷史、文化、社會、心理等等，對俄羅斯民族精神有以下的歸納。

集體主義與自命不凡

　　集體主義主張個人從屬於社會，個人利益服從集團、民族、階級和國家利益。其最高標準是一切言論和行動符合人民群眾的集體利益，其含義就是當個人利益和集體利益發生矛盾的時候，個人利益服從集體利益。個人的思想、意志和行為都須服從集體、服從社會的要求，必要時需要犧牲個人而維護集體的利益。

　　俄羅斯民族十足的韌性和頑強，即使是強敵壓境，極度困難，也能轉敗為勝。西元 1812 年，拿破崙率六十萬大軍入侵俄羅斯，結果一敗塗地，被趕出俄國。不僅損失了大部分軍隊，也成為以後垮臺的誘因。拿破崙說：他還從未遇到過如此頑強的軍隊。

　　在二次世界大戰中，在列寧格勒（聖彼得堡）被圍的九百個日日夜夜，在莫斯科保衛戰、史達林格勒保衛戰，俄羅斯人均展示出不屈不撓的堅韌與頑強，世界皆為之側目。俄羅斯人或許平時粗心大意，但到了關鍵時刻，尤其在國家存亡和發展的緊要關頭，總能夠表現出民族的凝聚力，在這些時候充分詮釋集體主義。他們絕不願被其他民族所壓垮，自己卻要壓倒敵人。

　　在日常生活中，俄羅斯人的集體主義還展現在協作精神中。他們喜歡互相支援、協作互動。所以，當革命勝利後，俄羅斯很輕易地便把農民聯合起來，加入集體農莊。因為俄國個體農民本就做好了共同勞動的準備。在艱苦的歲月中，他們學會了相互依靠。古時候，俄羅斯農民有一個習

慣，夜裡在家門口擺上一片麵包和一杯牛奶以防萬一。如有逃犯路過，便可以借此充飢。俄羅斯有句成語：「誰也不能有把握說：這輩子不會蹲監獄或要飯」，這句話的意思很明確，即誰都會有落難的時候。

俄羅斯民族是一個天賦很高，創造力很強的民族。在 1,300 多年的發展史上人才輩出，如化學元素週期表的發現者門捷列夫、天才詩人普希金、文學泰托爾斯泰、傑出的音樂家柴可夫斯基等等。在人類的任何一個領域都有才華出眾的俄羅斯人，俄羅斯人因此有強烈的優越感，使命感。那種強烈的俄羅斯民族主義情結，使他們在歷史上任何時期，都希望追逐第一或唯一，從來不甘居第二。

僅以蘇聯時期為例。俄羅斯人展現出驚人的成就！衛星上天，戰艦巡洋，史達林與羅斯福平起平坐，共同敲定世界新格局。他們從法西斯鐵蹄下解放了許多國家或民族，也傷害過許多民族。他們骨子裡那種自命不凡的傲氣，促使赫魯雪夫能在聯大會議上將皮鞋脫下來敲桌子，好似根本不在乎別人是否滿意。

在日常生活中，俄羅斯人也是傲氣衝天。俄國的月亮就是比外國的圓。他們既不喜歡認錯，更不願意媚外。即使俄羅斯經濟目前狀況並不好，但也少有年輕人低眉折腰，低三下四。他們骨子裡的那種民族自豪感有時表現得非常極端。在俄羅斯，沒有外國人「優惠」一說，而是奉行「國人優先」的政策。例如，外國人乘坐飛機時還在「外國旅遊者等候廳」裡傻等時，俄國乘客已捷足先登，穩穩地坐在了座位上。

俄羅斯人在公開場合常常表現得冷峻、固執、死板、倔強。然而私下做朋友時，他們又展現出最熱情，最慷慨，易動感情，最好客而又豪放性格。

英雄氣概與情緒化性格

俄羅斯人有很強的男子漢氣概。在他們的成長過程中，就沒有嬌生慣養一說。還是孩子的他們就跟大人一起步行，而不會被背著或抱著，從而培養出他們的勇敢精神。別看他們小事馬虎，平時粗心大意。然而一旦到了關鍵時刻，尤其是國家存亡的緊要關頭，他們都能毫不猶豫地挺身而出，表現出大無畏的精神。可以這樣講，這個民族具有很強的凝聚力，就連猖獗一時的法西斯德國都沒辦法壓垮他們，反而被他們所壓倒。

俄羅斯崇敬英雄，年輕人的婚禮儀式之一，就是到當地一個英雄的紀念碑前獻花。在聖彼得堡幾乎每天都可以看到彼得大帝青銅騎士塑像前的一對對結婚青年。

事實上，即使俄羅斯人在處理一些問題上有很高的韜略之術。然而在日常生活中，仍舊能夠見到這個民族片面、單一的思維模式。他們在看待問題時常過於片面和絕對，易感情用事，經常從一個極端走到另一個極端。在 1950 年代以前，蘇聯人對史達林的個人崇拜登峰造極，但赫魯雪夫上臺之後便又翻天覆地。他們不僅全面否定史達林個人，否定了史達林時期的建設成就，甚至將其遺體從墓地中挖出來焚燒。

忍耐與急躁

在二次世界大戰中，俄羅斯人表現出不屈不撓十分頑強的戰鬥精神。在日常生活中，俄羅斯人也極具忍耐性。由於氣候等原因，俄羅斯人已經習慣長久的忍耐，他們消極地期待生活改變，不管最終是變好還是變壞。在食品短缺的年代裡，食品店門口經常排著長長的隊伍，人們靜靜地、耐心地等待買到麵包和牛奶。即使知道排到最後也沒有希望買到時，他們也會耐心地等到最後一分鐘。

俄羅斯人雖然有極強的忍耐力，但也有急躁缺乏耐心的一面。俄羅斯整個民族具有激進或極端的傾向，總是急於解決問題。這種急躁和性急與他們的單向、片面的思維方式有關。他們處理問題喜歡乾脆俐落，不願小心翼翼、細緻入微。從戈巴契夫的改革到蘇聯解體以來一系列的做法都展現出這個民族缺乏耐心、急於求成。無論是「新思維」或是「休克療法」，目的都是希望馬上見效，而忽略了社會與經濟的發展規律。俄羅斯人自己都講「我們俄羅斯人有一時的耐心，但缺乏持久的耐心。」

禮儀與失儀

俄羅斯人講究紳士風度，尤其是聖彼得堡人。在日常生活中，他們待人接物上均保持著民族特有的禮儀傳統。講禮貌：「您好」、「你好」、「早安」、「晚安」、「萬事如意」、「謝謝」、「請原諒」、「再見」、「請」等等，笑口常開，噓寒問暖。即使在 1998 年金融危機，俄羅斯盧布面臨每天貶值近一半的時候，在銀行門口的排隊人群，仍然是安靜整齊，沒有任何人插隊。上電梯、乘地鐵時一定讓女士優先。在俄羅斯人的家中，即使是一般家庭，都布置的極有文化修養，不講文明禮貌會被人看不起。

街上碰面，相互打招呼，無論相識與不識。親友久別重逢或互相告別時，不論在家裡或大庭廣眾之下，俄羅斯人有擁抱接吻的習慣。男人之間一般只擁抱，或者同時一左一右行貼面禮。婦女常常更親熱些，互相接吻。親友間，長輩吻晚輩一般吻臉頰，常常連吻三次，還常常吻額頭；晚輩吻長輩也一般吻臉頰，通常連吻兩次。非親屬的男女之間接吻比較慎重，如果關係一般，男子頂多只輕吻女子臉頰。復活節那天，在教堂內外，人們可以跟碰到的任何人接吻，年輕的男子當然也可與女子們接吻。

俄羅斯人到別人家拜訪，一般都會預先通知主人。邀請別人到自己家

做客，一般也都會預先提出邀請，不約而來或突然請客，被認為不大禮貌，除非是很親密的友人。俄羅斯人在公共場所和交際場合也實行「婦女優先」的原則。男士們像西方人一樣，總會表現出對女士的尊重。上公共汽車、上下樓梯等場合，男士要禮讓女士。在劇院的更衣室裡，男士要為女士穿脫大衣，入場時為女士開路並找座位。男女同行時，男士如果空手，是不允許讓女士拿重物的。諸如此類的禮節還很多，不可一一列舉。

俄羅斯在公共場所一般都能做到不大聲喧譁，講話的聲音很輕；不隨地吐痰，不邊走邊吃東西，不亂扔菸頭、果皮等；不當別人的面伸懶腰、打哈欠、抓癢、挖鼻孔、挖耳朵；不用手指點不相識的人；不注視殘疾人、畸形人；走路、上下公共車輛都主動禮讓老人、婦女，在車上讓座。開會、看音樂劇等都注意按時到場。即使有人看音樂劇遲到，他們也會靜悄悄地臉朝同排觀眾進入座位。總的說來，俄羅斯人的公共道德風尚很好，講究文明禮貌。

如果說俄羅斯人的美德使人為之傾倒，那麼他們的弱點也令人啼笑皆非。這樣一個禮儀之邦，街頭巷尾卻常見醉漢的身影。俄羅斯人有著酒神崇拜的狂歡文化，而且達到非理性的狀態。俄羅斯人酷愛杯中之物舉世著名。他們享受著酒的美味，追求酒後心靈的無拘無束。酒或許能誘發原始生命的衝動，激活神祕的心靈感應……只要有機會，或者說只要能找到藉口，俄羅斯人便會在一起豪飲。朋友間的小聚，宴飲，親戚間的重逢，宴飲。席間、杯旁，載歌載舞，都透著迷醉，發泄著蘊藏在生命中的原始衝動和熱情。醉酒可解愁，或許也是一種逃避。

俄羅斯人嗜酒如命，即使在嚴寒冬日，街上照樣遊蕩著許多手持酒瓶的醉漢。這些醉鬼們或許能夠在酒精的作用下，尋找到逍遙快活的「酒裡天地闊，瓶中日月長」的感覺。

事實上，俄羅斯人醉酒是有歷史的。據傳，瓦西里三世在宴請別國的使臣時就曾多次醉酒。彼得大帝狂飲得更是超乎常人，他還命令每天為彼得堡的水兵、士兵、造船工人和建築工人無償提供一盅伏特加酒，這種賞賜自然令水兵和工人感恩戴德。這位沙皇賜酒還有甄別異己的功效。他在夏宮裡時常召集大臣們，強迫他們喝得酩酊大醉。在醉酒的情況下，連謹言慎行的大臣也因酒醉而和盤托出內心感受。彼得大帝正是利用了「酒後吐真言」的方式，把懷有二心的大臣們全都發配去西伯利亞。

歷史雖然遠去，但是俄羅斯歷代領導人的海量好似從來沒有見少，人人都好杯中之物。據說赫魯雪夫喝過半公升伏特加，還能面不改色地在盧日尼基體育館作長達三小時的報告。葉爾欽更了不起，他可以痛飲一公升伏特加之後，仍舊能頭腦清醒地作重要指示。這位俄羅斯首任總統出訪時也時常需要攜帶成箱的伏特加酒，其酗酒形象可謂登峰造極。蘇聯領導人裡只有安德羅波夫最不喜歡喝酒，但不喜歡並不表示沒酒量。他在當克格勃頭目時就曾在人前露過一手。捷克大使和他打賭，每人面前擺放六大杯200克量的伏特加酒。大使先生喝完第五杯終於不支倒下，而這位克格勃頭目則從容不迫地飲下了第六杯烈酒。

俄羅斯伏特加酒的過去、現在和將來都與俄羅斯的經濟命脈息息相關。徵收酒稅是國家的經濟命脈，是國家得以發展的主要支柱。伏特加的熱情甚至能燃燒成愛國的火焰，第二次世界大戰的蘇聯衛國戰爭中，國防委員會主席史達林簽署命令規定，為鼓舞士氣，獎勵在抵抗德國法西斯前線作戰的蘇聯軍人，蘇聯給在第一線作戰的軍官每人每天100毫升的伏特加。這次偉大的國家保衛戰中，伏特加的熱情始終燃燒在全體蘇聯軍官的血液中，催促著英雄們奮勇向前。有人說：蘇聯衛國戰爭的勝利來自於喀秋莎火箭炮和伏特加酒。

　　俄羅斯人喜歡純正的白酒，尤其酷愛 40 度左右的伏特加、白蘭地、威士忌，為此可以說俄羅斯是酒鬼之鄉。此外，喝酒無節制、不醉不休的做法不僅僅盛產醉鬼，更帶來許多社會問題。歷史上，1648 年，以莫斯科為首的眾多城市爆發了「酒館暴動」，三分之一的男性公民都欠酒館的酒債，農民則連續幾年因酗酒而荒廢了耕地。現在，俄羅斯每年有超過三萬人因酒精中毒而不幸身亡，酗酒者更是數不勝數，而酗酒是造成災禍、悲劇、苦難、仇恨等「惡德」的重要因素，70% 以上的凶殺都是因酗酒引起的，酗酒已成為繼自殺和交通事故之後危害生命的第三大元凶，酗酒還要為無數俄羅斯家庭暴力事件承擔直接責任。據說俄羅斯的年人均酒精消費量已達 25 升，一份權威資料指出：一個民族的成年人均酒精量的極限是 27 升，超過這個極限，整個民族都要走向終結。

　　許多學者對俄羅斯人好酒也有過研究。據悉，蒙古人的基因對體內酒精的新陳代謝分解得較慢。眾所周知，俄羅斯人被蒙古人統治了約 240 年，由於通婚等原因，有蒙古人基因的俄羅斯人，雖然在外貌上與其他歐洲人沒有很大差異，但在酒力上卻不能與他們相比。所以，他們在喝了同樣多的烈酒後，更容易醉。

　　再有，俄羅斯氣候嚴寒，飲酒取暖也是一種生活習慣。如果又遇到生活中的種種不如意，只好借酒澆愁，他們希望透過大量飲酒來麻痺神經。應該承認，俄羅斯人酒精的消耗量是世界上最高的，一個俄羅斯人一年喝掉的酒中至少含有 15 升純酒精，而每七個俄羅斯人裡就有一個「酒鬼」。過量飲酒曾一度造成該國的健康危機，1980 年代蘇聯人的平均壽命僅為 59 歲。

金錢與金錢觀

一般來說，俄羅斯人並不太看重錢財。俄羅斯人認為，賺錢不多也並非是壞事，與周圍的人聊自己的收入並沒有什麼不體面。

現代俄羅斯人不太喜歡那些新貴，認為他們的錢來得太容易。這些新貴們的表現的確也糟糕。這些人的平均年齡在36歲左右，多為莫斯科人，月收入一般在二到五萬美元以上。這些人或是控制軍工和能源界的巨頭，抑或是從事投機的金融家或私人銀行家，和政府有著千絲萬縷的連繫。他們透過權力和關係，利用價差、匯差、利差和稅差把國有資產化為己有，被人們稱為「官僚百萬富翁」。

這些人的生活方式已完全西化，他們穿世界名牌，出手闊綽，住獨棟別墅，出外住豪華飯店。夜晚享受燈紅酒綠，品美食，喝名酒，賭博一夜輸掉成千上萬美元也不皺眉。每到夏季，他們就到土耳其、希臘、義大利、法國、西班牙等地度假。

這些人有時會為炫耀而一擲千金，花上50萬美元出海航行，或者請150人坐飛機到遙遠的地方聚會。甚至，那些新貴企業家、議員、高級官員和他們的妻子們，荒唐到每人花一萬美元到莫斯科體驗一晚餐館服務員，當計程車司機，當流浪漢，等等。

這些新貴們雖然過著醉生夢死的「天堂生活」，然而金錢也令他們易受攻擊。黑社會也不會放過他們，輕則敲詐勒索，重則綁票索命。在莫斯科，新貴們遇害的事情時常發生。

幽默與讀書

俄羅斯人豪放豁達，即使面臨惡劣艱苦的環境，即使遇到許多不盡人意的問題，遇到不少人生的苦澀，他們也能夠保持樂觀豁達的心情。既然

生活已經困難了，何妨幽默談笑解之！開朗豪放性格的形成與他們較高的文化修養有關。性格幽默的俄羅斯人不時會講出各式各樣的笑話和幽默故事，樂觀之中透著一種浪漫情調。

事實上，俄羅斯是許多文學大師薈萃的地方，他們的文學作品培養了俄羅斯民族，使他們吸取了文學的豐富養分。文學巨匠果戈里與契訶夫，分別塑造過一個由紈絝子弟偽裝的「欽差大臣」和一個趨炎附勢、迎上欺下的「變色龍」警官。這兩個活靈活現的藝術形象，至今仍栩栩如生地閃現在人們的眼前。

在諸多的幽默藝術形式之中，獨具特色的幽默刊物《鱷魚》雜誌，在俄羅斯擁有最廣大的讀者，是最熱門的暢銷讀物：圖文並茂，短小辛辣，無情諷刺，善意取笑等特色，贏得了讀者的喜愛。

俄羅斯人喜歡讀書，知識面非常廣。在俄羅斯，人們酷愛讀書，在公車、地鐵等處，都能見到俄羅斯人在讀書。文學作品滋養了俄羅斯民族，影響俄羅斯的一代又一代人。即使是一些退休在家的老人，工作閒暇時，都習慣性地捧著俄羅斯名著津津有味地讀書學習。

俄羅斯人的讀書熱持續不斷。據調查，約三分之二的城市居民長期堅持閱讀文藝作品，一部分人每天的閱讀時間約一小時。近年來，人們閱讀文學作品的時間更有所增加，尤其是三十歲以上的婦女，原因之一是女性文學的種類增多；文學書籍相當暢銷，約占圖書市場的 40%，其中古典作品的比重增加了好幾倍，普希金、萊蒙托夫、托爾斯泰等作家的古典作品尤其受各界讀者喜愛。讀書是「俄羅斯人五大業餘愛好」之首，其次才是體育、打獵、釣魚、旅遊。

● 俄羅斯女人

十年前，有一個流傳於世的笑話：

問：什麼是人間天堂？

答：賺美國的薪水，住英國的房子，吃中國的菜餚，娶俄國的妻子。

問：什麼是人間地獄？

答：賺俄國的薪水，住中國的房子，吃英國的菜餚，娶美國的妻子。

十年前的國際笑話，到今天大多已不盡屬實，但在選妻子的標準上，國際評價卻沒有多少變化。冰雪大地上的俄羅斯女人，向世界展示了最真實的人間天堂。

到過俄羅斯的人大多會由衷地讚歎：俄羅斯女子怎麼這麼漂亮？確實，俄羅斯是美女如雲的地方。高䠷的身材、挺直的鼻樑和眼角眉梢流露出的俏麗之色，簡直是維納斯雕像的真人版。可聞名於世的俄羅斯美女卻不只是依靠豐腴的外形和甜美的臉龐才得以獲此殊榮，俄羅斯女性的魅力也在於她們所承受的不幸。

追隨的腳步

很多人想知道，俄羅斯女人的忍耐是否也會有極限？齊眉舉案，俯首為奴，她們彷彿天生是為了超越苦難而生的。丈夫是軍人，她們毫不猶豫也入伍；丈夫遭流放，她們義無反顧地追隨；丈夫成為土匪，她們願意落草為寇。

1825 年十二月黨人的起義雖然失敗，但世界都聽到了來自俄羅斯貴族的吶喊。然而鮮為人知的是，十二月黨人和他們的妻子卻演繹出人類歷史上最崇高的情感故事。起義失敗的代價是被流放西伯利亞，年輕的貴族們將一去不返。沙皇尼古拉一世並未因此消氣，為了進一步打擊那些貴族，

為了讓他們的妻子與「罪犯丈夫」劃清界限，尼古拉還專門修改法律條文中不允許貴族離婚的條款，規定哪位貴婦一旦提出離婚，法院立刻予以批准。

為了封死後路，他還發表緊急法令：追隨丈夫前往西伯利亞的妻子將被剝奪貴族頭銜和特權，並且不準攜帶孩子，永遠不能返回家鄉和城市！沙皇認為，這些雍容華貴的貴婦人哪有可能捨下金碧輝煌的宮殿，拋下襁褓之中的孩子，放棄往日的特權與富足呢？然而他錯了。儘管阻礙重重，絕大多數的十二月黨人妻子都毫不猶豫地拋開榮華富貴與骨肉親情，追隨著丈夫的腳步奔向茫茫無垠的西伯利亞冰原。

葉尤杰琳娜·伊萬諾夫娜·特魯別茨卡婭公爵夫人是詩人普希金最尊敬的女性，也是第一個前往西伯利亞與丈夫相會的貴婦。第一眼看到丈夫，那衣衫襤褸、蓬頭垢面的樣子給了特魯別茨卡婭極大的震動。丈夫高貴的腳上竟然上了鐐銬，她立即跪下來先親吻了丈夫腳上的鐐銬。特魯別茨卡婭或許不知，那一瞬間已然定格，親吻鐐銬成了俄羅斯女性堅貞愛情的象徵，愛情因為鐐銬的冰冷而愈加聖潔。

尼基塔·穆拉維約夫在從獄中寄給妻子穆拉維約娃的信中寫道：「我沒有向你隱瞞任何事情，唯有這次起義之事。我曾多次想對你說出這個不祥的祕密，可是我真怕你為我終日擔驚受怕……我給你帶來了痛苦和驚嚇，我的天使，我願雙膝跪在你的腳下，請饒恕我。」妻子的回信卻是如此從容：「你的淚水和微笑，我都有權分享一半。把我的一份給我吧，我是你的妻。」

命運多舛的穆拉維約娃是在抗爭了近一個月後才爭取到流放機會的。為此，年僅 21 歲的她離開了自己深愛的孩子和父母，來到了這片陰森可怕的冰封地獄。剛抵達西伯利亞不久，她便收到了兒子和母親去世的消

息，時隔三年又傳來父親病逝的噩耗。溫柔勇敢的穆拉維約娃就此一病不起，並最終成為這些女性中的第一個犧牲者。在為丈夫和孩子虔誠祈禱並深情吻別女兒之後，穆拉維約娃才依依不捨地離開了人世。她死後，三十六歲的丈夫一夜白了頭。人們在西伯利亞的墓地上為她豎起了墓碑，並裝有電燈祭壇，溫暖的燈光一亮就是幾十年，驅散著西伯利亞的寒冷。

時光流逝，西伯利亞的村莊裡，當年的貴族千金小姐逐漸變成了滿臉皺紋的老婦，在歲月的痕跡中守望著這份冰原上的愛情。她們的愛情感動了整個俄羅斯，普希金、涅克拉索夫、赫爾岑、杜斯妥也夫斯基、托爾斯泰，眾多詩人和作家都懷著無比崇敬的心情向這些非凡的女人俯首。人們在熱情謳歌著她們的故事，可她們卻處之泰然。這些貴婦中，活得最長久的是亞歷山大拉·伊萬諾芙娜·達浮多娃，她在二十世紀到來前夕去世。面對人們的歌頌，她只是淡淡地說道：「詩人們把我們讚頌成女英雄。我們哪是什麼女英雄，我們只是去找我們的丈夫罷了。」

和平時期的女人

第二次世界大戰的殘酷後果之一，是戰爭奪去了太多男人的生命。俄羅斯男性和女性人數分別為 6,700 多萬和 7,700 多萬，整整相差 1,000 萬！這個數字對俄羅斯 4 億人口來說，是十分驚人的。俄羅斯女性在社會生活中發揮著舉足輕重的作用。

俄國城市中不乏女工的身影。工廠裡有她們的身影，田野中有她們在忙碌。一些中青年婦女站在高空吊臂裡，頭頂烈日，手持毛刷，耐心地往高樓的牆壁上塗抹油漆。在農村，女子駕駛著拖拉機、收割機奔馳在廣闊的田野上。城市中的女警察和邊境檢查站上的女軍人，更是英姿颯爽。

俄羅斯女性剛柔相濟，60% 都受過高等教育。她們有著很高的素養，

深受男人的喜愛和敬重。據說，每年「三八」婦女節前一天，電臺、電視臺的主持人在祝福婦女們節日快樂的同時，都要鄭重而幽默地提醒男士：千萬不要忘記給女友或妻子買一束節日的鮮花。

軍人身後的女人

　　西元十世紀末到二十世紀中葉，漫長的兩千年間，俄羅斯的土地上平均每四年就發生一次戰爭。自古以來，這裡的男人注定要上戰場，注定要擔負起作戰的職責。啟程的清晨，淒風苦雨，或漫天飛雪。英雄們吻別了母親，賢妻，愛女，匆匆上路。那種悲壯的心情或許在他們回過頭的瞬間就已淚流滿面。響應號召，告別溫情，面對死神，那時的心情定然千轉百迴，眷戀依依。然而軍號已然吹響，隊伍已經出發，英雄們肩負著責任感和榮譽感，將柔情思念埋藏心底，把牽掛與重擔交給目送他們遠去的女人。

　　「正當梨花開遍了天涯，河上飄蕩著柔曼的輕紗，喀秋莎站在峻峭的岸上，歌聲像那明媚的春光……」相信，每個奔赴戰場的俄羅斯男人都有心中的「喀秋莎」，記憶中的故鄉河堤，愛人明媚而嘹亮的歌聲，是他們夢中最牽掛的地方。

　　偉大的蘇聯衛國戰爭吹響了英雄的號角，卻也讓俄羅斯喪失了 2,700 萬人的生命，其中絕大多數是男人。在第二次世界大戰過去了半個多世紀後的今天，俄羅斯的男女比例依然不平衡。社會中的單身母親和離婚女子不斷增加，堅強的俄羅斯女性，在冰天雪地的國度裡，承受著對男性而言都十分艱難的負荷，倔強地尋求著一處棲身之所，一處遮風避寒的去處和溫暖身心的一堆篝火。俄羅斯男人的勝利依靠女人的支持，俄羅斯男人的失敗定然也有女人那一份。

軍中玫瑰

　　衛國戰爭期間，蘇聯紅軍在 1941 年的慘敗和傷亡是人類戰爭史上絕無僅有的。在短短的不到半年的時間裡，被德軍俘虜的紅軍就有 380 萬之多！由於兵源極度緊缺，紅軍最高統帥部不得不大量徵召女兵。蘇聯政府號召女性們脫去「布拉吉」（俄語，連衣裙）穿上軍裝，用青春和鮮血保衛國家。在很短的時間內，便有 50 萬少女應徵入伍。

　　這些少女在戰爭剛開始時不過十六、十七歲，稚氣未脫。青春年少的她們憧憬著美好的未來。然而戰火摧毀了一切，她們不得不暫時擱下少女的夢想，投身到偉大的衛國戰爭中去。然而一個溫柔、善良、膽小、害羞、愛漂亮的女孩要在一夜之間轉型為一個戰士，短期內要學會習慣軍隊紀律，學會識別軍銜，學會射擊目標，匍匐前進，一連幾個晝夜不睡覺，在短短的幾秒鐘裡戴上防毒面具、挖戰壕……這些要求確實有些過高，然而她們最終還是成為了戰士。她們大多成為了洗衣工、麵包師、電話接線員、通信兵、醫生、護士……但是即使在硝煙瀰漫的戰場上，仍舊能夠看到她們的身影。因為她們中甚至還有狙擊手、機槍手、偵察兵、坦克兵和飛行員等。換言之，她們不僅包紮傷員，而且也打伏擊，扔炸彈，炸橋梁，當偵察兵，抓俘虜。女人開始殺人，儘管殺人並不是女人的本分。

　　1941 年秋，莫斯科保衛戰拉開戰幕，參戰部隊有三個飛行團全部由女兵組成。當時，蘇聯一共招募培訓了四千多名女飛行員，其中以莉莉亞的戰績最為著名，她被德國稱為「戰地白玫瑰」。莉莉亞 9 歲參軍，共擊落敵機 14 架，重挫了德軍的威風。後來在一次任務中被七架敵機圍攻，她雖然身負重傷，仍擊落兩架敵機，犧牲時年僅 22 歲。她的遺骨直到 1980 年代才找到，被追授為「蘇聯英雄」。

　　女兵們在史達林格勒保衛戰、攻克柏林等重大戰役中英勇無畏，戰功

卓著，有兩個女兵飛行團榮獲「近衛團」稱號。在 1942 年戰爭進入最激烈階段時，女兵的作用充分顯示出來，第一線部隊出現了專由女兵組成的突擊隊。一千多名畢業於女子射擊專業學校的女兵，在戰爭期間共殲敵兩萬餘名。在蘇聯女英雄中，還有兩位著名的狙擊手，尼娜·巴甫洛芙娜·彼得洛娃、瑪利亞·西蒙羅夫娜·波麗瓦諾娃。

1893 年 7 月 15 日彼得洛娃出生於喀琅施塔得。參加過蘇芬戰爭，戰爭結束後進入狙擊手學校學習，畢業後在列寧格勒斯巴達克體育協會擔任射擊教練。衛國戰爭爆發後，她發揮她的射擊才能，調到塔爾圖步兵團擔任狙擊手。彼得洛娃槍法精確，多次與德軍狙擊手鬥智鬥勇，每次都能戰勝對手。在列寧格勒戰役中戰功卓著，獲得「戰功」獎章和「保衛列寧格勒」獎章。從 1944 年到 1945 年，她一共擊斃敵軍官兵一百名。然而在戰爭即將結束的 1945 年，彼得洛娃在什切青地區作戰時犧牲。

瑪利亞·西蒙羅夫娜·波麗瓦諾娃，生於 1922 年 10 月 24 日。中學畢業後於 1941 年 10 月參軍，成為西北方面軍第一突擊軍團的狙擊手。她在戰場上的精確射擊造成敵人很大傷亡。當她被敵人包圍時，波麗瓦諾娃用手榴彈和敵人同歸於盡。

在整個衛國戰爭期間，在前方各個軍兵種服役的女兵超過了 80 萬，其中 70% 在各個主力部隊戰鬥。這是人類史上最龐大的一支女兵隊伍。這些年輕女兵有半數以上死在了戰場上，或是德國法西斯的集中營裡。她們中無論犧牲者還是倖存者，無不經歷了難以想像的戰爭磨難和法西斯慘無人道的摧殘和暴虐。她們中的絕大多數沒有看到戰爭勝利結束的那一天。

有人或許會問，是什麼原因促使女人參加了戰爭呢？這或許涉及到俄羅斯民族的特點。俄羅斯女人看到國土即將淪喪、民族即將滅亡時，她們是不能心安理得地替孩子洗澡，心安理得地燒飯做菜的。

女人參加戰爭，需要付出的代價可能更加慘重。她們丟失的不僅僅是女性特有的個性，而且包括生命和健康……

俄羅斯女性在軍隊中也是極受歡迎的，她們紀律嚴明，忠於職守，一絲不苟，軍官們誇獎女兵們悟性好，稱讚她們「無論在知識上還是工作中都比男人強，更不用說善良了。」雖然軍隊中的生活極為嚴酷，也還遠未能達到真正的男女平等、同工同酬，但只要你望一眼城市中執勤的女警察、邊防站挺立的女軍人，就會不由自主地為她們的颯爽英姿而由衷讚歎，俄羅斯女性的美麗更多了一份颯爽。

冰火魅力

時光荏苒，走進二十一世紀的俄羅斯也為俄羅斯女性帶來了對美麗的全新定義。俄羅斯女性不僅僅是冰雪中追隨丈夫的堅定腳步，也不再只是戰士們夢中故鄉河邊那深深淺淺的背影，經歷了改革的洗禮之後，從冰雪中走來的俄羅斯女人愈發堅定、昂揚，俄羅斯的各大商品批發中心、邊陲的邊貿市場，到處都能看到俄羅斯女人背著沉重的包袱昂首闊步。如果問她們：「俄羅斯男人到哪裡去了？」她們會幽默地一笑：「他們正坐在家裡，思考如何解決生活中的困難！」她們也開始逐漸活躍在政界、商界、軍界等，她們勇敢、堅強、智慧，有著火一樣的熱情，也有著冰一般的冷靜和果斷。

俄羅斯建築業大亨葉蓮娜·巴圖林娜是俄羅斯最富有的女人，她是莫斯科最大的建築公司因捷科公司的主人，莫斯科一系列的住宅、商業辦公大樓、大型商場，甚至莫斯科大學的新圖書館都是出自她的手筆。2008 年 7 月，這位俄羅斯女首富葉蓮娜·巴圖林娜以 5,000 萬英鎊的價格買入倫敦的最大私宅 Witanhurst。這座規模僅次於白金漢宮的豪宅共三層，共有

90 個房間，舞會大廳面積達 3,700 平方公尺。英國女王小時候曾在此參加過舞會，BBC 在此前也曾在這裡拍攝過著名的歷史紀錄片。

2007 年《富比士》公布的世界富豪排行榜上她名列 335 位。這位俄羅斯最富有的女人是不折不扣的女強人，莫斯科前任市長尤里·盧日科夫雖然是她的丈夫，但她最不喜歡被稱為「市長夫人」。由於俄羅斯《新聞報》和俄羅斯版《富比士》曾影射她依靠丈夫才有今天的事業，於是她將這兩家媒體告上法庭，以求正名。事實上，熟悉葉蓮娜的人都知道，這位神通廣大的女人有著與生俱來的智慧，根本不需要別人的庇護。

體操女皇霍爾金娜用自己輝煌燦爛的體操人生，把俄羅斯女性的冰火魅力演繹到極致。這樣的畫面已經永遠定格在觀眾的腦海：身著白色體操服的霍爾金娜開始像天鵝般翩然起舞，輕盈的音樂和諧地伴隨著她舞蹈般靈動的造型在舞臺上翻騰，觀眾們情不自禁地隨著音樂節拍齊聲鼓掌，就連挑剔的裁判們也為她所征服，紛紛亮出高分。身高 64 公分的她舞動著獨一無二的優雅與不羈，讓所有的觀眾都心甘情願地成為她美麗的俘虜。然而，這位聲譽顯赫的「體操女皇」並不滿足於此，體育世界的冰美人轉眼又變成了藝術殿堂裡熱情舞者。2002 年，霍爾金娜踏入了莫斯科藝術劇院，成為「亨利·米勒的最後戀情」的女主角。

嘩嘩……陣雨般的掌聲隨著舞臺的落幕而響起，霍爾金娜用熱情燃起了每一位觀眾的心情。原著作者布蘭迪·維努斯激動地感嘆：「霍爾金娜是個偉大的運動員，她比我年輕時更有活力！」

與此同時，霍爾金娜在政治舞臺上演繹著她獨有的冰火魅力。她不可思議地以全票當選「別爾哥羅德青年黨」領袖，從而開始在政治領域裡顯示她非凡的號召力和組織力。昔日冷豔優雅的冰美人開始以飽滿的熱情向俄羅斯青年宣傳她自己的政治理念，建造體育館，興辦體育比賽。隨著她

第二人生的展開，她的頭銜也逐漸多起來：政治家、藝術家、教練、體育理論學者、《花花公子》封面女郎……每一個角色都在訴說著她獨立不羈、冷若冰霜和直率真摯的火熱性情，霍爾金娜成了現代俄羅斯女性最嚮往的夢想。

風風火火的俄羅斯女人剛強不讓鬚眉，卻依然保留著那份冰雪中的美麗。隆冬歲月裡，當你走入俄羅斯的大學裡，迎接你的將是走廊上和大小教室裡琳瑯滿目的各色花卉草木，那是俄羅斯女人們日復一日澆灌培育的成果；當你駐足於路邊的俄羅斯庭院前，會欣喜地發現一片洋溢著生命氣息的姹紫嫣紅忽然映入眼簾，這是女主人辛勤耕耘的傑作。俄羅斯女性是愛美的，風雪的嚴酷不僅未能抵擋她們對美麗的摯愛，反而被這些生來富於美感的心靈所溫暖，銀白色的世界因為俄羅斯女人而春意盎然。

嚴酷的風雪把俄羅斯女人磨練成了金子，而灑滿金子的冰雪大地便是真正的人間天堂。

● 宗教哲學

前面談了俄羅斯民族的一些性格與特徵。然而不能忘的是，俄羅斯是信奉東正教的國家。如果要深層次挖掘宗教對俄羅斯民族的影響，最好的辦法便是從哲學的角度去思考。換言之，用哲學來闡述這個民族的信仰以及因信仰而帶來的性格特點。可以這樣講，俄羅斯的哲學也就是一部宗教哲學。

總體上講，俄羅斯深沉的篤信精神與西方近代哲學的相遇，促成了俄羅斯宗教哲學的產生。十九世紀後期至二十世紀初葉的歐洲處於動盪時代。隨著科學技術的進步和工業革命浪潮的衝擊，歐洲在科學、社會和文

化方面遭遇前所未有的震撼，人們的生活方式和思維模式煥然一新。俄羅斯的知識分子一方面受到西方文化的強烈影響，另一方面又看到西方資本主義國家出現的諸多問題，因此並不把資本主義當做自己追求的理想王國。他們開始思考俄羅斯民族的前途和出路。他們努力尋找一條俄羅斯發展的特殊道路，既能擺脫封建專制制度的罪惡、貧困和落後，又能避免資本主義的不道德和醜惡的特殊道路。

　　具有自己民族特色的俄羅斯哲學，興起於 1830 ～ 1840 年代的早期斯拉夫派，他們面對民族文化傳統和西方文明的衝突，在思考俄羅斯未來發展道路的時候，也發出了創立俄羅斯自己哲學的聲音：俄羅斯的哲學應當從俄羅斯的現實生活中發展出來。他們的哲學試圖根據對基督教進行俄國式的解釋，來改變德國式的哲學思維形式。此後，沿著這個方向產生了索洛維約夫、杜斯妥也夫斯基、別爾嘉耶夫、布爾加科夫、弗羅連斯基、舍斯托夫、洛斯基、弗蘭克等一批傑出的俄羅斯哲學家。

　　俄羅斯哲學一直徘徊在西方主流哲學之外。從表面看，它似乎總是以晚一步或者慢一拍的方式重複著西方哲學的道路。當西方哲學進入理性主義的啟蒙時代時，它還沒有邁出中世紀的門檻。然而，俄羅斯哲學雖然起步較晚，但從思想境界上，它一開始就緊扣時代的難題，並試圖從根本上解決它。

　　在俄羅斯，哲學果實的成熟晚於其他文化領域，正應驗了黑格爾的名言：「密那發的貓頭鷹黃昏時才起飛」。十九世紀末二十世紀初，俄羅斯文化進入白銀時代。但就哲學而言，它堪稱是俄羅斯歷史上最為輝煌的「黃金時代」。那是極富創造力的時代，幾乎每年都有卓越的著作湧現出來。以俄羅斯宗教哲學著作的密集出版為例，便可見俄羅斯宗教哲學的繁榮景象：

　　1914 年：帕威爾·弗羅連斯基《真理的支柱和堡壘》；1915 年：西蒙·弗蘭克《知識的對象》；1916 年：尼古拉·別爾嘉耶夫《創造的意義》；1917 年：謝爾蓋·布爾加科夫《永不熄滅的光》；1918 年：特魯別茨科伊《生活的意義》；諾夫哥拉德采夫《論社會理想》；羅札諾夫《我們時代的啟示》。

　　宗教哲學的直接先驅是索洛維約夫、杜斯妥也夫斯基和托爾斯泰，他們為二十世紀初俄羅斯宗教哲學的復興做了直接的準備。但宗教哲學興起的淵源可以上溯至十九世紀上葉的基列耶夫斯基和霍米亞科夫。宗教哲學不同於神學，它是對宗教問題的哲學思考。它並不受神學教條和《聖經》經文的約束。從根本上說，俄羅斯宗教哲學是用西方哲學的術語來表達和闡述東正教的信仰，而宗教哲學家們對東正教信仰的理解本質上又不同於東正教教會的理解。

哲學精神的雙重性

　　俄羅斯地跨歐亞兩大洲，它將歐洲與亞洲民族的特點結合在一起，從而形成俄羅斯文化的兩重性。俄羅斯人最獨到之處，就是兼有歐亞兩洲東西方民族的特點。俄羅斯哲學家別爾嘉耶夫曾這樣概括俄羅斯文化：「俄羅斯是世界的完整部分 —— 巨大的東方與西方 —— 它將兩個世界結合在一起。在俄羅斯精神中，東方與西方兩種因素永遠在相互角力。」

　　俄羅斯如果想要進步、發展，就應該考慮到本民族的文化特點。俄羅斯應走上同時吸收西方與東方優點於一身的獨特之路。因為俄羅斯的歷史道路就是這樣走的，只不過那是一種不自覺的、動搖於東方和西方之間的，又往往是大起大落地、跳躍式地忽東忽西，往往還將東西方的一些消極因素吸納進來，這就更增加了俄羅斯改革的曲折性、複雜性，因而延誤

了不少時間，耗費了太多的精力。今天，俄羅斯民族已自覺地走在了具有東西方積極因素融合為一體的，既不是西方也不是東方，然而是自己的、獨特之路：重振俄羅斯傳統，呼喚現代精神。

俄羅斯哲學思維的雙重性表現在五個方面：

★ 俄羅斯哲學產生的兩大根源：一是「東方基督教語境」，它形成於拜占庭，代表著希臘教父與東正教禁慾主義（靜修主義、緘默主義）的綜合；另一個是西方古典的形而上學傳統。這兩者在俄羅斯文化上的相互交融，就是俄羅斯哲學產生和發展過程的關鍵因素。

★ 哲學思維不是靜觀，而是創造活動，這種活動能夠重建生命，並把現實提升到應有狀態。

★ 從未來的「應有狀態」看待世界與人。不是著眼於經驗現實，而是從存在的終極意義的高度、從未來的「應有狀態」看待世界與人，並把世界和人看做一個走向完善的、被理性力量提升的、被靈性之光照亮的過程。

★ 人自身不僅是認知者、旁觀者，而且是共同參與者和建設者。這種思維方式對當代社會人文精神的維護與創造具有啟發意義。

★ 俄羅斯宗教哲學家大多數主張從內向外地改造世界。在他們看來，人在世界上的外部命運和歷史使命，增加和弘揚善，減少和抑制惡，這歸根究底取決於人心中的善惡，人類所面臨的這個任務從兩千年前的古代到兩千年後的今天並未改變，甚至並未減輕，任重道遠。為人心中善的確立尋求可靠基礎和保障，為戰勝作為世界之惡之根源的內心之惡尋求有效力量，這是俄羅斯哲學家訴諸宗教的動機所在，也是道德問題在俄羅斯哲學中占有很大比重的內在原因。

　　他們的宗教哲學思想不是消極逃避現世，而是俄羅斯文化特色的入世方式。別爾嘉耶夫無論是在轉向東正教之前和之後都始終關注著人類的再生，而布爾加科夫則公開宣稱正是對社會理想的牢固基礎的研究促使他走向了宗教。宗教哲學家有著鮮明的人本主義傾向，他們非常關注個體的價值、精神和自由，反對以集體的名義或允諾將來的幸福犧牲個體的或眼前的利益，反對把個體看做集體的工具，把過去和現在只當作是將來的準備。

宗教哲學的類型

　　第一種派別是以布爾加科夫和弗洛連斯基為代表的宗教宇宙論，主要思想是繼承柏拉圖主義和東方教父哲學傳統，強調宇宙萬物的神性和對造物世界的神化改造。

　　另一派是以別爾嘉耶夫、舍斯托夫、卡爾薩文為代表的基督教人本主義，其特徵是把人類與社會歷史作為哲學思考的核心和出發點，特別關注人的存在和命運、人的自由、人與上帝的關係等問題。弗蘭克的哲學本體論、宗教倫理學和社會學也屬於這一派別。

　　第三種是以洛斯基和弗蘭克為代表的所謂「純粹哲學」派，它側重於認知論的建構，不過這種認知論是一種本體主義的認知論，它企圖超越當時西方流行的主觀主義、心理主義，強調認知不是主體對客體的反映或概念，而是一種生命體驗，是存在於自身中的直覺。其中最能展現俄羅斯精神、影響最為巨大的是人本主義派別或存在主義派別，這種哲學富含深刻的人文精神。

（1）關注人及其自由

宗教哲學認為，想了解世界就是去了解人，世界的謎底隱藏在人當中。宗教哲學家並不認為人是世界的一部分，人本身就是一個完整的世界。人不僅僅限於外部表現，而是另外一種大不可量的東西。這就是人的精神世界。在俄羅斯哲學家眼中，精神不是簡單的肉體的對應物，而是一種具有神性的超越之物，是人的最高本質之表現。他們不是把人的精神生命作為現象世界的一個特殊領域，作為主觀的領域或經驗世界的映像，而是作為一個獨特的世界。他們充分肯定了這個精神世界的價值和意義，這是一個更合理、更完全、更深刻的存在，它蘊含著現實世界中所沒有的絕對真理、最高幸福和終極意義。弗蘭克說：「我所尋求的東西不僅存在著，而且它的光已達到了世界並對世界發生了作用。」表現了俄羅斯哲學家對現代人類生存與命運的熱切關注和深刻反思，這與現代西方人本主義不謀而合。

不過俄羅斯哲學家所倡導的不是傳統意義上的人道主義，而是基督教人道主義。對俄羅斯哲學家而言，人的東西與神的東西具有不可分割的內在連繫，但又不能完全等同。人的靈魂深處固有神的本源，但它並不對人輕易顯現，只有痛苦的內在修行才可能找到這一本源；只有找到這一本源並生活於其中的人才能成為完滿的人、完全幸福的人。有意義的生命就是走向這一本源的過程。同時，神也只是人的神，離開了人的神，或在人之外的神，就不是真正的神，而是僵死的「偶像」。

在俄羅斯宗教哲學中，上帝不是至高無上的外在權威，而是在人的內心深處揭示出來的，或者說是在人生的痛苦與悲劇中找到的。只有沉入到自己靈魂的最深處，才能「與活的上帝相遇」。所以，在俄羅斯觀念中，「拯救」與「恩典」也不是來自外部，而是在人的生命之中對上帝的內在

把握，是對生命的精神改造。甚至天堂與地獄、天使和魔鬼，都只存在於人的心裡，是人的精神生命之不同狀況的表現。別爾嘉耶夫精彩地表達了這一思想：「地獄之悲劇不在於上帝不能為有罪者洗清罪孽，而在於有罪者自己不能為自己洗清罪孽；地獄不是有罪者在其中受苦的外在環境，而正是一種絕對的孤獨，在這裡，生命中被壓抑的良知的呼聲，用可怕的不滅之火焚燒著罪孽者。」

俄羅斯宗教哲學家認為，在基督教中，上帝是一位慈父，上帝與人之間的連繫就是愛的連繫。在這樣的基礎上建立起來的是一種全新的、公道的、健康的關係，而不是人對上帝奴隸般地服從或反抗。反抗也是一種奴性的表現，因為「只有奴隸才需要為自己的自由而抗爭，推翻暴政，拋掉自己身上的枷鎖和鐐銬。自由民，尤其是貴族，不舉行革命；皇太子，王位繼承人，並不感到自己願為父親效力的自由有任何損害和限制，因為他自己就是父王利益和尊嚴的共享者」。人身上固有的神性使人趨向於上帝，基督的神人性就是人本質中蘊含的可能性的實現。「真正的人是一種比只是人更大的東西。可以說，人的人道就是人的神人性。」

人是一種需要不斷拓展自己的存在物，他必須走出自己封閉的小圈子，在走出自己的小圈子之前，人還不能說是真正的人，他只具有了人的外觀，是潛在的人。

(2) 信仰中尋找精神自由

自由思想在俄羅斯宗教哲學中占據核心地位，別爾嘉耶夫宣稱：「我把自由，而不是存在，置於我哲學的基礎位置」，「自由的問題是我著作的中心」。自由是無價的，不是某種用來交換或轉讓的東西，它不只是個道德問題，而且關乎真理。只有透過自由和在自由中才能夠接受真理。宗

教哲學家反對各種形式的極權主義，認為個人只有作為社會有機體的一個細胞才有價值，這種看法，他認為是可憎的。他們認為僅僅為社會而存在就否定了自由人的價值。西歐的哲學和文化運動在彰顯人的價值時，首先是推倒了神的坐席，以理性代替信仰。而俄羅斯理念則並沒有剝奪信仰的自由，相反他們是在信仰中找自由。在高揚人的價值時，他們沒有借助理性的力量，也沒有把理性抬到至高無上的地位，像十八世紀法國的啟蒙運動那樣，一切都拿到理性的法庭前審判，而是走了一條截然不同的道路。

他們發現理性並非一種解放人的力量，而是限制和壓迫人的思想工具。在冷冰冰的理性前，人毫無自由和尊嚴可言，理性不是拓展了人的自由，而是限制和扼殺了人的自由。他們充分看到，確切地說是感知到了理性的限制，並以近乎誇張的形式表達了對這種限制的抗議。在對待上帝的問題上，理性是無能為力的，上帝不能靠理性去證明，上帝只能去信仰，靠人們的體驗去把握。

在上帝王國的實現中，宗教哲學家主張人的積極參與，反對消極地等待，認為它是人神的共同事業，正是在人的創造性行為中，才能實現基督的二次降臨，才能在地上建立起天國。上帝王國不是存在於將來某個時刻的遙不可及的夢想，它就在我們實際的創造性行動中。

俄羅斯宗教哲學拒絕承認在知識的獲取中，理性具有至高無上的地位，堅持認為「自由不是透過知識，而是透過信仰而到達人的，信仰消除了我們的恐懼」。舍斯托夫認為西方的理性主義哲學扭曲了生活。在他看來，自亞里斯多德以來，理性成了生活的霸主，活著就是思考，把生活和思想畫上等號，這是非常荒唐的。他和這種在西方思想生活中占據了統治地位的理性主義傳統進行抗爭，把矛頭不厭其煩地對準了理性主義哲學和科學主義。

第四章　風雲人物

在俄羅斯悠久的歷史中，人才輩出，英才濟濟；各行各業，聲振寰宇者不在少數。由於篇幅的限制，筆者僅能列舉少量人物略加介紹。

● 葉卡捷琳娜二世

葉卡捷琳娜二世・阿列克謝耶芙娜大帝，原名索菲亞・奧古斯特・弗蕾德麗卡（1729 年 4 月 21 日～ 1796 年 11 月 6 日）俄羅斯帝國女皇，1762 ～ 1796 年在位。

葉卡捷琳娜 1745 年嫁給俄皇彼得三世。1762 年發動宮廷政變，登上皇位。葉卡捷琳娜二世執政期間，大刀闊斧，力行革新，掌控與操縱這個國家達三十四年之久。她對外兩次和土耳其作戰，三次參加瓜分波蘭，把克里木汗國併入俄國，打通黑海出海口，建立了龐大的俄羅斯帝國。她因治國有方、功績顯赫，其才幹與名氣蜚聲海內外，成為俄國人心目中僅次於彼得大帝的一代英主。

覬覦皇座

葉卡捷琳娜（1729 ～ 1796），原名索菲亞・弗里德里克・奧古斯特・馮・昂哈爾特 - 采爾布斯特，1729 年 5 月 2 日出生於奧得河畔的什切青城。她生在德意志小公爵的家庭，確保了她從小就得到了良好的歐洲式教育。她曾隨父母遊歷歐洲各城市，拜會各國宮廷和諸侯大公，童年的索菲亞因此滋生出成就一番大事業的雄心。索菲亞的親舅曾與俄國女皇伊麗莎白有過戀情，如非早逝，說不定還會戴上沙皇的王冠。正因為如此，1744 年，俄國女皇伊麗莎白親自選定索菲亞，讓她嫁給皇位繼承人彼得三世。

在伊麗莎白的撮合下，俄國王儲於次年迎娶了這位德國公主。然而，富麗堂皇的婚禮好似無助於葉卡捷琳娜完成從女孩到女人的蛻變。新郎鍾

情於木偶而非俏麗的新娘。索菲亞只好獨守空房，以淚洗面。婚後漫長的八年，她竟然仍舊是童貞淑女！騎馬、讀書成為她排遣寂寞的唯一方式。更為痛苦的是，丈夫彼得不僅身體羸弱、意志薄弱、性格怪戾、寵愛情婦，而且還經常羞辱葉卡捷琳娜。

更為不快的，還有來自伊麗莎白女皇的提防。可以這樣講，葉卡捷琳娜嫁到俄國後，相當長的時間都生活在痛苦、寂寞、緊張和憂鬱之中。葉卡捷琳娜自稱「無時沒有書本，無時沒有痛苦，但永遠沒有快樂」。

然而葉卡捷琳娜知道，如果想在俄國宮廷中獲得同情和信任，就必須讓自己轉化為正統的俄羅斯人。於是，「她著手攻讀俄語，學習俄國文學，獲得她所在這個國家的一些知識」。「她半夜起床，溫習俄語老師阿達杜洛夫布置的功課，她不願意穿衣服，光著腳在房間裡來回走，以避免睡著」。

她著涼了，患上了肺炎。高燒和禁食折磨得她奄奄一息。她母親請了一位路德教牧師來到她的床前，她卻說：「何必呢？與其如此，還不如把西蒙·肖多斯基請來。我寧願和他說話。」事實上，聰明的葉卡捷琳娜則借此表達著其俄羅斯化的轉變。病中的她需要的慰藉來自東正教，而非歐洲的宗教。伊麗莎白女皇得知後感動得熱淚盈眶，這個故事也很快傳遍了全城。1744 年 6 月 28 日，葉卡捷琳娜正式放棄路德教，皈依東正教。這天，她用日耳曼音很重的俄語，莊重地朗讀了長達 50 頁的教義課本，以堅定的語調流暢地背誦了東正教經文。女皇再一次被感動得流下了眼淚。葉卡捷琳娜不失時機地擴大了在宮廷中的影響，贏得眾人的好感。

俄國宮廷爾虞我詐、爭權奪利，葉卡捷琳娜漸漸養成虛偽狡詐和凶狠殘暴的性格。葉卡捷琳娜在「不為帝，毋寧死」的信條下，巧妙地適應著新環境。她在宮內廣交朋友，善結友情，深負眾望」。年輕少婦忍受著監

督和冷落。失去了丈夫的愛情和呵護，或許促成了她成為「異常狡猾而野心勃勃的陰謀家」。

譬如一天，她得悉丈夫彼得傾心於普魯士軍隊，葉卡捷琳娜便派人勸解他不要這樣。此事不脛而走，「在帳篷裡、軍營裡、營火旁，人們傳誦著她的意見。在人們心目中，她丈夫是俄羅斯的叛徒，而她則是民族傳統的化身」。葉卡捷琳娜在玩弄政治陰謀的同時，卻也謹小慎微。她雖然覬覦皇位已久，然而從不露聲色。她的女友達什科娃公主狂熱莽撞，要她做好奪位的準備。她卻裝出漫不經心、聽天由命的樣子。

1761 年 12 月 25 日，伊麗莎白這位靡費無度、性情暴戾、荒淫奢侈的女皇終於被病魔召喚而去。女皇一死，關鍵時刻隨之到來。為了進一步創造奪取皇權的有利條件，葉卡捷琳娜在女皇遺體停放在教堂的十天裡，經常全身披著黑紗前往教堂，跪在女皇靈前，一連數小時的祈禱和哭泣。這種頗得人心的動作，遠非她的丈夫彼得三世可以比擬。

彼得三世頭腦簡單，性格懦弱。他上臺執政後，非常崇拜普魯士國王，經常撲到普王像前舉杯邀請說：「我的老兄，讓我們共同征服世界。」彼得三世一改伊麗莎白女皇的政策，在俄國軍隊中強制推行普魯士的軍事制度，釋放伊麗莎白流放的德意志貴族，尤其是他對七年戰爭的草率決定，最終埋葬了他的前途。

彼得三世這種不顧俄國貴族利益的行為，幾乎等於自斷雙臂。俄國貴族不再可能成為他的靠山。

葉卡捷琳娜早已覬覦著這一天的到來。她在進入宮廷不久時，便意識到宮廷政變的可能性。一個手中沒有軍隊的野心家，一切企圖都是奢談。所以，她早早就開始接近皇家近衛軍，拉攏近衛軍中握有實權的奧爾洛夫兄弟五人，並緊緊地將他們吸引在自己周圍，為其出謀劃策，供她驅使。

葉卡捷琳娜在近衛軍中的影響日盛一日。1762 年 6 月 28 日，當機會出現時，近衛軍高呼著「我們的母親葉卡捷琳娜」，護送她攀上最高權力巔峰。葉卡捷琳娜成功地取代了彼得三世，開始了葉氏王朝。

「開明專制」

女皇即位伊始，俄國社會已經衰敗和混亂不堪 ── 統治集團揮霍無度，七年戰爭更是耗費無數，俄國每年財政赤字高達 700 萬盧布，國債達 1,700 萬盧布。駐外俄軍已有八個月沒有領到薪俸，堡壘傾壞，戰船失修，彼得大帝建立的波羅的海艦隊已成為無人照管的孤兒。1765 年葉卡捷琳娜在巡視波羅的海艦隊時說，它已不能用來作戰，只能用來捕魚。此外，廣大民眾對沙皇統治集團的殘酷剝削和壓迫也怨聲載道。葉卡捷琳娜即位後不到一年，全國 23 個省中就有 11 個省爆發了農民起義。

面對殘酷尖銳的社會矛盾，葉卡捷琳娜二世該如何面對呢？

女皇為了收買民心，總在聲稱自己是「屬於俄羅斯人的」。她居然對一位醫生說：「請把我血管中最後一滴德國血放掉吧，這樣，我血管中流的全就是俄國血了。」一次外出，喊冤叫屈的人群向她湧來，警察揮動鞭子驅散人群，她卻伸出手臂保護著他們。這個象徵的動作令眾人感激涕零，「這件小事被四處傳播，添枝加葉，成了一個頌揚小母親的傳說。」

為了美化自己，葉卡特琳娜還以「開明君主」的姿態出現，出於「全體臣民的需要」而實行「開明專制」。她不僅閱讀同時代著名啟蒙思想家伏爾泰、孟德斯鳩、狄德羅和達蘭貝爾等人的著作，還與他們通信，聽取他們對改革政治的意見，以實行「君主和哲學家的結合」。她在信中宣稱自己有一個「共和主義的靈魂」，她把自己說成是農奴制度的反對者和公正裁判的擁護者，她強調教育的好處以及擴大國民教育的必要。她甚至告

訴伏爾泰，「讓俄國每個農民都能吃上雞，只要他想吃。近來農民特別喜歡火雞」。她把農奴制的俄國描繪成幸福的樂園，然而事實是，俄國的農民過著食不果腹、衣不蔽體的悲慘生活。

　　1767 年，為了表現出法律面前人人平等的樣子，葉卡特琳娜下令召開新法典編纂會議，並頒布了〈聖諭〉，在這部內容涉及 256 條、655 款的法令中，葉卡捷琳娜二世大量抄襲了孟德斯鳩等思想家的學說。8 月 10 日，新法典編纂會議在莫斯科舉行，各階級的委託書以及在會上的發言，反映了各階級的心聲，更由於對農民問題爭執不下，新法典無法制定。

　　事實上，葉卡捷琳娜的表現只不過是為了標榜「開明專制」所玩弄的手段。一旦她的政府在貴族和新興資產階級中樹立起威信後，她便藉口俄土戰爭（1774 年 1 月）爆發，命令「暫時」解散編纂委員會，停止全部工作。

　　為進一步在歐洲進步輿論中騙取開明的聲譽，1769 年葉卡捷琳娜授意創辦了俄國有史以來第一個諷刺性刊物《萬象》，提倡用「含著微笑的諷刺」來揭露社會上的惡習。這就是女沙皇的外表：開明君主。其實，葉卡捷琳娜身為維護沙皇專制統治和貴族地主利益的代表，真能容忍「民主」和「自由」在她的國家發展嗎？

　　拉季舍夫就是因為在《從彼得堡到莫斯科旅行記》中揭露了地主的殘酷和貪婪，官場的黑暗與腐敗，朝廷的昏庸與邪惡，女皇猶如被捅了心肝似的，痛罵拉氏「沾染了、感受了法國的謬見」、「十惡不赦」等等。結果：不僅這部《旅行記》遭到查禁和銷毀，就連作者也差點被送上斷頭臺。1791 年，諾維科夫也是因為出版了《雄蜂》、《畫家》、《錢袋》等諷刺性刊物，也未能逃脫女皇的魔爪。因為他揭露了俄國社會生活的瘡痍，描寫了農民的悲慘遭遇。諾維科夫遭到逮捕，囚禁在施立塞裡堡達 15

年之久。葉卡捷琳娜二世的殘暴行徑，充分暴露了她兩面三刀、陰險狡詐的醜惡嘴臉。

在對外政策上，女皇力爭和平的國際空間。她拉攏普魯士牽制奧地利和法國，她於 1762 年 5 月 5 日簽訂的俄普和約，從普魯士領土撤回俄國軍隊。同時，她又加強同奧地利和法國的友好關係。1762 年，她召見了奧地利和法國大使，向他們表示了俄國對奧法兩國的友誼和良好的願望，希望和歐洲保持和平。

在對內政策上，葉卡捷琳娜二世首先對政變中支持她的貴族論功行賞，分別賜予巨款和農奴，獲取支持和穩固統治。其次，丈量土地，維護和擴大貴族土地所有制。1765 年她頒布敕令，允許地主向國家繳納少額現金後，可將土地歸為己有。於是，大批貴族、農奴主如蠅逐臭，湧向窩瓦河流域和黑海北岸，將少數民族趕出家園，在那裡建立起農奴制度。

總之，葉卡捷琳娜二世為維護搖搖欲墜的統治，用盡手段且使盡了花招。在人民面前，她是和善的君主。在政治家們面前，她謙遜而恭敬。在國際事務中，她又是和平共處的倡導者。然而這不過是她的偽裝，這位女皇追求的是更大的權益、更高的威望、更廣闊的土地，她想把全歐洲都踩在自己的腳下。正如俄國大詩人普希金描述的那樣，她不過是「穿裙子戴王冠的偽君子」。

「特殊嫁妝」

十八世紀下半期，俄國社會商品經濟有了較快的發展，工業中的資本主義因素也迅速增長。據統計，當時俄國的「手工工廠的數目由 1762 年的 988 個，到 1796 年增加到 3,161 個，即增加兩倍多」。隨著手工工廠的種類增多，生產規模的不斷擴大，商品種類日益豐富起來，國內市場已不能

滿足需要。俄國貴族和新興資產階級從貪婪的本性出發，要求結束過去對外政策中的無為狀態，打通黑海出海口，開闢新的市場，進行戰爭冒險，一個軍火商兼銀行家居然叫嚷：「戰爭使我們吃飽，和平使我們消瘦。」

　　為了建立一支歐洲最強大的軍隊，女皇全力擴充軍隊的建設。從1767～1799年，俄國共徵兵32次，人數超過125萬，陸軍總數從1762年的33萬增加到1796年的50萬。女皇還大規模地發展軍火工業，當時俄國一共有3個兵工廠，15個大砲工廠和60個彈藥廠，每年可生產步槍三萬支，大砲三百多個和彈藥無數。和彼得一世一樣，葉卡捷琳娜二世特別重視海軍建設，首先她恢復和加強了波羅的海艦隊。到俄瑞戰爭之前，這支艦隊竟有各種作戰性能的戰艦80艘。其次她創建了俄海軍第二支艦隊——黑海艦隊，使俄國海軍力量迅速增強。為維持這支龐大的海陸軍，軍費扶搖直上，到1769年陸海軍費用占總預算的35%。

　　恩格斯指出：俄國目前政策的主要特徵就是「兼併波蘭……把德國變成未來的瓜分對象，把君士坦丁堡當做永不忘記的可以逐步實現的最主要目標；奪取芬蘭作為彼得堡的屏障，而把挪威並給瑞典作為補償」。正是如此，葉卡捷琳娜女皇發動了六次侵略戰爭，與普魯士、奧地利瓜分了波蘭；戰勝土耳其，建立了黑海艦隊，打通了自彼得大帝以來俄國一直想取得的黑海出海口；將克里米亞收入俄國版圖；與瑞典作戰，確保了俄國在波羅的海的地位。俄羅斯的領土大大擴展了。葉卡捷琳娜二世的強盜掠奪為俄國奪得了大片的土地，為俄國貴族帶來了極大的利益，正如恩格斯指出的：「到葉卡捷琳娜逝世時，俄國的領土已超過了甚至最肆無忌憚民族沙文主義所能需求的一切……俄國不僅奪得了出海口，而且在波羅的海口和黑海都占領了廣闊的濱海地區和許多港灣。」對此，女皇躊躇滿志，得意忘形，當她回憶往事時，她充滿著喜悅和滿意，她說：「我兩手空空

來到俄國，現在我終於替俄國帶來了我的嫁妝，就是克里米亞和波蘭。如果讓我活兩百歲，全歐洲都將匍匐在我的腳下！」一位沙俄外交官員評論道：「我們不得不承認，葉卡捷琳娜女皇在執行自己的計畫時所採用的方法，遠離了正直與誠實的品德，而這些品德是各國應保持的始終不渝的政治準則……」

可以說，葉卡捷琳娜在使波蘭消失和土耳其迅速衰落的同時，使得俄國更加強大，統治力量進一步逼近歐洲心臟地帶，並在即將到來的拿破崙戰爭時代立於不敗之地。這位不可一世的女皇使俄國成為巨大、強盛和令人恐懼的國家，並為它開闢了稱霸世界的道路。

是的，正是因為這個骨子裡流淌著日耳曼血液的女人在三十四年裡，竭盡全力地繼續著彼得一世未盡的心願，因為這個日後被俄國人親切地稱為「我們的小媽媽」的俄國女皇，充分利用了當時歐洲複雜的力量結構和多個強國相互牽制的局勢，頻繁、熟練地運用其非常擅長的外交藝術，分化列強，利用矛盾，從中獲利，才使得政治制度並不先進、經濟生產尚屬落後的俄國在較短的時間內迅速崛起成為歐洲強國。

事實上，自從俄羅斯擺脫了蒙古人的統治後，它所遭受的侵略、面臨的威脅幾乎全部來自西方，它在國際舞臺上的起起落落也與西方密切相關。在東方，俄羅斯的地位相對穩固，它對東方的領土擴張基本上一帆風順。落後的東方國家用一種畏懼和驚恐的目光注視著這個強大的、侵略成性的鄰國，而俄羅斯則用同樣畏懼和驚恐的目光注視著比自己更先進的西歐國家。

當時的西歐一直是俄國國土安全最主要的威脅根源以及阻礙其擴張的最大阻力所在，但同時也是俄國實現強國夢的力量和榜樣，俄國的榮辱興衰在很大程度上是與西方連繫在一起的，這決定了葉卡捷琳娜的對外政策

依然是以西方國家為重。至於亞洲，大概只有到十八世紀末，她才開始向東進軍，吞併楚科奇半島，越過白令海峽，吞併了北美的阿拉斯加，這些成就雖然不錯，但無法與她對西方的關注相比。

她的男人們

毋庸置疑，葉卡捷琳娜二世是一個出色的統治者，也是一位美麗且懂得享樂的女人。豪華的皇宮，奢侈的生活；縱慾無度、驕奢淫逸、奢靡……酷奢珠寶，男寵無數。可以毫不誇張地講，她畢生遊走在慾望和權力的巔峰，縱情於聲色之中。她對男寵的貪婪甚至達到驚世駭俗之境。「她簡直不是女人，」有人寫道，「她活活是個女妖！」

葉卡捷琳娜一生有很多情人。據研究葉卡捷琳娜生平的學者巴爾杰涅夫統計，葉卡捷琳娜的情人有二十三人，其中最著名的就是薩爾特科夫、波尼亞托夫斯基（後來擔任波蘭國王）、奧爾洛夫（後來被封為伯爵）、瓦西里奇科夫（騎兵將軍）、波坦金（最後被封為公爵）、佐里奇（被封為男爵）、蘭斯科伊（男爵）、祖波夫（官至將軍）等人。除波坦金以外，其他情人都沒有對俄羅斯的政治軍事和經濟文化發展產生重大影響。

葉卡捷琳娜對自己心儀的男人則一拋嚴酷的外表，沉湎於輕浮的浪漫之中。即使到了垂暮之年，她仍然喜歡那些衣冠楚楚年輕男子們的追捧。她曾經寫道：「要是沒有了愛情，哪怕只有一個小時，我的心都會不滿足，這真是不幸啊。」不過想被女皇看中可沒那麼容易。強健的體魄、英俊的面孔和風趣機智的談吐不過是入門級的標準，女皇所有的「準情人」除了必須擁有高貴的血統外，還要通過嚴格的考核，女皇手下有一批專門負責考核和測試男性的宮女，她們的工作就是審查這些「選手」是否具有讓女皇心滿意足的「實力」。

　　在歷史上，這些事情不僅具有傳奇色彩而又有證可考，足以見證女皇的萬種風情。大部分「候選人」是由女皇的前任情人、獨眼將軍格里戈夫・波坦金物色的。葉卡捷琳娜二世與波坦金之間某種超乎肉慾的關係使這場情愛顯得出類拔萃，舉世無雙。兩人共同的勃勃野心將他們連接在一起。波坦金高傲的氣質、過人的幽默感深深地吸引著葉卡捷琳娜。那時，她剛剛甩掉了亞歷山大・瓦西里奇科夫。這位粗獷豪放的波坦金將軍走進女皇的寢宮，便博得她的無限歡欣。女皇在給一位密友的信中寫道：「剛剛擺脫了一個繡花枕頭，取而代之的簡直是這個『鐵器時代』最棒、最奇特，也是最有趣的人，我也不知道自己怎麼會有這種想法。」波坦金頭髮長而油膩，而且不愛洗澡，全身上下散發著野獸般的氣息。這種形象可能會令其他女人作嘔，然而葉卡捷琳娜酷愛他的強壯、魅力和陽剛之氣。與這個獨特的男人在一起時，她寧願放下女皇的尊嚴。兩人只要分開一下子，哪怕只是幾小時，熱辣辣的情書就會雪片般地飛向波坦金。而且每封情書裡都寫得妙趣橫生，愛意綿綿，像是「我的大理石美人」、「我親愛的寵物」、「我的小親親」、「金雞」、「叢林雄獅」、「我的專業情人」等等。

　　起初，葉卡捷琳娜視他為「本世紀最有風趣的人物」。這位女皇有著太多太多的經歷，渴望得到一份快樂與歡笑。然而不久後，她就開始賞識他的真正特質……

　　波坦金能隨時向她奉獻她之所需：城堡或鮮花，疆域或情夫。當然，他們之間的「禮物」是昂貴的。波坦金本人從葉卡捷琳娜的金庫中收到了 5,000 萬盧布。這個男人，因為修建「波坦金村」而為世人熟知。這位男人為了取悅女皇，人工製造出粉飾太平的繁華虛像。他精心炮製並獻上「波坦金式農莊」，只因為女皇在巡視新征服的地區時可以看到一番繁榮

景象。據史料記載，這些「農莊」彷彿精美的舞臺布景一般，由熱鬧繁華的城鎮和快樂悠閒的農奴組成，這些繁華、美好的景象可以在轉瞬之間消失得無影無蹤，留下一地的破敗與無奈。波坦金會帶上這個龐大浩瀚的工程奔赴下一個據點，等待女皇的一路巡視檢閱。

如果說葉卡捷琳娜二世跟彼得三世的政治婚姻，不過是一場政治與經濟的結盟的話，那麼波坦金跟女皇的愛情故事則透著羅曼蒂克風味的花前月下。他們的初識，愛情關係的奠定，失去與挽救，爭吵和分歧，以及最後的分裂……凡此種種，都讓我們有理由相信，波坦金為他的女人，為他的女皇的帝國事業殫精竭慮，傾盡了自己所有的智慧和能力，這一切，或許真的是源於他對一個女人至深至誠的愛。

總之，遍尋中外歷史上，能夠與葉卡捷琳娜二世比肩的也只有武則天，這兩個女人無論在政治上卓越的成就，還是在個人生活上大膽的作風，這些都成為她們的標記牢牢地銘刻在歷史上，雖世事變遷，卻仍清晰可見。

● 戈巴契夫

米哈伊爾・謝爾蓋耶維奇・戈巴契夫，最後一任蘇共中央總書記（1985～1991）、第一位也是最後一位蘇聯總統（1990～1991）。俄蘇政治家，國務活動家，蘇聯改革和「公開性」的創始人。1990年諾貝爾和平獎獲得者。

說到戈巴契夫，自然會想到蘇聯。歷史學家驚嘆，二十世紀人類歷史上最驚心動魄的兩大巨變都發生在蘇聯：

★ 20世紀初，在資本主義統治「鏈條」最薄弱的俄國，發生了偉大的十月革命，最終形成了社會主義陣營與資本主義陣營的「東西對壘」，

世界經歷著「冷戰時代」。

★ 幾十年的風吹浪打，「蘇式社會主義」最終沒有經受住衝擊而沉沒。

波蘭率先發生質變，最後發展到 1991 年的蘇聯解體。

一個曾經風光無限、影響過半個地球的蘇維埃聯盟，頃刻間崩塌為歷史！每憶到此，總能令人嗟嘆唏噓。

如果沒有戈巴契夫，蘇聯會解體嗎？

或許有無數人思索過這個問題。是啊，一艘巨輪的傾覆，能夠不讓人置疑艦長的作為嗎？如此龐大的帝國，說崩塌就崩塌，難道最高掌權者沒有責任嗎？

面臨國家危難

在蘇聯漫長的歷史中，先後出現過七位最高領導人：列寧、史達林、赫魯雪夫、布里茲涅夫、安德羅波夫、契爾年科、戈巴契夫。他們各有特性：列寧睿智而開明，善於傾聽別人意見並說服黨內成員；史達林堅強而冷酷，靠鎮壓和恐怖貫徹自己的意志；赫魯雪夫頑強好鬥，富有同情心；布里茲涅夫因循守舊，喜歡享受；安德羅波夫冷靜沉著，銳意改革；契爾年科則充當起布里茲涅夫的影子。戈巴契夫，一個悲劇式的領導人，1985年 3 月當選蘇共中央總書記，成為自列寧以來第七位入主克里姆林宮的黨和國家領導人。

此時的蘇聯可以形容為「步履蹣跚、內外交困、危機四伏」，戈巴契夫接手了一個即將崩潰的社會，一個外強中乾的巨人，一輛即將散架的破車，一個矛盾即將爆發的火藥桶。在此危難之際，戈巴契夫雄心勃勃地宣告：我們應該從根本上改變這一切。

執政初期，戈巴契夫認為「國家正處於危機前的狀態」。他「出於良

心不安的召喚」而下決心改革。他力圖透過改革，糾正「史達林主義的扭曲和變形」，「從理論和實踐上恢復列寧的社會主義建設構想」；克服布里茲涅夫時期的「停滯現象」和「障礙機制」，建立經濟和科學技術發展的「加速機制」，「以便到本世紀末使蘇聯達到新的高度」。為此，戈巴契夫要扮演兩個角色：一、「醫治人民的消極冷漠」和「社會病患」的醫生；二、建設「蘇維埃新大廈」的建築師。他的構想曾一度贏得了人們的信任，點燃了民族的熱忱和希望。

與此同時，戈巴契夫還拋出了他的「新思維」。所謂「新思維」是指戈巴契夫用來改革蘇聯社會和蘇共黨的指導思想和行動方針。它由新政治思維、新經濟思維、新歷史思維、新的全球性思維等內容組成，反映了戈巴契夫對社會主義的認知以及他的世界觀和人生觀，是蘇聯走向災難性結局的思想腐蝕劑。

改革始末

「新思維」的形成與發展共經歷了四個階段。

第一階段：重點在經濟領域的改革（1985 年 3 月至 1988 年上半年）。戈巴契夫的「新思維」在對內政策上主要集中在經濟方面，在提出「加速」經濟發展策略的同時，還提出對經濟體制進行「根本改革」。

戈巴契夫一上任就提出要實行新的經濟發展策略和進行經濟體制改革。他針對蘇聯經濟發展出現的「停滯」趨勢，提出了「加速」經濟發展的策略。他認為生活困難的原因主要是對生產和經營管理方面「變革的必要性」了解不足，沒有「制訂和實行重大的措施」，因此「必須繼續變化和改革，爭取達到社會的新質狀態」。

第二階段：改革重點轉向政治領域（1988 年 7 月至 1990 年初）。戈

巴契夫的「新思維」是把政治體制改革放在首位，作為推動經濟體制改革的決定性因素，而政治體制改革的基本原則是民主化、公開性和多元論，中心內容是實行黨政分開，使「全部權力歸蘇維埃」。

第三階段：快速右傾化的改革方針和政策（1990年初至1991年「八一九」事件）。戈巴契夫的「新思維」從「完善社會主義」轉為「根本改造整個社會大廈」，要求從經濟基礎到上層建築。在黨的地位和作用上，放棄蘇共對國家的領導權，實行多黨制；在政治體制上，實行議會制和總統制；在經濟體制上，贊同以私有制為基礎的自由市場經濟；在國家結構上，走向主權國家的革新聯盟；在社會發展總目標上，走向人道的民主的社會主義。

第四階段：蘇共亡黨，蘇聯亡國，結局悲慘。（1991年「八一九」事件至1991年底）。「八一九」事變雖然沒能夠將戈氏推下寶座，但是蘇共的政黨地位再也無法確立。蘇聯的國家主體也走到了必然解體的地步。

無論戈巴契夫是如何評價和解釋他的「新思維」，然而從實踐結果來看，戈氏的「新思維」為民主社會主義思潮在蘇聯的泛濫提供了思想條件和認知基礎，其危害是多方面的，後果是極其嚴重的。1989年東歐劇變和隨後發生的蘇聯劇變和解體的事實，都印證了戈氏這一理論的可怕後果。戈巴契夫本人或許「有幸」被載入史冊，因為他不僅見證了、更是主導了「社會主義及其道德、政治和經濟理想崩潰過程，以及蘇維埃帝國解體的過程。」

馬克思在《哲學的貧困》中曾提出過這樣的思想，即每個歷史階段和歷史事變中的主要人物，既是歷史劇的「劇作者」，又是歷史劇的「劇中人」。身為「劇作者」，歷史人物可以按照自己的意志、自己的能力去從事歷史活動，以自己的行為去影響歷史進程；而身為「劇中人」，他又只

能隨著歷史劇情的發展和歷史劇情的安排去扮演某種特定的角色，直到這幕歷史劇結束為止。由此可看出，這場蘇聯東歐的悲劇顯然絕非戈巴契夫發動改革的初衷，但又是必然結果，因為他所採取的改革路線確定了他的悲劇角色。

細細思來，戈巴契夫「新思維」的發展是有脈絡可尋的。戈氏上臺後，意識到蘇聯與美國之間越來越大的差距，決心透過經濟改革來縮短差距。於是，他把重點放在經濟上，制定了宏偉的「加速發展策略」。然而戈巴契夫的改革必然受到黨內一些既得利益者的抵抗，使經濟改革無法正常進行。戈氏因此意識到改革的阻力主要來自於政治領域，如果沒有政治改革配套，根本無法進行經濟改革。他才將改革的重心由經濟領域轉入政治領域。但是，政治領域所存在的問題更嚴酷、更複雜、更棘手，其難度和風險遠遠大於經濟改革。蘇聯政治體制的僵化與制度的腐敗已是積重難返。

戈巴契夫正是在經濟改革和政治改革夾縫中求生存，在重重包圍中左衝右突，結果是筋疲力盡而被強大的反改革力量所埋葬。無怪乎戈巴契夫在辭去蘇聯總統職務時會發出這樣的傷感：我們的國家什麼都不缺，土地遼闊，石油、天然氣和其他自然資源豐富，人也不笨，可是我們的生活卻比發達國家差得多，而且差距越來越大。戈巴契夫解釋說，原因是明擺著的，社會被官僚體制壓得喘不過氣來，已經到了奄奄一息的地步。因為這個體制只為意識形態服務，而且還挑著可怕的軍備競賽的重負。許多局部改革的嘗試都一個接一個地失敗了，國家已經沒有前途，一切都應當加以根本的改變。可見，戈巴契夫也不希望自己的改革走向失敗，但制度的失敗卻無法挽回。

苦澀的總結

戈巴契夫坦率地承認，蘇聯在改革上存有三個致命的大問題：

★ 「從集權過渡到民主的改革道路，要求社會做好耐心、細緻的變革準備工作。小心謹慎，儘管有時拖拉，但是較為妥當。」蘇聯在改革的準備方面是極不充分的，對改革的複雜性、艱難性和深刻性認知不足。

★ 「在改革的各個階段，正確、及時地選擇目標和達到該目標的途徑，具有重要意義。我承認，我們，特別是我本人在這方面做得很不夠。」也就是說，蘇聯改革的主線不清，一直處於一種盲動和躁動的情緒之中。

★ 「我深感不安的是，我們未能把打破舊的和建立新的生產方式這兩者同步完成。最初，可以堅定地打碎官僚機構，但與此同時，也可以積極地建立新的、民主的經濟管理及整個社會的管理機制。」這就好比一架機器，既要對它大拆大卸，同時又要用它代步，這當然是做不到的。

然而，戈巴契夫卻在經濟改革剛剛開始、進展緩慢的情況下，一頭栽進政治改革之中，用訴諸於「公開性」和「民主化」來進行政治體制改革，把「公開性」強調到無以復加的程度，推行到毫無節制的地步。結果自然似大江決堤，蘇聯社會各種矛盾急遽迸發，各種思潮洶湧而上。各派勢力競相登臺；「民主化」一下子變成為極端無政府狀態，改革也隨之變成各種政治勢力的紛爭和較量，甚至因此而誘發反共勢力、民族分裂主義勢力競相向蘇共和聯盟中央政權泄憤、施壓、奪權。蘇共從主導到陷入被動挨打的困境之中，最終是內部公開分裂。戈巴契夫本人也由改革的發動

者和蘇共的領導人，變成為某種形式的政治掮客，但最後也迴避不了被拋棄的命運。

　　1991 年 12 月 21 日，這個一度稱霸全球的超級大國，就像是一座高高疊起的積木，竟然在輕輕的外作用力下，便轟然倒塌了。這座由列寧親自奠基的紅色大廈在漫天風雨中屹立了 69 年（「蘇維埃社會主義共和國聯盟」成立於 1922 年），崩塌了，碎裂為十五塊碎片。蘇聯這張地圖已經真真切切地被捲了起來，裝進了歷史的畫筒裡。

　　戈巴契夫是一個悲劇英雄，至少他正視了晚期蘇聯社會存在的那些問題。他的悲劇在於他所選擇的改革路徑是否恰當。或許，人們會說他致力於改革的決心、勇氣與所選擇的方向，都是沒有疑問的，關鍵在於改革的具體操作上，他沒有以現實主義者的態度，沒能控制住改革中的諸多變數。

　　戈巴契夫在葬送了超級大國蘇聯之後，仍舊喃喃著可憐的「政績」：「我們在創紀錄的短時間內進行了自由選舉，建立了議會，實行了多黨制，使組織反對派成為可能。一句話，使社會有了政治自由。」或許，戈巴契夫這樣說也有幾分道理，一個統管一切的政府對一個國家來說是不正常的；然而，一個軟弱無力、沒有權威、一切都管理不了的中央政府，對於國家是否又正常呢？

　　在西方國家裡，戈巴契夫的聲望很高，因為他是結束冷戰最主要的人物。然而在俄羅斯，他則備受責難。許多人認為是他一手造成了蘇聯的沒落和現實的困難。在 1996 年的俄羅斯總統選舉中，他僅獲得 1%的選票。

　　事實上，俄羅斯人民對他的看法也是褒貶不一，毀之者罵之為「歷史罪魁」，譽之者贊其為「民主功臣」。2000 年的一項社會調查顯示，對戈巴契夫的歷史功績作出肯定評價的人只有 16%，有 31%的人持否定態度，另有 49%的人對他作出了中性評價。

　　對於戈巴契夫主政期間所做出的一切重大歷史決定，或許還需要時日才能得到更為客觀的評價。輕率下結論最易出現偏頗，有悖歷史的真實。

第五章　大國之劍

　　俄羅斯的陸軍早已享譽世界，甚至被譽為歐洲大陸最強大的軍隊。歷史上，它曾戰勝了不可一世的拿破崙的大軍。在第二次世界大戰期間，法西斯德國的軍隊所向披靡，然而最終還是敗在了蘇聯紅軍之手。對於俄羅斯的陸軍，太多的輝煌與成就，並且以無數的方式得到彰顯。然而，按如今的軍事觀點來看，影響未來戰爭的軍種，已經悄悄發生變化。故而，2008 年 10 月，俄羅斯國防部部長謝爾久科夫宣布，到 2012 年前，俄羅斯不僅要將武裝部隊從現在的 130 萬削減到 100 萬，這其中還有一個更重要的信號：在裁減陸軍的同時，要加強海軍、空軍。

　　無庸置疑，俄羅斯陸軍人數最多，裝備組織最複雜。然而綜觀現代戰爭的啟示，陸軍發揮出來的效益卻最低。傳統陸軍如果沒有現代化的空軍配合，在現代戰爭中很難有所建樹。而海軍則是保持大國地位、爭霸世界最重要的關鍵。而空軍，尤其是航太軍，是決定將來戰爭勝負的策略力量。

　　現在的俄羅斯，已經極大地落後於美國。美國現有 12 艘重型航母，俄羅斯只有一艘中型航母；美國第一代隱形戰機已經退役，俄羅斯的隱形戰機還在實驗室裡。美國由四種隱形戰機組成的隱形空軍即將整體亮相：重型戰鬥轟炸機 F-22、聯合攻擊戰鬥機 F-35、無人駕駛戰鬥機和隱形策略轟炸機。而俄羅斯，還有一條很長的路要走。然而，這並不意味著俄羅斯就甘居其後。在此，我們不妨拓展一些空間，來討論俄羅斯海空實力。

● 俄羅斯海軍

　　普丁曾說過，俄羅斯只有成為海洋大國，才能成為世界大國。顯然這位帶領現代俄羅斯走出泥沼的總統十分清楚海軍對俄羅斯是多麼的重要。

姑且不說傑出政治家的策略眼光，僅就他個人的海軍情結，就足以解釋他對海軍的關注。

普丁的父親在衛國戰爭前曾在海軍某潛水艇基地服役；普丁的叔叔在波羅的海艦隊司令部當過兵。普丁本人在聖彼得堡工作期間，也曾與克拉什塔德海軍基地有過長期的工作接觸。1997 年，時任葉爾欽總統辦公廳副主任的普丁就兼任海軍軍事委員會委員，開始關懷海軍的建設。那時，海軍的任何重大決策都要經過普丁的協調，他可以說是葉爾欽的海軍之眼。普丁任總理後多次視察海軍部隊。普丁當選俄總統後不久就參觀海軍演習，並親自乘潛艇在大洋深處待了一天。

他特別指出，近年來俄羅斯在世界各大洋的地位已明顯削弱，已出現被擠出世界各大洋的趨勢；因此，俄必須加強遠洋艦隊建設，加強在世界各大洋的武力，以此捍衛俄羅斯的利益。他強調：俄只有成為海洋強國，才能成為世界大國。普丁當上總統後儘管俄經濟舉步維艱，財政捉襟見肘，但國家仍然大力支持海軍建造新型艦艇。2000 年，總統把國家國防資金的 20% 撥給海軍，而 1999 年這一比例僅為 3%，此後又有了進一步提高，所增經費主要用於購買新武器裝備、對武器裝備進行現代化改裝等，重振海軍成了普丁心中揮之不去的深厚情結。

歷史的輝煌

歷史上講，俄羅斯一直有著不可否認的海洋情結。俄羅斯海軍組建於西元 1696 年，迄今已經歷了三百多年的海浪與風雨。十八世紀，沙俄海軍曾被公認為世界第三強。二戰後，更是揚威世界，成為超級海上強國。如今，俄羅斯海軍在經歷過困頓之後，又開始邁出務實而堅定的步伐，重整雄風指日可待。

有一位偉大的君主、航海家、政治家，窮其畢生的精力，執著地為俄羅斯編織著尋找出海口的夢想。因為只有打通出海口，他才能將落後的沙俄拖出中世紀的泥潭。這位君主就是彼得大帝。在他心目中：「只有既具備陸軍又具備海軍的人才是兩手俱全的君主」。他一生縈繞著出海之夢，拓展俄羅斯的水域成為他一生的座右銘。

(1) 尋求出海口

彼得大帝在登上皇位之前，俄羅斯擁有遼闊領土卻沒有出海口：俄國在北部和東部儘管有著綿長的海岸線，但因為地理和氣候原因而無法滿足經濟需要。西伯利亞和遠東在十七世紀還處於初級開發期，白海海上的唯一大門阿爾漢格爾斯克港口，一年之中有九個月封凍無法航行。即使在解凍期，從白海到西歐各國，航路漫長，比波羅的海遠整整一倍。事實上，正是波羅的海和黑海阻塞了俄國的貿易之路。長期以來，俄羅斯與土耳其、波蘭、瑞典戰爭不斷，目的就是想奪取出海口。

世界上醉心於航海大國之夢的君王不在少數，可很少像彼得大帝這樣畢生在追求。這位少年君主從小好奇心極強、精力旺盛，執政剛開始便對西方世界感到新奇。他的目光越過萊茵河，穿過凡爾賽宮，落到了地中海海軍艦隊的桅杆上。大航海時代的輝煌，白帆掩映下裝備精良的軍艦，為歐洲的帝王們帶來數不盡的財富與夢想。彼得敏銳地盯住了這把金鑰匙，因為它能打開帝國的命運之門。他壓抑不住內心的興奮，俄羅斯人的驕傲和不屈在帝王的血脈中不安分地鼓動著。歐洲帝國可以做到的，俄羅斯也可以做到。

(2) 勵精圖治

1689 年，彼得大帝親政後立即著手建立俄羅斯海軍。西元 1695 年，彼得大帝在頓河河畔建立了造船廠，組建了俄羅斯的第一支海軍艦隊。彼得深知，組建艦隊雖難，但是更難的還是俄羅斯極缺人才：海軍軍官，造船工匠。於是，1697 年 3 月，35 名青年留學生和其他成員組成的近三百人的使團出國學習駕駛軍艦、作戰指揮以及造船技術。

這 35 名留學生中，有一位名為彼得‧米哈伊洛夫的人。名義上，他是數十名留學生中的一員，然而實際上他卻是使團的真正領導人沙皇。彼得銳意進取，決心隨使團出訪海上強國英國和荷蘭。在這期間，他屈尊做過學徒和木匠。在荷蘭期間，他因出色的表現和高大的身材吸引了不少人的好奇。荷蘭人從四面八方聚來，觀看這位俄國人如何靈巧地駕駛快艇，如何建造磨坊。的確，他機敏的動作、精妙的手藝，令人驚嘆不已！

西元 1698 年 1 月 11 日，沙皇為了進一步學習船體結構理論，和他的夥伴們一起乘快艇來到了英國倫敦。在此後的四個月時間裡，彼得把大部分時間用來學習造船學、航海理論。此外，還廣交新朋友，例如聘請英國著名數學家弗哈森前往俄國任教，教授航海所需數學知識等。

(3) 西方通道

彼得培養海軍人才可謂殫精竭慮。西元 1701 ～ 1714 年，在他的帶領下，俄國造船廠為海軍建造了 680 艘大小艦船；也是在 1701 年，在彼得授意下，俄國成立了第一所航海學校，培養海軍軍官；1704 年，他一手創建了「海軍士兵團」，這個兵團後來演變成了俄羅斯海軍陸戰隊；接著又先後開辦海軍學校，親自制定了「海軍章程》。1718 年，海軍的最高領導機關海軍院成立了。

　　沙皇的勃勃雄心在膨脹，俄羅斯人對海洋的渴望在蔓延。彼得先是在涅瓦河口的通海口建立了「神聖的石頭城市」聖彼得堡，在那兒開設了第一個海關發展海外貿易；又打造了波羅的海艦隊。後來，俄國為奪取波羅的海出海口而發動了對瑞典的戰爭。在西元1700～1721年的「北方戰爭」中，俄羅斯最終大獲全勝，從瑞典那裡奪取了波羅的海東岸的大片土地。爭奪出海口的過程相當殘酷，海面上滾滾黑煙，四下漂浮著艦船碎片，團團水手的鮮血，彼得甚至親駕戰艦，拚殺在敵艦之間……

　　波羅的海硝煙散盡之後，歸於平靜，但卻更換了主人。俄羅斯終於在波羅的海岸邊享受著清新的海風，彼得的勵精圖治獲得回報，俄羅斯終於從內陸國家躍升為海洋大國。1719年，瑞典向俄國投降，簽訂了「尼斯塔特條約」。海軍在這場戰爭中的作用，可以在戰勝瑞典的紀念獎章上找到答案。獎章上鑄有這樣的話：這場戰爭能以簽約形式結束，完全是由於海軍的作用。因為靠陸地作戰無論如何也達不到這一點。

　　通向西方的波羅的海通道打開了，然而沙皇的雄心卻遠沒有得到滿足。因為波羅的海東岸的各港口緯度太高，每年大約有半年時間處於冰封狀態，根本不適合通航，這樣不能圓俄羅斯的海洋強國之夢。彼得的眼光掠過了這片冰封，看到了馳騁在世界各大海洋上的大英帝國，是啊，要能擁有像日不落帝國那樣的艦隊，那才是真正的海洋大國！

　　彼得大帝的海軍興國之夢雖然沒有實現，但是在他去世之際，俄國海軍已經躋身世界海軍強國之林。

(4) 又現輝煌

　　沙皇的繼承人缺乏心胸與遠見，他們非但沒繼承祖業，幾乎放棄了彼得對海洋的興趣。就在俄羅斯的海洋強國之夢即將夭折之際，大海再給俄

羅斯送來了新沙皇葉卡捷琳娜二世。這位女皇矯健、睿智、果斷，最重要的是，她有著彼得大帝般的野心，強烈渴望將俄羅斯建成世界強國。

葉卡捷琳娜二世上任剛開始便著手海軍建設。她在加強波羅的海艦隊建設、鞏固北方戰爭勝利果實的同時，於西元 1783 年著手組建黑海艦隊。而黑海艦隊成就了俄羅斯海軍的輝煌歲月。在俄羅斯海軍烏沙科夫將軍的指揮下，贏得了兩次俄土戰爭。他們終於打開了黑海的出海口。俄羅斯在奪取黑海沿岸北部地區後，成為東歐不可一世的霸主。

俄羅斯的艦隊並沒有因此而滿足，隨後又乘風破浪駛向其他海域。西元 1770 年，俄國一舉奪得愛琴海的制海權。1771 ～ 1773 年，俄國海軍艦隊進入多瑙河和亞速海地區，並多次遠征地中海。女皇當時已經令整個歐洲都聞之顫抖，她有資格表現出不可一世的狂妄。

隨後，俄羅斯海軍力量繼續不斷增強。西元 1802 年，俄羅斯成立了海軍兵力部，1804 年起，各艦隊有了固定的體系編隊，並劃歸有自己的基地，管理與體系已經透著現代軍隊的明顯特徵。1815 年，亞歷山大一世在戰勝大名鼎鼎的拿破崙之後，俄羅斯已經成為了名副其實的海洋強國。

波羅的海和黑海的黎明時分，艦隊帶著征服者的自信鳴笛起航，邁著彼得大帝自信的闊步，歌頌著女皇的英明，在海面冉冉升起的萬丈朝霞照耀下，定格了屬於自己的輝煌起點。

(5) 海軍軍魂

烏沙科夫（約 1744 ～ 1817），海軍上將，屬於俄羅斯海軍名副其實的軍魂人物。葉卡捷琳娜女皇能夠牢牢控制黑海出海口，極大程度依賴於這位驍勇善戰的海軍上將。1762 年，生性好戰的年輕女皇一登上寶座就迫不及待地掀起了爭奪黑海的狂潮。一天，時任皇家遊艇艇長的烏沙科夫趁

女皇登艇遊玩的機會，向女皇表示了願為沙俄控制黑海而效忠的決心。女皇為這位海軍戰士的勇氣所感動，命令他負責黑海艦隊的籌建工作。

　　西元 1783 年，烏沙科夫調往黑海艦隊，監督造船並參加塞瓦斯托波爾的基地建設。1787 ～ 1791 年俄土戰爭中，他曾指揮俄國分艦隊在菲多尼西亞海戰中重創土耳其艦隊。1789 年晉升海軍少將，1790 年起任黑海艦隊司令，先後取得刻赤海戰及堅德拉島和卡利阿克拉角等海戰的勝利。1798 ～ 1800 年，在第二次反法聯盟戰爭中，他率俄土聯合艦隊進入地中海，執行封鎖、運送登陸兵力、奪取要塞和破壞敵人海上交通線等任務，支援蘇沃洛夫指揮的俄奧聯軍在義大利北部作戰。1799 年組織艦隊和登陸兵攻擊法軍地中海重要基地科孚島，首創俄國海軍從海上攻占要塞的戰例，晉海軍上將。

　　烏沙科夫一生務實，注重實效，為海軍實戰增添了許多寶貴的經驗和戰鬥技巧。例如，他曾用「鞦韆上練兵」這一運動中作戰的靈活方法訓練士兵，並在後來的無數次海戰中獲得驗證，成了黑海艦隊戰無不勝的護身符。

　　第二次俄土戰爭中，烏沙科夫屏棄了傳統的「線式戰術」，前所未有地採用了「火力與機動相結合的戰術」，以縱橫交錯的隊形向前推進，結果致使對手土耳其海軍無以招架。烏沙科夫的名字不脛而走，這位海軍奇才被當時歐洲的各大報紙評為「十八世紀轟動全世界的人物」。他的名字從此與黑海艦隊緊密相連。

沙俄海軍

　　第一次世界大戰中，雖然海軍的主戰場是北海上的德國海軍與英國皇家海軍，但波羅的海與黑海上也同樣上演了激烈的海區爭奪戰。俄國海軍

在這次海戰中，面對比自己強大的對手德國海軍，出色地發揮了主動進攻的精神，維護了從彼得大帝時代一路走來的俄國海軍雄風。第一次世界大戰後，沙俄政府旋即倒臺，使得這場海軍榮譽之戰變成了沙俄海軍精彩紛呈的謝幕演出。

(1) 風雨戰區

波羅的海海區氣候惡劣，即使夏天也難得一見晴天，更不說漫漫冬季，海區北部港口多數因冰凍而封港。這裡還是島嶼密布的海區所在地，特別是在瑞典沿岸，大量島嶼聚集而成的淺水海域阻礙了大型艦船的通行，為海戰增添了一份艱難險阻，壞天氣和淺水區經常成為過往船隻的迷失之地。二十世紀的第一次世界大戰，波羅的海戰雲密布，環境嚴酷，已經被包圍在一片詭異不安的氣氛之中。

當時，德意志海軍的力量雖然遠勝俄羅斯，但因需要應對北海戰區的英國皇家艦隊，所以德國海軍在波羅的海戰區的實力稍顯單薄。再看俄羅斯海軍，雖然在波羅的海戰區擁有眾多艦船，但俄羅斯人明白：只要敵人感到威脅，便會調來援軍。德國只要有了援軍，便立刻兵臨城下，直逼俄國當時的首都聖彼得堡。此外，中立國瑞典也始終是俄國海軍的一塊心病，倘若瑞典放棄中立倒向德國，那麼俄羅斯海軍就岌岌可危了。

再有，波羅的海與外界僅有一線相連，即瑞典和丹麥之間的卡特加特海峽。德國人不可會放棄這個「一夫當關，萬夫莫開」的天險，於是那裡成了重點布雷區。加之瑞典和丹麥嚴守中立，也在波羅的海其他海區布雷。有了這天羅地網般的雷區，協約國的援軍艦隊幾乎不可能進入波羅的海戰區，換言之，俄國海軍不可能指望其他協約國海軍的援助，形勢於俄國海軍可謂萬分不利。

　　何況，波羅的海艦隊在 1905 年遭遇過重創，日俄戰爭中的對馬海峽海戰讓這支彼得大帝創建的海軍艦隊遭到了近乎毀滅性的攻擊，失敗的陰影還沒從軍艦指揮官們的心中完全散去，一切似乎在預言著沙俄海軍的兵敗。

　　然而，俄國人似乎是注定要創造奇蹟的，惡劣氣候再度幫助了俄羅斯。西元 1914 年 8 月 26 日，德國軍艦馬格德堡號在大霧中迷失了航向，誤入愛沙尼亞海岸，走投無路之際，德軍破釜沉舟，引爆了前彈藥艙，以免軍艦落入俄國海軍手中。然而軍艦殘骸還是很快被俄國海軍發現，並意外地從中發現了德國海軍的密碼本。密碼本隨即被轉交英國海軍，幫助協約國在情報戰中贏得了不小的優勢。波羅的海艦隊在與德意志海軍的第一回合中贏得乾脆俐落，舉重若輕。

（2）永遠向前

　　勝利女神似乎是有意偏袒了俄羅斯，在這場缺乏天時、地利、人和的海戰中，勇敢無畏的俄國海軍卻用一系列銳利的進攻贏得原本完全可能輸掉的戰爭。

　　戰爭初始，俄海軍總司令部似乎還沒有完全擺脫日俄戰爭的陰影，下令採取防禦策略，廣布雷區，靜待時機。不過波羅的海艦隊司令艾森根本不理會這些，儘管兵力有限，這位富於進攻精神的指揮官卻還是盡其所能地採取了進攻策略。就這樣，波羅的海海面上，同樣採取進攻策略的雙方開始了各有勝負的對攻戰，作戰方法主要是布雷、打擊對方後勤供給的運輸船隊、轟擊對方的岸炮群。近一年的對攻海戰中，強大的德意志海軍十分惱火地發現，面對俄國海軍，自己居然還略居弱勢，於是不得已又在 1915 年 8 月把一部分主力部隊調到波羅的海海區。然而，惡劣的海區氣

候，加上俄國海軍持續不斷地反覆布雷，使得德軍派出的 11 艘無畏艦和護航艦不得不選擇撤退。

水雷成為波羅的海戰區最重要防禦和進攻武器之一，帶給德意志海軍很大的打擊。1914 年 11 月和 1915 年 12 月，德軍的裝甲巡洋艦「弗雷德里希‧卡爾」和輕巡洋艦「布來梅」分別在皮勞港和溫道港外海面被水雷炸沉。1916 年 11 月，德軍 11 艘驅逐艦奇襲芬蘭灣，其中兩艘在進入港灣時，觸雷沉沒，其餘艦船在執行了對岸炮擊任務後也未能躲過劫難，返航途中，又有五艘艦船被水雷炸沉。俄國人用廉價卻實用的武器把德國人七艘現代化驅逐艦送入海底，可謂戰果輝煌。

同樣的進攻精神也為黑海戰區的俄國海軍贏得了勝利。雖然同樣面臨同盟國土耳其控制的博斯普魯斯海峽封鎖，使得俄國難以獲得英法海軍的援助，但黑海艦隊的指揮官艾伯加德和高爾察克卻是兩位同樣富於膽魄和進攻精神的海軍軍官。黑海戰區對土耳其的進攻從襲擊運輸隊開始，強大的水雷、魚雷、炮擊限制了德軍對土耳其的支援。1916 年 3 月，2,100 名俄國海軍乘坐商船進入亞速海海域後，又改乘登陸艇，迂迴到土耳其軍防線的背後，結果在登陸戰中擊潰土軍，連連獲勝。俄軍在這段時間的兩棲登陸戰精彩、俐落，卻鮮為史學家所提及；對比之下，英法聯軍登陸加利波利海岸以慘敗告終，卻總被津津樂道地大加分析，反差如此之大，令人感嘆。

一戰中，俄國海軍無論在波羅的海還是黑海都沒有優勢可言，但俄國海軍的攻勢策略卻給予了同盟國沉重的打擊，尤其是波羅的海艦隊在艾森上將的指揮下表現相當出色，而黑海戰區的德國軍官蘇順上將雖然精明能幹，卻也因為面對俄軍毫不遜色的艾伯加德和高爾察克指揮官而屢屢受挫，止步不前。

　　如今，我們很難想起一戰中沙俄海軍的榮譽和戰績，只因它的輝煌轉瞬即逝。一戰尚未結束，沙俄政權的大廈已經轟然倒塌，沙俄時代的海軍之戰也就此拉下了帷幕。但俄羅斯海軍勇於進取的精神卻不曾隨著這場謝幕之戰被推到重重布幕的後面。相反，征服大海的雄心壯志已被植入了俄羅斯海軍的靈魂深處，源源不斷推動著這支海上軍隊乘風破浪。海上風浪瞬息萬變，俄羅斯海軍卻不迴避也不低頭，只是咬牙迎著風浪，向前，再向前！

旗艦大國

　　從蘇聯時期的輝煌，到近年來俄羅斯的重新崛起，俄羅斯海軍在茫茫大洋上經歷了潮起潮落的榮辱滄桑。如今的俄羅斯，雖然只繼承了蘇聯70%的海軍基地，卻仍然是世界上唯一瀕臨三大洋的國家。廣袤的地域留給了俄羅斯為數眾多的大容量海軍基地，長期的海軍建設讓這些基地擁有了完善的設備，供油、供電、供水、維修、倉庫一應俱全，在近四萬公里長的海岸線上依然穿梭著四大艦隊的力量：北方艦隊、太平洋艦隊、波羅的海艦隊、黑海艦隊。艦隊十七萬官兵和500艘艦船忙碌依舊，26艘能夠攜帶440枚彈道導彈的策略核潛艇頻繁演習，超重量級的「彼得大帝」號等巡洋艦和反潛艇艦穩健地行駛在遼闊的海面。雖經變故，馳騁在海面的俄羅斯雄風卻依然如故，默默地訴說著俄羅斯海軍的四大艦隊，吟唱著它們往日的榮耀和今後的航向。

（1）北方艦隊

　　在巴倫支海的科拉半島上有著一個著名的港口：北莫爾斯克港。這裡不僅風光旖旎，景色宜人，海水清澈，也是北方艦隊大本營的所在地，其港口的地理位置十分重要：它連接著地球的北部大陸北冰洋，又緊緊扼守

著通往歐美大陸、太平洋和西歐的海上咽喉要道。現在，整個世界都知道，控制北極意味著統治了半個世界。

重要的策略位置使得北方艦隊無庸置疑地成為目前俄羅斯海軍作戰能力最強的王牌艦隊，其任務轄區涵蓋北冰洋及大西洋海區，是俄海軍在歐洲方面的核心力量。然而，這支艦隊大起大落的經歷也透露出無盡的傳奇。

北方艦隊的歷史是從第一次世界大戰時期開始書寫的。1914～1916年，為保護北方航運供給，沙俄海軍陸續向北方海區派遣軍艦，並於1916年7月成立北冰洋區艦隊，即北方艦隊的前身。1918年，一戰結束後，成立不久的北冰洋區艦隊也就隨著沙俄的解體而匆匆解散。直到1933年6月，蘇維埃政府為了保護蘇聯在廣大北極地區的利益，決心重建這支艦隊，基地就選在摩爾曼斯克。1937年5月11日，艦隊正式更名為北方艦隊之後，實力迅速加強。二戰爆發後，年輕的北方艦隊得到了太平洋艦隊、黑海艦隊和波羅的海艦隊的有力支援，戰鬥力大幅度提升，一躍成為蘇聯海軍中的佼佼者，傲視歐洲，雄踞北冰洋。

衛國戰爭初期，北方艦隊位於海戰最前沿，自然承擔起海上作戰的任務。戰爭期間，為保護己方海上交通線，北方艦隊護航編隊不辭辛勞地出海執勤838次，並以潛艇和海軍航空兵為核心，開創了海上破擊戰的作戰模式，有力地打擊和破壞德軍的海上交通線，也阻止了德軍從挪威運走鐵礦和鎳礦，致使德國工業因原料短缺而陷入危機，在前線作戰的德軍得不到彈藥、糧食和其他物資。北方艦隊儘管戰功卓著，也因處在交戰前沿而蒙受了巨創。二戰告捷之際，北方艦隊的實力也已跌至四大艦隊之末。

冷戰時期，蘇聯出於策略需要，將最先進的水面艦艇和潛艇、新型飛機以及其他現代化武器優先配備給了這支年輕的艦隊。1960年代初，該艦隊的戰鬥力再次被提升到四大艦隊之首，其任務轄區也由北極海域擴展至

整個大西洋海區。北方艦隊成了一頭龐大而沉靜的北極熊，警惕地徘徊在北冰洋海面，密切監視著西方國家的動向。

蘇聯解體後，北方艦隊因位於北極而僥倖逃過一劫，由俄羅斯全盤接收，沒有遭到黑海和波羅的海艦隊被分割的悲慘命運。當俄羅斯與烏克蘭為黑海艦隊的歸屬問題爭吵不休、兩國關係陷入僵局的時候，俄羅斯為防萬一，將原黑海艦隊一批性能先進的戰艦轉入北方艦隊，所以蘇聯解體不僅沒有波及北方艦隊，反而實力還有所加強。

俄羅斯的王牌艦隊自然成為俄羅斯海軍的靈魂和基礎。事實上，雖然北方艦隊備受俄軍高層的關注、被寄予厚望，然而蘇聯解體後出現的俄海軍整體實力的大幅下滑，當然也影響到這支王牌艦隊。

俄羅斯海軍中流行著這樣一句笑話：你能判斷某人是北方艦隊的海軍嗎？回答是，只要看他的臉色是否在黑暗中發光。灰色的自嘲足以說明以核潛艇為主力的北方艦隊海軍們承受著何等強大的核輻射。在蘇聯解體後的那段艱難歲月裡，苦難的衝擊波開始從民眾大幅地衝擊到軍隊。到後來，軍人的薪水甚至食品供給都成了問題。即便如此，北方艦隊的核潛艇仍舊得在北冰洋的深海中孤獨穿行。這片海域，有著俄羅斯海軍絕不能放棄的策略利益。

設備陳舊、經費緊縮、人員流失和由此引發的管理混亂，再加上海軍訓練的嚴重不足，導致北方艦隊各類災難性事故頻頻發生。而庫爾斯克號核潛艇在二十一世紀初的那場重大災難事故，就是俄羅斯海軍困境的集中爆發。

2000 年 8 月，在北冰洋邊緣，寂寞、偏僻的巴倫支海，一夜之間成為全球矚目的海域。8 月 12 日，北方艦隊近三十艘軍艦和潛艇在巴倫支海集結、演習。中午 12 時至下午 3 時，參加演習的庫爾斯克號發現「敵人目標」，立即下潛，在利亞欽艦長向艦隊總司令波波夫作出「準備發動進

攻」的回報之後，庫爾斯克號便失去了和艦隊的一切連繫。隨後，臨近的艦隻和潛艇聽到了庫爾斯克號上傳來的爆炸聲，只當是庫爾斯克號在發射魚雷。然而直到第二天也沒有收到庫爾斯克號的任何消息。在漫長而艱難的救援過程中，人們的心和海底的戰艦一樣，沉入巴倫支海的海底，感受著海水的冰涼刺骨，隨著一次又一次的救援失敗而瀕臨絕望。最終，緊急救援未果，118 名潛艇官兵用永遠的沉默和庫爾斯克號一起沉睡在了巴倫支海的海底。有關核潛艇的事故已不是新聞，1967 年以來，俄羅斯海軍接連不斷的潛艇相撞事故都記錄在案，但庫爾斯克號的沉沒卻讓人別有一番感傷。這是一艘被稱為「航母終結者」的世界最大核潛艇，震懾西方的祕密武器，俄羅斯海軍強大形象的象徵。然而，這艘世界公認的「最大最安全」的核潛艇卻在演習中輕易出現了毀滅性故障。經事後調查，在魚雷發射管焊接這一個基本環節上，被質疑存在嚴重的安全性問題，而當時的真實情況已經隨著一百多名官兵的生命一起永沉海底，只留給世界無限的猜測與不安。

一系列的惡性事故，使得曾經輝煌一時的北方艦隊顏面掃地，「王牌艦隊」的榮譽和庫爾斯克號一起沉入了海底。因此儘管俄軍高層對北方艦隊寄予厚望，但是隨著戰備水準的不斷下滑，北方艦隊已經擔負不起與北約和美國相抗衡的重任。那一年，巴倫支海的海水冰冷刺骨。

苦難不會讓俄羅斯人低頭，從彼得大帝時代開始，俄羅斯就已經在自己的靈魂深處種下了深深的海洋情結。北方艦隊注定要繼續扮演重振俄羅斯海軍雄風的海上先鋒。2007 年 12 月 5 日，俄羅斯國防部部長謝爾久科夫宣布：隸屬於俄北方艦隊的 7 萬噸的「庫茲涅佐夫海軍元帥」號航母編隊將遠赴大西洋和地中海，重新恢復蘇聯時期的遠洋執勤。同年，北方艦隊出動核潛艇在北極極點升起了俄羅斯的三色國旗；也在同年，該艦隊司

令維索茨基上將升任為俄海軍總司令。俄羅斯海軍接二連三不同尋常的大
手筆舉動，不僅引起了北約國家的強烈反應，也使得俄海軍的開路先鋒再
一次成為世人所高度關注的焦點。可以預測，今後北方艦隊還將在北極海
域頻頻現身，進一步彰顯俄羅斯在北極地區的主權，同時，也要續寫「王
牌艦隊」的傳奇經歷。

(2) 太平洋艦隊

太平洋艦隊是俄海軍中實力僅次於北方艦隊的重要力量，也是俄羅斯
從蘇聯完整繼承的艦隊。如今，它依然是在太平洋海域唯一能與美國相抗
衡的海上艦隊。太平洋艦隊在地理上的優越性相當明顯。黑海艦隊因土耳
其控制達達尼爾海峽而受困於內海一隅，波羅的海艦隊在北約國家的包圍
下備受擠壓，北方艦隊也因冰封的北冰洋而舉步維艱。

俄羅斯遠東地區的符拉迪沃斯托克三面臨海，深嵌在陸地中的角狀海
灣，水深岸陡，是一處終年不凍的遠東良港，名副其實的金角灣。它還有
一個更為人所熟悉的名字：海參崴。走進金角灣，就等於走進俄羅斯海軍
在遠東地區的心臟，聞名世界的太平洋艦隊司令部就設在這裡，統御著長
達 5,000 公里的東北至西南的海上轄區，太平洋艦隊 70%～ 80%的水面艦
艇、60%～ 70%的潛艇都部署在這裡。

太平洋艦隊的前身是沙俄十八世紀建立的遠東第一支區艦隊：鄂霍次
克區艦隊，這支當時被稱作遠東海軍的區艦隊也只有幾艘護衛艦和快艇。
1932 年，太平洋艦隊在蘇聯政府的支持下得以建立，自此艦隊力量有了相
當大的進步：大量的水面艦艇、潛艇和海軍航空兵的飛機編入了太平洋艦
隊序列，到二戰前夕，這支艦隊的作戰能力已非往昔可比。

二戰中的太平洋艦隊是名副其實的功勛艦隊，這支俄羅斯遠東海軍艦隊

在衛國戰爭中可謂極盡榮耀，曾經在保衛國家、抗擊侵略的海上防禦戰中發揮過舉足輕重的作用。第二次世界大戰中，艦隊航空兵對敵人的海軍基地、機場和其他軍事目標實施了有效突擊。艦隊十多萬官兵還被編入海軍步兵旅，參加了多個著名會戰，如莫斯科會戰、窩瓦河會戰、高加索會戰等。

1945 年蘇聯對日宣戰，太平洋艦隊作為參戰的海軍核心力量，積極配合了陸軍第一、第二方面軍的行動。戰爭中，該艦隊先後有 16 支部隊因作戰英勇而榮獲「旅順口」、「薩哈林」、「千島」、「羅津」、「清津」等榮譽稱號，因戰功卓著而榮獲勳章和獎章的海軍官兵多達三萬，其中 43 人榮獲英雄稱號。太平洋艦隊的地理優勢又一次展現得淋漓盡致，遠離歐洲戰場使得這支遠東海軍不僅取得輝煌戰績，還得以完整保存。二戰結束，太平洋艦隊憑藉 430 艘各式艦艇和 1,500 架飛機的實力，一躍成為俄羅斯第一大艦隊。反法西斯戰爭中的光榮，不僅幫助這支艦隊一雪日俄戰爭的恥辱，也因之成為享譽世界的功勳艦隊。

戰後，蘇聯全面加強了對太平洋艦隊的建設。鑑於導彈水面艦艇、導彈核潛艇、魚雷核潛艇、導彈航空兵、海岸導彈砲兵部隊和現代化海軍陸戰隊的卓越建樹，再加上艦隊突出的艦機遠航訓練，1965 年 5 月 7 日，這支光榮艦隊獲得蘇聯最高蘇維埃主席團授予的紅旗勳章。

1970 年代，該艦隊總兵力達 13 萬人，裝備各型艦艇約 700 艘，其中航空母艦兩艘、大型水面作戰艦船 90 餘艘、潛艇 110 艘，作戰飛機數百架，達到艦隊發展的巔峰時期，艦隊也逐漸從近海向遠洋擴張，建立了印度洋分艦隊，又進軍南海地區，成為僅次於北方艦隊的第二大艦隊。

蘇聯解體後，這支第二大艦隊進入了發展的低潮，主要水面作戰艦艇、潛艇都銳減過半，艦隊人數也從七十年代最高峰的 13 萬裁減至 6 萬人左右，大型水面艦艇數量僅為日本海上自衛隊的三分之一。沒有了航空

母艦的太平洋艦隊就像失去翅膀的雄鷹，孤獨地徘徊在北太平洋寒冷的海面上，英雄落寞，說不盡的寂寥與滄桑。

不過，幾十年後的今天，俄羅斯海軍也已經意識到：二十一世紀主要的挑戰和威脅都集中在俄太平洋艦隊所在的地區；太平洋沿岸其他各國的海軍實力都在增長，俄太平洋艦隊無論在地理位置上，還是在地緣政治方面，其重要性是第一位的，甚至超過了俄軍最強大的北方艦隊。普丁在總統任職期間就曾十分關注這支艦隊，認為太平洋艦隊不僅是俄羅斯海軍的關鍵所在，即便是在整個俄羅斯軍隊中，它的地位依然十分特殊。

目前，太平洋艦隊編成濱海區艦隊、東北軍隊集群和一支核潛艇分艦隊及若干海軍陸戰隊等，擁有兵力約六萬人。艦艇部隊裝備有彈道導彈核潛艇、多用途攻擊核潛艇、常規動力潛艇、導彈巡洋艦、導彈驅逐艦、導彈護衛艦等各型艦艇約 300 艘，海軍航空兵裝備各型飛機 170 架。其作戰實力雖無法與蘇聯時期同日而語，但已成為僅次於北方艦隊的俄海軍第二大艦隊。

二十一世紀被譽為「太平洋的世紀」，站在二十一世紀初遠眺太平洋海域，彷彿能看到俄羅斯海軍艦隊的背影。夕陽的餘暉中，朝霞的光耀裡，艦船紛紛起航，執著地追逐著曾經的輝煌夢想。可以預見，這支昔日功勛卓著的亞太海域「無敵艦隊」將是一支裝備精良、攻防兼備、靈活迅速的海上菁英力量。

(3) 波羅的海艦隊

沒有一支艦隊像波羅的海艦隊那樣，承載著如此沉重的俄羅斯「海洋情結」。波羅的海海域是俄羅斯海軍最早就想得到的出海口。波羅的海艦隊可西出丹麥諸海峽，北上可與北方艦隊會合，南下可支援黑海艦隊，從南北兩翼出擊，可包圍西歐。聖彼得堡是海軍後勤和訓練的主要基地。彼

得大帝為了這片海域，透過在西元 1700 ～ 1721 年的北方戰爭才為俄羅斯
爭取到這片海域的出海口，並打造出這支波羅的海艦隊。

1756 ～ 1856 年的整整 100 年時間裡，艦隊為保衛波羅的海而殊死奮
鬥。其中，1756 ～ 1783 年的「七年戰爭」中阻止了英國艦隊的進入；
又在十八世紀下半葉至十九世紀初的俄土戰爭中，擊潰了土耳其艦隊；
1788 ～ 1790 年參加俄瑞戰爭，一舉擊敗瑞典。在此後的克里木戰爭中，
雖因技術原因敗給了英法艦隊，但也由此使得艦隊走上了現代化的改進之
路。第一次世界大戰中，又是因為波羅的海艦隊的勇敢精神，成功阻斷了
德國人的交通線，有力地從海上支援了聖彼得堡。

第二次世界大戰期間，波羅的海艦隊參加了 1939 ～ 1940 年的蘇芬戰
爭，又在衛國戰爭期間，成功阻擋了敵人的突襲，保衛了艦隊的主要基
地，拖住了敵人大量的兵力。並於 1943 年參加了列寧格勒突破封鎖的戰
役和 1944 年粉碎封鎖的戰役。1941 ～ 1945 年，共擊沉敵艦 581 艘，運輸
船 624 艘。

冷戰時代，雄踞波羅的海東岸的蘇聯海軍的強大實力，為西方帶來
了很大的威脅。時過境遷，隨著蘇聯的解體，位於波羅的海沿岸的愛沙
尼亞、立陶宛、拉脫維亞宣布不再允許俄羅斯使用其海軍基地。1994 年 6
月，俄羅斯海軍被迫從三國基地撤出。然而，這次「大搬家」的後果是災
難性的，艦隊為此喪失了 30% 的機場、65% 的船舶修理廠、80% 的潛艇駐
泊地及一半以上的水面艦艇基地。雪上加霜的是，由於經費拖欠的原因，
三分之二的艦艇被迫退役，一半以上的艦隊人員復員回家，四大艦隊中，
波羅的海艦隊在蘇聯解體時損失最為慘重。

更為嚴重的是，蘇聯陣營內原來的一些國家，透過與北約國家的密切
交往，正悄悄地醞釀著「顏色革命」。結果是，俄羅斯正在一步步被逐出

波羅的海。

　　然而，俄羅斯深重的「海洋情結」再一次為這支艦隊創造了奇蹟。面對波羅的海的喧囂紛擾，這支艦隊沒有被拖垮。1994 年 6 月，該艦隊從波羅的海沿岸三國撤出後，就開始了全面的調整，到 1995 年 1 月，艦隊調整完畢，可以執行上級下達的各種戰鬥任務了。

　　進入二十一世紀後，波羅的海艦隊的主要作戰力量有驅逐艦 5 艘、護衛艦 22 艘、常規潛艇 10 艘，其他各型艦船 211 艘。海軍航空兵有作戰飛機 195 架，各型直升機 37 架。外人看來，這裡的艦艇數量少，輕型艦艇又居多，但仔細觀察就會發現，在這 250 多艘艦艇中，約有 75% 的艦艇是八十年代中後期建造的，服役期一般都在 10 ～ 15 年左右，其戰鬥力顯然不容輕視。今天的波羅的海艦隊，正在厲兵秣馬，走向集現代化的軍事技術、武器裝備和職業軍人於一身的自強之路，依然能夠對抗波羅的海周邊的任何一個北約國家。

　　今天，這支古老的艦隊又一次揚帆遠航。可以肯定，只要波羅的海存在，它就會像深入北約腹地的「長矛」，繼續維護俄羅斯在波羅的海的強國地位和利益。

(4) 黑海艦隊

　　黑海是歐洲東南部和亞洲之間的內陸海，這片海域是東歐各國的運輸要道，而駐紮於此的黑海艦隊則是四大艦隊的連繫和紐帶，承擔著控制黑海、扼守地中海的重任。在這片奔向南方的溫暖水域中，有著冰天雪地的俄羅斯最渴望得到的不凍港。為此，葉卡捷琳娜女皇先後數次發動了俄土戰爭。黑海艦隊作為南下的急先鋒，航跡經過之處，克里米亞、第聶伯、德涅斯特等黑海沿岸地區，敖德薩、赫爾松、塞瓦斯托波爾等不凍港，均

飄舞著黑海艦隊之旗。兩百年的歷史中，有過黑海艦隊全殲土耳其艦隊的大獲全勝，也有對陣英法艦隊時先後陣亡三名海軍上將的慘敗，然而它畢竟為沙俄的海上擴張立下了不朽戰功。艦隊的命運，如同黑海上空無窮變幻的風雲，陰晴難定，驟起驟落，悲壯如歌。

黑海艦隊的經歷總是帶著幾分悲壯，1941 年 11 月起，10 萬黑海艦隊官兵上演了一幕與他們的前輩們一樣的戰鬥悲歌。在 250 天保衛塞瓦斯托波爾的戰鬥中，30 萬德軍久攻不克。最後，希特勒只能從列寧格勒調來德國最優秀的指揮官馮‧曼斯坦因和 800 毫米攻城重炮，才終於在 1942 年 7 月占領該城。「紅旗黑海艦隊」的稱號又一次記錄了艦隊的英勇戰績。

黑海艦隊有一位人稱「俄國的馬漢」的年輕艦隊司令。二戰結束後，在他的領導下，黑海艦隊迅速從戰爭的創傷中恢復了元氣。此人便是曾長期任蘇聯海軍總司令的戈爾什科夫。在 1956 ～ 1985 年任海軍總司令期間，他嘔心瀝血、殫精竭慮，終於將蘇聯海軍建設成為一支令西方終日寢食不安的遠洋進攻性海軍。這位從黑海艦隊走出來的軍官為蘇聯海軍的輝煌立下了汗馬功勞。

蘇聯的解體讓俄羅斯和烏克蘭這一對曾經的「好兄弟」反目成仇，為了爭奪黑海艦隊而爭吵不休。在經歷了「三天一小吵，五天一大吵」的討價還價後，烏克蘭終因實力不濟，而讓俄羅斯獨占了近 90% 的黑海艦隊。和另外三大艦隊一樣，解體後俄羅斯經濟的不景氣讓這支艦隊的實力大不如前，與黑海周邊國家的關係也日益微妙起來。昔日兄弟烏克蘭都已相敬如「冰」了，更何況北約海軍的無形壓力。蘇聯解體前，黑海艦隊與北約海軍的實力對比為二比一，蘇聯優勢十分明顯。然而現在，這一個比例卻顛倒，成了三比三。面對強大的對手，和急於加入北約的蘇聯衛星國，黑海艦隊或許還得經歷不少磨礪和坎坷。

(5) 哀兵之師

2008 年的夏天，黑海上空忽然點燃了戰火的硝煙。

8 月 8 日,，黑海沿岸瞬息間風雲驟起，一個叫做「南奧塞梯」的地區吸引了世界的目光。這片面積僅為 3,900 平方公里的地區對世界而言或許並不大，然而喬治亞軍隊的槍炮聲，不僅打破了該地區的寧靜，而且震撼了沉浸在當時奧運和平氛圍中的世界。喬治亞總統趁奧運會即將召開的機會，派出飛機、坦克去征服這片親俄羅斯的自治州：南奧塞梯。

南奧塞梯地區一直是喬治亞中央政府的一塊心病。那裡多數居民持有俄羅斯護照，要求獨立的呼聲一直不斷。然而，急欲加入北約的喬治亞不願在領土問題上有任何閃失，於是便上演了這場突如其來的突擊戰。喬治亞乃彈丸小國，勇於叫板俄羅斯主要因為有美國的撐腰。長期以來，「顏色革命」在俄羅斯的黑海和波羅的海沿岸一起再起，令俄羅斯陷入內憂外患。而喬治亞和烏克蘭，這道防止北約東擴的最後屏障也終將淪陷。然而，出乎喬治亞總統薩卡什維利意料的，是自己的魯莽行為竟然遭到了俄羅斯空前嚴厲的報復。

當時，俄羅斯總統梅德韋杰夫上任不久，給人溫和、克制的形象。但是在應對此次挑釁時，卻展示出不亞於普丁的「硬漢」風采。由於梅、普二人的觀點高度一致，俄羅斯軍隊的果斷出擊，以摧枯拉朽之勢在瞬間擊敗了喬治亞軍隊。8 月 9 日，南奧塞梯首府解放；8 月 12 日，梅德韋杰夫宣布結束軍事行動，因為「侵略者的武裝力量已經瓦解」。與此同時，總統進一步警告：一旦再遭侵略，俄羅斯將立即予以制止！這一刻，人們忽然想起 2006 年普丁就曾經發出過的警告：「不要挑釁勒索俄羅斯！」對於「梅普組合」的這次神速反擊，世界已經看清了一個事實：俄羅斯這只北

極熊已經徹底甦醒了！

北約行動了。布希總統在結束充實而又精彩的奧運之旅後，立即回到了嚴酷的現實之中。他必須處理這次棘手的危機，他收斂起在奧運會上的親切笑容，以最為嚴肅的表情坐鎮白宮，發表了一篇措辭強烈的聲明，譴責俄羅斯的軍事行動在二十一世紀是「不可接受的」。而且，美國艦隊在黑海地區也迅速行動起來。8 月 18 日，美國海軍「麥克福爾」號導彈驅逐艦、海岸警衛隊「達拉斯」號大型執法艦、海軍第六艦隊的五艘艦船浩浩蕩蕩地駛入黑海。與此同時，八艘北約軍艦也迅速集結在黑海北部待命，另有九艘也加速進入黑海戰區，一時間，黑海海面，波濤洶湧，來勢洶洶。

面對北約的進逼，梅德韋杰夫故意要無視布希的警告，用從容不迫的口吻聲稱：他已經做好了應對「冷戰」重新爆發的準備。接著，剛剛擊沉一艘喬治亞小型戰艦的「莫斯科」號重新殺回黑海，當著北約軍艦的面，進行了包括導彈試射在內的一系列「武器測試」。俄羅斯海軍還宣布，9 月 1 日至 27 日，還要進行萬人的聯合軍事演習。

雙方互不相讓地對峙於黑海，烏雲雲集在黑海上空。劍拔弩張，完全沖淡了奧運會期間的和平氛圍。

這一次，美國人選擇了避讓。9 月 3 日，美國負責歐亞事務的助理國務卿福瑞德對外宣稱：喬治亞攻打南奧塞梯首府的行動是「犯了一個錯誤」。時代不同了，近年來，俄羅斯的經濟實力日益回升，與此相反，美國卻面臨著國內嚴重的經濟危機，又身陷阿富汗、伊拉克戰爭的泥潭。美國顯然不願再打一場新的「冷戰」。一場黑海風雲，讓人看到了從冬眠中甦醒過來的俄羅斯，黑海艦隊的明天充滿了希望。

(6) 重振雄風

二十一世紀的海風清新、凌厲、明快，2009 年的俄羅斯海軍躊躇滿志，意氣風發，其崛起的速度已經令世人矚目，聖安德烈旗幟帶著彼得大帝時代的自信與決心，又一次航行到了激流湧動的出海口。這一次，俄羅斯海軍要為重拾自信而奮起，無論遭遇怎樣的艱難險阻，也絕不退縮。

2001 年 7 月 27 日，普丁總統簽批的「俄聯邦海軍建設新構想》，已經為這支北方雄師的崛起規劃了前進的航向：第一階段為 2003 年前，阻止俄海軍力量下降，使海軍力量保持正常狀態，為將來海軍發展創造條件，並制定海軍建設的長期規劃。第二階段從 2003 ～ 2007 年，努力提高海軍在瀕臨世界大洋水域保護俄利益和安全的能力，使海軍能夠維護俄作為海洋大國的地位，促進國民經濟的穩定發展，協助開發和利用世界海洋資源。第三階段從 2007 ～ 2020 年，全面更新海軍武器裝備，建設一支嶄新的、強大的現代化海軍。這些年來，四大艦隊越來越頻繁地出訪海外，越來越常進行聯合演習，聖安德烈之旗在世界各國的港口海面飄揚，俄羅斯海軍的目標雄心勃勃，並且簡潔明了：俄羅斯海軍不能只泊靠在岸邊，它必須成為縱橫四大洋的遠洋海軍！

2008 年 11 月 25 日，「彼得大帝」號核動力導彈巡洋艦、「恰巴年科海軍上將」號大型反潛艦及其護衛艦隊組成的北方艦隊艦艇編隊抵達拉瓜伊拉，準備參加與委內瑞拉海軍從十二月一日開始的聯合軍事演習。冷戰後俄羅斯軍艦首次出現在美國後院，不能不說是俄羅斯海軍在經過痛苦的策略調整後，再次以新的姿態向世界宣布：俄羅斯海軍開始回歸。

從輝煌的起點起錨，穿越鼎盛，稱霸海洋，到迷失、沒落，再到現在的重新崛起，俄羅斯海軍的命運流傳著北方艦隊的傳奇，歌唱著太平洋艦隊的榮耀，伴隨著波羅的海深深的海洋情結，翻滾著黑海艦隊的悲壯波

濤。二十一世紀的海洋上，無論經歷多少風浪，俄羅斯海軍都會勇敢向前，一如他們的祖先，只為了那執著的、難以按捺的大海雄心！

● 太空追夢

俄羅斯星際航行理論的奠基人齊奧爾科夫斯基說過：「地球是人類的搖籃，但是人類不會永遠停留在搖籃裡。」蘇聯火箭、航太專家科羅廖夫預言，世界第一顆人造衛星的發射成功代表著向宇宙空間進軍的開始。

在俄羅斯空軍的歷史上，充滿了驕傲、自信和輝煌，人類第一次成功發射的洲際導彈，成功發射的第一顆人造衛星，產生出進入太空的第一位太空員英雄。半個世紀過去了，儘管歷史的紀錄中也有失敗和苦澀，甚至有人質疑這些成就的意義。然而誰也無法否認，二戰後的太空中，充滿了俄羅斯人的傳奇和冒險。

仰望蒼穹，人們無法不讚嘆俄羅斯在太空方面非凡的想像力和天才大膽的設想，他們用自己特有的高傲特質與執著精神，追尋著征服天空之夢。這些夢想注定還要飛得更高、更遠，因為俄羅斯人不會放棄夢想，人類太空開發需要俄羅斯的參與。

大國速度

二十世紀中葉，二戰的硝煙尚未散盡，勝利的歡呼聲尚未平歇，美蘇兩大戰勝國之間卻瀰漫開一種微妙的氣氛。冷峻、窺測、猜忌，友好的握手、舉杯的寒暄似乎在掩飾其間的某種不和諧。平靜的水面下暗流湧動，蓄勢待發。終於，鐵幕垂落，隔開了東西方兩個世界，爭端也隨之扶搖直上，終於從二十世紀後半葉開始，東西兩大陣營間上演了一場競賽，這種競賽在太空方面表現得更為突出。

　　半個世紀後的今天，回顧那段冷戰的歲月，「恐怖平衡」的陰影已經逐漸褪色，我們也得以用更為平和的心態來回味那些歲月裡的箇中滋味。不可否認，超級大國間長期的軍備競賽拖垮了蘇聯，俄羅斯民族因此再次陷入貧困、戰亂的危機。然而兩個勢均力敵的對手在一場場爭奪戰的過程中，演繹著一次又一次的科技碰撞。可以說，俄羅斯人在冷戰的較量中淋漓盡致地展現出特有的性格與魅力。自信、勇敢和熱情，他們面對經濟實力更強的對手，鬥智鬥勇，甚至敢上九天攬月，驚得美國人高呼：「狼來啦！」

　　在那段星雲變幻的日子裡，大家都習慣了兩個大國間你追我趕的太空逐夢。幾十年來火箭發射、衛星升空、戰機起飛、導彈中的、人類登月……雖然目前大戲落下了帷幕，但是兩個大國之間的你爭我奪，成就了人類宇宙航太的輝煌夢想。

(1) 太空使者

　　太空競賽的序幕早在二戰期間就早早拉開。美國和蘇聯這對戰場上並肩作戰的盟友，當時就已經開始暗地較勁，爭先恐後地趕到德國的庇納門德，只為找尋一種新型武器：火箭。

　　火箭是一種與飛機完全不同的飛行設備。飛機的飛行離不開空氣中的氧氣，這是維持飛機飛行的動力源，這導致了飛機的活動離不開大氣層，飛行的高度因此受到限制。火箭則不同，它自備氧化劑，其推進劑由燃料與氧化劑兩大部分組成，因此可以昂首挺胸地衝出大氣層，「天外來客」般地飛入地球外層空間，經歷孤獨的長途跋涉。

　　早在 1934 年，德國進行過兩枚液體火箭的實驗，並於 1937 年在庇納門德設立了火箭研究中心。1942 年 10 月，該研究中心成功試驗了 A-4 型

火箭，這便是赫赫有名的「祕密武器」V-2 型導彈的推力火箭。V-2 型導彈是一種長 15 公尺、直徑 7 公尺、發射重量達 13 噸的笨重導彈，不過發射後的最大時速卻可高達 5,500 公里。也就是說，這種導彈能夠將一噸重的炸藥送到 330 公里以外的地方去。納粹德國曾寄希望於「祕密武器」的一鳴驚人來挽回敗局，因而不惜血本，把好幾千枚 V-2 型導彈送上了歐洲戰場，並毫不猶豫地將其中的 1,200 枚射到了倫敦。可是，由於戰局吃緊，技術尚未完善就匆匆推出的祕密武器並沒有幫助希特勒扭轉當時的戰局。不過，火箭作為一種強大的運載工具，其軍事價值顯露無遺：它的速度快得足以把宇宙飛船送上天，它的承載重量又是如此之大，可以飛向遠離發射地的遠方，它甚至可以把人類的夢想帶入茫茫星空。試想一下，祕密武器一旦完善，將是多麼神奇的太空使者！

「太空使者」迅速引起了世界各國的高度重視。1945 年年初，美國人搶先抵達了庇納門德。當時德國法西斯雖然還未投降，但 V-2 火箭的設計者，33 歲的德國科學家馮·布勞恩已經看出前景不妙，當機立斷地帶領火箭研究小組 126 名專家，以及 1,000 噸重的各種火箭研究資料、文獻、儀器、設備，從庇納門德撤出，向美軍投降。正垂涎於德國火箭技術的美國大喜過望，迅速把他們連同資料和 100 枚完整的導彈一起運回了美國。

相比之下，蘇聯的收穫要小得多。等到蘇聯軍隊占領庇納門德時，留在火箭工廠裡的只有工廠的機器和部分殘餘的資料，以及一批普通的工程技術人員了。當然，蘇軍還是拆走這些設備和資料，並運走了儲存的 V-2 型導彈。兩個大國暗暗較勁，要從仿製 V-2 型導彈入手，發展火箭技術，期望天空使者能為自己帶來稱霸全球的大國夢想。

(2) 科技政治

　　美國政府因二戰的勝利而信心倍增，如今又掌握了一流的專家、珍貴的數據和戰後無可比擬的雄厚國力。因此，在戰後的最初十年中，樂觀態度加速膨脹，其科技進展也顯得不那麼緊迫。

　　蘇聯人卻沒那麼氣定神閒，在二戰廢墟中站起來的蘇聯已經和盟友們產生了種種嫌隙。沒有美國的雄厚國力，但有自強不息的雄心，科技進步也可以作為政治資本，來震懾和對抗西方陣營。因此，蘇聯政府對火箭研製的支持度和重視度遠遠超過美國。早在二戰期間，蘇聯那聞名遐邇的「喀秋莎」火箭炮曾讓德國軍隊聞風喪膽。其實，這種火箭炮就是固體燃料火箭運載的爆炸裝置。在二戰結束之際，蘇聯既然得到了德國火箭研究中心的一部分設備、資料和技術人員，當然要快馬加鞭，蘇聯要駕自己的「太空使者」一道騰飛。

　　在國家的大力支持下，蘇聯的火箭研究很快收穫了豐碩的果實。他們成功地復製出上千枚德國 V-2 型火箭，蘇聯的火箭技術頓時令世界刮目相看。成績面前，蘇聯科學家們沒有停下辛勤的腳步。1957 年 8 月 21 日，他們成功試射了世界上第一枚洲際導彈 P-7（也稱 SS-6）。這枚起飛重量高達 300 噸的導彈擁有 500 萬噸 TNT 當量的熱核彈頭。在火箭強勁動力的推動下，這枚龐然大物猶如一顆從地面急速升起的新星，在空中劃出一道 5,600 公里的驚人弧線，撕開了蘇聯和美國競賽的帷幕。這枚導彈的誕生代表著蘇聯率先「掌握了襲擊美國本土的能力」。

　　在隨後的五十至六十年代裡，蘇聯和美國在太空競賽中你追我趕，緊緊相隨，相當長一段時間裡不分伯仲，旗鼓相當。在這場太空對弈中，這對實力相仿的競爭對手卻有著不盡相同的競賽目的和動機。美國追求的目標非常現實：欲以高新技術稱霸世界；蘇聯似乎更執著於科技政治，也就

是科技服務於國際政治的需要。既然社會主義制度優於資本主義，那麼蘇聯的發展就必須快！比美國快，比西方快！在榮譽的驅使下，蘇聯帶著航太大國的威嚴，義無反顧地投身藍天，在好幾次與美國的太空較量中均以時間上的微弱優勢險勝對手！

（3）衛星危機

1957 年 10 月 4 日，第一顆人造地球衛星騰空而起：「斯帕特尼克 1 號」（Sputnik-1）衛星重達 86 公斤、直徑 580 毫米，鉛球狀，外有四根不到三公尺的天線，整齊地指向球體的同一邊。蘇聯這顆衛星旨在收集有關大氣上層的密度及無線電信號在電離層傳遞情況的資料，衛星在 900 公里高的軌道上任勞任怨地發送了三個星期的信號。隨後因化學電池喪失功能，而在第 92 天後返回大氣層。「斯帕特尼克一號」的成功不僅引起全國的興奮，也令美國朝野為之震動，三軍氣餒。美國人的尷尬與蒙羞之情溢於言表。

以前，在美國人造衛星只是科學家們關心的工作，而現在卻成為政客們談論的熱門話題。他們終於清楚意識到，用來探測大氣層、電離層和高空攝影的空間探測科技，被蘇聯人用作政治鬥爭的工具和資本。

事實上，早在 1953 年，美國科學家就指出，發射一顆小型衛星所需要的火箭，實際上比德國人的 A-4 型火箭大不了多少。1955 年初，美國政府正式宣布，要製造一顆用於科學探測的人造衛星。1958 年 1 月 31 日，美國人終於發射了「探險者一號」（Explorer-1），這顆衛星不僅晚了近四個月，而且在體積和重量上都無法與蘇聯人的相比。蘇聯人贏得了百餘日的時間差，成為第一個把人造物體送入繞地球軌道的國家。蘇聯搶先向全世界宣布了太空時代的到來，人類的宇航時代之門毫無疑問地由蘇聯人開啟！

（4）傲視地球

　　面對挑戰，白宮當然不甘寂寞。艾森豪總統在 1958 年推出了雄心勃勃的「水星計畫」。他們要搶在蘇聯之前，先一步將美國人送上太空。把人送上宇宙的轟動效應自然會超過區區幾枚核導彈。同年，國會通過了「國家航空和宇宙航行法」，緊接著又成立了國家宇航局。美國宣稱：1961 年將把人類送上宇宙，從地球上空傲視人類世界。載人宇宙飛船又一次成了競賽的焦點。

　　儘管這一次美國人準備充分、信心百倍，然而又傳來令人沮喪的消息。1961 年 4 月 12 日，蘇聯人早早地把自己的宇宙飛船送上了地球的軌道，又搶在美國人前面近一個月。宇宙飛船內那位純俄羅斯血統的航太員尤里・加加林正帶著迷人的微笑向全世界招手：太空第一人來自蘇聯！

　　從衛星升空到載人飛船，僅僅時隔四年。歡慶的狂潮再次席捲蘇聯全國，俄羅斯人進入到宇宙中！人們擁向街頭，相互祝賀，熱淚盈眶。自從 1945 年 5 月 9 日以來，似乎還沒有出現過這樣的一天。

　　對此，美國人自嘲地說太空競賽剛剛開始，並於 1963 年隆重宣布：美國準備在 1964 年底至 1965 年初發射「雙子星座」飛船，可以搭載兩名太空人。然而美國人又輸了，蘇聯於 1964 年 3 月 18 日便發射了「上升二號」，將兩名太空人送上太空，這次行動雖然比美國僅僅早了五天，但他們畢竟是勝利者。為了贏得競爭，蘇聯甚至打算發射能搭乘三名太空人的太空船。然而無法克服火箭動力的技術難題，只能選擇最大限度地減少自重和體積。為了政治，他們甚至做出近乎瘋狂的決定：乘坐上升號的太空人將不穿太空服。換言之，太空人的性命將完全寄託在了船體本身的密封性。競賽到了不擇手段的地步，足見蘇聯對「領先情結」的執著。1964 年 12 月 12 日，三名太空人共同乘坐的「上升號」試射成功。

(5) 挑戰極限

直到阿波羅號順利登月，美國舉國上下才終於揚眉吐氣。他們在這場歷時彌久、規模空前的太空競賽中終於贏回了面子。軍界、政界、科學界無不暗吐一口濁氣，有一種精疲力竭之感。

在那段太空競賽的歲月裡，蘇聯用航太技術方面多得數不勝數的「世界第一」挑戰了人類追尋太空夢想的想像力極限。這其中，不僅有前面已經提到過的發射衛星、首次宇宙載人太空船等和美國爭奪世界第一的速度競賽，還包括其他許多世界第一，令人眼花撩亂，不敢相信：1962 年發射了世界第一個火星探測器；1963 年乘坐「東方」號飛船上天的捷列什科，成了世界上第一個進入太空的婦女；1965 年利昂諾夫乘「上升」號飛船進行了世界上第一次太空行走；從 1971 年造成 1986 年，蘇聯馬不停蹄地發射了八個空間站：「禮炮」1-7 號與「和平」號，並第一個建立了可用於照管設備、對衛星進行維護、保養和重複供應的永久性載人空間站，吉托夫和馬納羅夫在「和平」號太空站創造了太空連續飛行 365 天（從 1987 年 12 月 21 日到 1988 年 12 月 21 日的世界紀錄）；1988 年成功發射的「能源」號巨型火箭，其有效載荷高達 100 噸，又一次榮獲世界之最的殊榮；蘇聯發射太空飛行器的數量超過世界上所有國家的總和，截止到 1988 年底，即蘇聯解體的前一年，全世界總共發射航太器 3,812 顆、其中的 2,461 顆是由蘇聯發射的，占 65%，蘇聯發射量和負載重量居世界第一。同時，當時全世界載人飛行累計時間為 17 萬小時，蘇聯太空人占 75% 以上，也高居世界首位；蘇聯正是用這些無可爭辯的「世界第一」築起了自己輝煌的太空堡壘。

當然，挑戰極限構築起來的航太體系是脆弱的，無法持久的。國家人力與財力的不足，令其沒辦法笑到最後。然而在那段歲月裡，大國速度象

徵了蘇聯人心中的國家榮譽，火箭飛翔彷彿代表著國家的威望。俄羅斯從來不缺少奇蹟，他們在航空業中創造的璀璨輝煌已經令世人領略到了這個非凡國度的速度魅力。人們驚嘆過、讚美過、感慨過，卻不可否認，蘇聯在挑戰了人類極限能力方面，已經做出可貴的嘗試。

幕後大師

在那段輝煌歲月裡，蘇聯全國上下常常歡聲雷動，鮮花如潮，祝賀與讚美總是圍繞著英明的領導人赫魯雪夫和那些宇宙歸來的航太英雄們。細心人總會思索，誰創造了這些舉世矚目的科學研究成果？世界第一顆人造地球衛星和第一艘載人宇宙飛船的總設計師是誰呢？鐵幕後面，世界欲知而不得。

當時的報導、特寫和報告中僅僅用「總設計師」一詞替代。總設計師決定了蘇聯航太工業的發展方向；他設計了幾乎全部太空競賽的策略；他親自選定加加林為宇宙第一人；他改變了那個時代蘇聯的太空業走向⋯⋯很長一段時間，人們感激地想到他，親暱地稱呼他「老總」，卻不知道他的樣子、他的姓名。總設計師彷彿是這場太空對弈大戲的幕後導演，任憑臺前精彩紛呈，高潮迭起，他卻默默無聞，獨享幕後的寂寞。

直到如今，蘇美的空間競賽已成為永恆的回憶，這位總設計師的面紗才漸漸地撩起。科羅廖夫，竟然是蘇聯航太工業幕後的總導演！誰也不曾想到，這位世界級宇航大師竟然還是蘇聯的囚徒，其命運之坎坷，令人扼腕。

（1）放飛的夢

謝爾蓋・巴弗洛維奇・科羅廖夫（1906 ～ 1966）生於烏克蘭日托米爾的一個教師家庭。他自幼酷愛航空和航太科學，夢想著有朝一日能飛行於天際。童年的夢想成了這位天才少年的學習動力，第二年，他親手設計的

滑翔機就承載著年輕的夢飛上了藍天。1924 年，科羅廖夫進入莫斯科高等技術學院學習，課餘時間裡，就到附近一家飛機工廠打工。巧的是，這家飛機工廠的總設計師便是赫赫有名的圖波列夫。

在這段學習的日子裡，對科羅廖夫影響最大的就是齊奧爾科夫斯基。這位蘇聯火箭航太理論奠基人的經典理論和他不平凡的苦難身世深深打動著年輕的科羅廖夫。1929 年的一天，科羅廖夫和他的同學懷著無比崇敬，拜會了齊奧爾科夫斯基。時年 72 歲的齊奧爾科夫斯基親切地接見了他們，還為這些愛好航太的年輕人講述了自己的心得。齊奧爾科夫斯基淡淡地說道：「這是一項艱難的事業。年輕人，它需要知識，需要堅韌不拔，也許還要付出生命。」

「我不怕困難。」聽到這話，科羅廖夫不假思索地回答。

老人聽了十分欣慰，他發自內心地喜歡眼前這位比自己小五十歲的年輕人。臨走前，齊奧爾科夫斯基把自己當時很少出版的幾本著作送給了科羅廖夫。科羅廖夫十分珍愛這些書籍，把它們當做伴隨自己的良師益友。科羅廖夫將這句話銘刻在心，無怨無悔地投入了自己鍾愛的航太事業。

1930 年，科羅廖夫從莫斯科高等技術學院畢業，開始在航太事業上嶄露頭角。他進入蘇聯中央空氣流體動力研究院擔任工程師，任務就是研製滑翔機。科羅廖夫一刻也不曾忘記齊奧爾科夫斯基的火箭理論，業餘時間，他把許多志同道合的朋友組織在一起，成立一個民間研究組織「齊奧爾科夫斯基思想發展研究會」，也就是後來的「噴氣動力研究小組」。研究小組全靠自願捐助和成員的熱情才得以勉強維繫。為了擺脫經費困難，科羅廖夫不知疲倦地各方奔走，宣傳火箭的使用價值。

他的不懈努力終於有了回報。1933 年，噴氣動力研究小組成功研製了蘇聯第一枚液體火箭。這枚液體火箭長 2 公尺，重 25 公斤，飛行高度達

80 公尺，這在當時是一項重大研究成果，使得當時掌管著海、陸軍實權的軍隊首腦圖哈切夫斯基對這一研究小組表示了支持。當局於是做出決定：將噴氣動力研究小組與官方的空氣動力實驗室合併，組成宇航研究所，科羅廖夫擔任了主管科學研究工作的副所長。科羅廖夫以極大的熱忱投入了火箭研製的工作中，很快便成功設計出有翼火箭和火箭助推滑翔機。童年那放飛的夢，好似很快就要實現了。

(2) 晴空霹靂

一腔熱血的科羅廖夫不會想到，就在夢想觸手可及的時候，命運和他開了個殘酷的玩笑。1937 年，「肅反」運動如暴風驟雨般在蘇聯全國展開。埋頭於火箭技術的科羅廖夫不曾料到，運動的潮水很快一浪高過一浪，頃刻間就把他自己也捲入了進去。

原來，蘇德戰爭將至，納粹德國為了瓦解蘇聯紅軍，情報機關偽造了圖哈切夫斯基元帥及其他幾位蘇聯將領投靠德國、充當德軍間諜的「機要文件」。史達林沒能識破德軍的詭計，1937 年 6 月，元帥和其他七位紅軍將領被軍事法庭以莫須有的「間諜罪」判處死刑，立即執行。災難很快降臨到元帥生前支持的研究機構和火箭專家，科羅廖夫和許多火箭專家因此受到株連。10 月 21 日，著名的飛機設計師圖波列夫因「出賣過飛機圖紙」而被捕入獄。1938 年，科羅廖夫也被指控參加了一個反蘇聯組織，被判押往西伯利亞科雷瑪河金礦集中營。在那段身陷囹圄的灰暗歲月裡，有誰知道這位天才火箭專家心裡在想什麼？他仰望西伯利亞的蒼穹時，腦海中是否閃爍過火箭的影子？是絕望了？在這荒無人煙的小島上，設計高精尖儀器的巧手要用來挖泥土和石頭，思索宇宙奧祕的大腦卻不得不日復一日地承受意識形態改造的折磨。

(3) 戰火重生

歷史最終還是選擇了他。希特勒對蘇聯虎視眈眈，德國飛機隨時可能飛臨蘇聯領空。為此，飛機設計師圖波列夫僥倖留了下來。雖然他曾經「出賣過飛機圖紙」，但還是被命令在監獄中繼續為國家軍隊設計飛機。當圖波列夫得知科羅廖夫的處境後，立即向當局申請：「這裡人手不夠，請求立即把科羅廖夫調來，不然，工作就會受到嚴重影響。」在圖波列夫的不懈努力下，科羅廖夫終於獲得減刑，被調到圖波列夫領導的監獄工廠，以待罪之身從事飛機設計工作。

1944 年，在蘇聯當局聽到了德國研究火箭導彈的消息之後，決定把科羅廖夫等罪犯專家轉到四號特種監獄工廠，開始軍用火箭方面的研究。四號特種監獄工廠有許多設計室和實驗室，囚犯每天工作 12 小時以上，警衛十分森嚴，互相之間不準談天。在這種監獄工廠裡，科羅廖夫雖然沒有行動自由，但只要一接觸火箭，他的心情立刻就好了許多。或許科羅廖夫會感謝德國人。如果他們不研製導彈，他可能就沒有機會重操舊業。

戴罪之身的科羅廖夫每天都工作在被監視之中。然而他卻工作得忘我、樂觀、專心致志。他與格魯什科等火箭專家一起，研製了重型轟炸機的火箭起飛加速器、高空噴氣殲擊機上使用的火箭發動機。為了掌握設備運轉的第一手情況，他不顧危險，親自參加試驗飛行。一次，液體火箭發動機突然爆炸，碎片擊傷了他的頭部。當人們從飛機中救出他時，滿身血跡的他卻在無比慶幸地喃喃自語：「好在我親自參加了飛行，否則就無法了解火箭起飛時的真實情況了。重要的是要找到發動機爆炸的原因。」戰爭讓科羅廖夫和他的同伴們付出了太多，卻也為他們收穫了成功的喜悅。二戰期間，在戰場上令德軍聞風喪膽的「喀秋莎」火箭炮正是這些蘇聯專

家們的傑作。

1948 年秋，在認真研究了德國 V-2 型導彈並加以改進後，蘇聯人研製出自己的 P-1 導彈。經歷了二戰後的蘇聯，對導彈的重視程度已經不可同日而語。政府給 P-1 導彈總設計師科羅廖夫極大的榮譽，史達林在克里姆林宮接見了他，最高蘇維埃主席團還授予他「列寧勛章」。他關於發展導彈計畫的報告給領導人留下了極為深刻的印象，國家政策隨之大開綠燈，洲際導彈計畫開始全速啟動。

1953 年，史達林去世。科羅廖夫終於摘下了十年的「反革命」帽子，加入了蘇聯共產黨，被任命為蘇聯宇宙航行計畫的主設計師。科羅廖夫可能會感嘆命運變化，感嘆政治鬥爭的殘酷，雖然給他身心帶來巨創，但並沒有拒絕他的夢想。從照片上看，科羅廖夫高大、深沉、透著堅定與力量，額頭上寫滿了苦難，可眼神中卻沒有絲毫疑慮和悲哀。科羅廖夫應該是心無旁騖地投身工作，哪有時間來感嘆大起大落的命運？那個純粹的年代裡，學者們那份堅定的信仰和滿腔愛國的熱忱，奠定了他的成功。科羅廖夫深知時間的寶貴，所以毫不猶豫地把他的第二次政治生命全都奉獻給了火箭和太空。

（4）分秒必爭

在科羅廖夫領導下，蘇聯宇宙航太計畫捷報頻傳。1957 年 8 月 21 日，P-7 洲際導彈成功試射；當年 10 月，人造衛星「斯帕特尼克 1 號」隨 P-7 導彈升空；1958～1959 年的兩年間，先後有三顆月球探測器被送入太空，其中，1959 年 9 月和 10 月，「月球 2 號」和「月球 3 號」分別接觸月球，拍到了月球背面照片。

1959 年 5 月，蘇聯當局向科羅廖夫下達祕密指令：儘快展開間諜衛

星的設計研發工作。面對命令，總設計師興奮不已，機會終於來了。他以自己所有的榮譽甚至性命為賭注，在指令後面冒險添加了一行字：「同時設計可用於載人飛行的衛星。」生死一搏，完全改變了蘇聯的整個太空歷程。

科羅廖夫的時間彷彿永遠不夠。他不得不奉獻自己的全部精力。

1957 年 10 月，科羅廖夫得知，在國際地球物理年活動中有一篇題為〈在軌人造衛星〉的論文將於當月 6 日發表。職業的敏感使科羅廖夫心生警惕：這可能是美國即將發射衛星的前兆。稍後，美國「先鋒號」火箭將在年底前發射的報導傳來，他的擔心得到進一步印證。雖然克格勃方面的情報確信美國不會很快發射，但為了確保爭先，科羅廖夫力排眾議，毅然決定提前發射。赫魯雪夫雖然也得意於蘇聯太空事業的成就，但是爭先奪冠的想法均出於這位幕後的總設計師，而非那位誇誇其談的總書記。

科學家們在科羅廖夫忘我投入的感染下，幾乎把所有時間都用在太空科學研究之中。人人不分晝夜泡在設計室和工廠裡埋頭苦幹。他們享受著追尋航太之夢帶來的快樂，在國家的支持下極速前奔，把巨大的壓力留給對手，把極度的驚訝留給世界。西方國家因有蘇聯這個不可思議的對手而恐懼和不安。他們或許不知道，在赫魯雪夫張揚、豪邁、誇張的態勢後面，其實有一批充滿科學研究熱情和夢想著征服太空的科學家，領頭的總設計師是一位從集中營走來的「政治犯」。這位左右著超級大國間驚心動魄的太空競賽之大師，竟然在國內曾失去了政治生命。

國家「嚴密的保護」，讓科羅廖夫和他的重要夥伴們遠離閃光燈，他因此也失去了與國外同行交流的機會，這也是種遺憾和浪費。然而，長期的牢獄生活和超負荷工作早已透支了他本已疲憊不堪的身體，科羅廖夫雖然年輕，但身體不可避免地出現問題。他患上心臟病和腎功能衰退。早在

1960 年，醫生就建議他長期休養，他卻選擇了拚命工作。名譽、獎盃、勛章，他早已置之不理，然而飛向宇宙之夢卻是縈繞於懷，揮之不去的夙願。他可以不出國交流，只要隨時了解美國太空技術的最新動向即可；他可以失去榮譽與花環，但只要能夠完成國家的航太偉業就行；他可以奉獻所有的時間與精力，只要蘇聯能夠在太空競賽中永遠領先；他很少抱怨自己的不公平待遇，只要給他平臺編織心中的夢想即可。尤其在他生命的後期，他得抓緊時間，因為他還沒能完成自己所有的夢想。

(5) 無可替代

1966 年 1 月 14 日，科羅廖夫接受痔瘡摘除手術，然而卻在手術過程中因心臟病發作而溘然與世長辭。「老總」充滿坎坷與輝煌的一生戛然而止，為蘇聯留下了無盡的遺憾和追憶。

大師去世後，隨後的一次太空船發射就遭遇失事，蘇聯太空事業中首次出現了太空人喪命的驚人事故。接著，運載火箭質子號試驗失敗，幾千萬盧布頃刻間付之東流。接踵而來的又有聯盟號三名太空人返航途中窒息而亡。面對接二連三的悲慘事故，蘇聯太空事業的後繼者無法不懷念科羅廖夫。假如「老總」沒有走，蘇聯的航太事業或許會繼續輝煌；假如「老總」沒有走，美國或許在登月上並不能領先……當然，假如「老總」沒有走，那麼可以設想的結果會很多很多。然而歷史從來不接受「假如」。

「老總」就這樣因其不可磨滅的功勛而為國家所銘記。他去世後，已沒有必要保密，人們的緬懷與紀念日益公開。蘇聯發行的紀念航太成就的郵票上能看到科羅廖夫那深沉又肅穆的身影，月球背面最大的環形山也是以科羅廖夫的名字來命名的。蘇聯不可能忘記他，俄羅斯也不會把他遺忘，世界也追憶著他，因為科羅廖夫不僅代表著蘇聯太空業最為輝煌的年

代，而且也是人類探尋太空之謎的先驅。或許他僅僅是在為蘇聯人民編織太空夢想，但是受惠的將是全世界。

飛向未來

時光荏苒，輝煌不再。蘇聯和美國的那場精彩太空對弈，隨著時代的變遷而消逝於太空深處。緊繃的神經已經舒緩，危機的意識也悄然消除。人們漸漸發現，沒有了大國對抗的太空已經進入了群星並起的全新時代，熱鬧非凡，卻不再驚心動魄。如今的俄羅斯，不再是追尋輝煌夢想的蘇維埃紅色帝國，卻也並未放棄追尋太空之夢的理想，俄羅斯正在以新的姿態飛向二十一世紀的太空。

(1) 航太基石

今天的俄羅斯，繼承了蘇聯雄厚的太空業基礎。步入二十一世紀，俄羅斯的航太企業憑藉著先端技術，依然領飛於世界太空業的最前端。

科羅廖夫能源火箭航太聯合股份公司位於莫斯科附近科羅廖夫城，它的前身是 1946 年成立的第 88 研究所第一特別設計局，由科羅廖夫直接領導。1966 年改為實驗機器製造中央設計局，1974 年改稱能源科學研究生產聯合公司，1994 年改為現名。能源公司是俄羅斯大型綜合性航太企業，下轄聯盟載人航太系統設計局、運載火箭試驗中心、下諾夫哥羅德公司、彼爾姆分公司和薩馬拉分公司等機構。

近年來，公司在蘇聯解體造成的艱難條件下，研製和完善了符合國際標準的航太產品。其中，最成功的例子就是為世人公認的和平號載人太空站。和平號的成功，使能源公司擁有了更加雄厚的技術實力，來參與國際空間站的建設。其實，能源公司本身就是建設國際空間站的倡導者。1993

年，它向美國波音公司的專家們建議：把俄羅斯的和平二號和美國的自由號計畫融合到一起，並聯合設計了太空站的基礎方案。國際太空站建設工作正式啟動後，能源公司成為該站俄羅斯部分的牽頭總裝單位，承擔了主要組件的研製任務。

在可以預見的未來，人類遇到的許多問題都要靠太空技術來解決。能源公司在 1990 年代進行了一系列創新性研究和設計，為建造全球空間系統奠定了理論和技術基礎。在製造大尺寸展開式衛星天線和空間大面積太陽能收集器等領域，公司都取得重大成就。這些創新在未來太空計畫中將發揮舉足輕重的作用，例如照亮地球北部地區、進行長期生態監測、修補臭氧層、建造月球居住基地和研究與開發火星等，其造福於民的潛力不可估量。

當然，俄羅斯還有其他一些大型太空企業，如進步國家火箭航太科學研究生產中心；赫魯尼切夫國家科學研究生產航太中心、閃電科學研究生產聯合公司、列舍特涅夫應用力學科學研究生產聯合公司、機械製造科學研究生產聯合公司、動力機械科學研究生產聯合公司等數家。從目前的發展形勢來看，這些太空企業所展開的國際太空行動為俄羅斯的太空業贏得一片光明的空間。

(2) 神祕中心

1955 年 2 月 12 日，蘇聯部長會議做出了一項重要決定，決定籌建國家第五號導彈試驗場。這就是位於哈薩克斯坦境內的拜科努爾航太發射中心。這片與美國卡納維拉爾角甘迺迪航太中心齊名的航太發射中心曾長期為神祕的光環所籠罩。半個世紀以來，這片神祕的土地就和蘇聯的太空成就緊密相連，世界上第一顆人造地球衛星、第一艘載人宇宙飛船……數不清的榮譽更增添了它的神祕氣息。

2005 年 6 月 2 日，俄羅斯在拜科努爾舉辦了建成 50 週年的慶祝活動。半個世紀中，從這裡發射了約 2,500 枚火箭，把三千多個太空器載入軌道，將 130 位太空人送上太空遨遊，它光輝的發射歷程足以傲視全球。

蘇聯解體後，拜科努爾航太發射場也發生了歸屬之爭，甚至曾一度陷入破敗的困境。一方面是哈薩克斯坦無法利用這個發射場，另一方面是俄羅斯為了經濟衰退而不得不削減其太空任務。1994 年，俄哈兩國簽訂了 20 年的租用合約，拜科努爾地屬哈薩克斯坦，俄羅斯長期租用和管理，繼續執行自己的航太計畫。2001 年 1 月，俄哈又簽訂了新的協議，租用期延長至 2050 年，俄羅斯為使用拜科努爾航太發射場共需支付哈薩克斯坦 64 億美元。這裡緯度相對較低，有巨大的經濟價值。美國航太飛機停飛後，這裡就是通往國際太空站的唯一門戶。俄羅斯發射的太空船約 70% 在這裡升空，而近兩年的載人太空飛行非它不行，僅 2007 年一年間，拜科努爾就完成了 20 次火箭發射任務，發射次數在世界各發射場中高居榜首。目前，它在世界太空發射場中依然占據著領先地位，繼續著自己神祕的「航太中心」傳說。

(3) 追憶星城

莫斯科城外五十多公里的地方，有一個聲名顯赫卻又不露聲色的所在。高大的樺樹林和椴樹林構成了天然的偽裝和屏障。一條沒有大門、卻由軍人把守的道路無聲無息地伸向樹林深處。那個未經批准不得擅入的所在就是加加林宇航中心。這是俄羅斯太空人的訓練基地，也稱「星城」。俄羅斯承載著蘇聯時代的輝煌，依然執著地繼續著飛向太空的夢想。

星城占地 310 公頃，濃郁的綠色中建築物若隱若現，這裡居住著約 4,500 名工作人員和家屬。自從 1960 年落成至今，星城已經走過了近半個

世紀的歷程。加加林的青銅雕像高高聳立在城邊草地上，「太空第一人」加加林正是透過這裡向浩瀚的宇宙進發，蘇聯的太空夢想也由此地展翅起飛。如今，這裡除了有水下模擬太空失重訓練館、空間站訓練中心等訓練設施外，還有向公眾開放的宇航博物館。

宇航博物館不大，卻成功地濃縮了這片土地半個世紀的太空歷史。在這裡，人們可以看到聞名遐邇的「斯帕尼克一號」，這顆世界首枚成功發射的人造衛星如今正安靜地躺在那裡，很難想像，這個重量僅85公斤的太空船就是當時引發美國自信危機的主角。

再往前，便可見到東方一號，傳奇般的宇宙飛船原來如此簡陋，可正是這種簡單粗糙的太空船創造了太空大國的奇蹟。面對它，人們不能不對科羅廖夫和他的研究組油然起敬。

久遠的紀念離不開尤里·加加林。橘黃色的太空服和灰色的太空服外套是他當年穿過的。據說，當年光是穿上這些太空服就花去了整整兩個小時。這位有著燦爛微笑的青年至今仍然在用他那「不知天高地厚」的勇氣征服著世界。他小小的辦公室還保留著當年的布置樣式，牆上依然掛著他最崇拜的科羅廖夫的照片。一張不大的辦公桌上，日曆永遠翻在1968年3月27日。這一天，34歲的他因為駕駛訓練機失事，永遠地離開了自己的家人和朋友，從此和自己心愛的飛行永不分離。後來，這裡竟成了每一位蘇聯、俄羅斯太空人上天前的必來之地，他們把自己的雙手和上天的證件放在他桌上，默默地向這位與太空事業合二為一的前輩祈禱，希望得到他的祝福和幫助。加加林微笑的力量至今不衰。

俄羅斯也沒有忽略那些失敗的細節。幾次征服太空過程中的失誤也記錄得十分詳盡，犧牲於降落傘事故的科羅馬夫、犧牲於飛船返回艙泄漏事故的沃爾科夫、帕查耶夫、多勃羅沃利斯基，他們的遺像、犧牲地點、燒

焦的遺物都是如此真實，人們面對太空的危險令人震撼、催人淚下，也令人對這些年輕、勇敢的生命由衷欽佩。

今天，當我們重新面對這些半個世紀前的勇敢、鮮活、充滿夢想的生命時，內心充滿了對那個時代的蘇聯無比崇敬。時光流逝，人們對這個北方大國的感情經歷了不小的起伏，警惕、恐懼、惋惜、感嘆……它總是帶給世界太多的意外。二十世紀的後半葉，它的解體令人扼腕、它曾經有過的太空輝煌也被指責為拖垮蘇聯、甚至於亡黨亡國的深刻誘因。然而，隨著時光的流逝，當人們開始逐漸嘗試用平和的心態去重新衡量那段太空競賽的歲月時，不禁發現，最難忘的是蘇維埃時代那樸實、勇敢、自然、真誠的民族本性，它的生命力是如此頑強，再大的困難也無法令俄羅斯人忘卻。

那個時代的蘇聯，有著數不勝數的優秀科學家，都具備科羅廖夫那樣無私奉獻的探索精神，為了把飛向太空的夢想變成現實而鞠躬盡瘁、死而後已。也有著不勝枚舉的航太菁英，都擁有加加林那般樂觀向上的精神，為了國家的夢想而甘願奉獻一切。死亡不能束縛他們飛翔的翅膀，恐懼不能奪走他們嚮往夢想的歡樂。

在二十一世紀的今天，人們驚訝地發現，俄羅斯的太空業已經以全新的姿態重新起飛。俄羅斯，總在為世界創造奇蹟。或許，是英雄的精神融入了俄羅斯人的靈魂，推動俄羅斯邁著大國的步伐，追尋著太空的夢想，飛向未來！

● 航太兵

2001 年 1 月 22 ～ 26 日，美國斯普林斯空軍基地祕密舉行了二十一世紀首次太空戰模擬演習。演習時間背景假定為 2017 年前後，美軍在演

習中動用了大批軍事航太器，模擬攔截策略導彈和使用地面雷射武器打擊太空目標等。衛星武器粉墨登場，扮演起干擾「敵方」衛星通信指揮的角色。美國軍方毫不隱諱地表明，美國在增加太空戰威懾力。

面對美軍模擬「太空戰」，俄羅斯反應強烈。俄政府明顯意識到美軍假借演習，實際在模擬星球大戰計畫。為了應對可能出現的危機，原本就是航太大國的俄羅斯，也邁出策略性的一步，組建新型的俄羅斯航太部隊。

2001 年 3 月 24 日，俄羅斯航太兵（亦稱「天軍」）正式成立。6 月 1 日開始全面執勤。這代表著俄羅斯在反對美國導彈防禦系統「MD」，邁出的堅實一步。俄羅斯不可能眼睜睜看著太空制高點落入美國人手中。

俄羅斯航太兵是由航太軍事部隊和航太反導彈防禦部隊構成，是從策略火箭軍中剝離出來的兩支部隊，現在不僅單獨組成新兵種，而且其地位已經與策略火箭兵齊肩，屬於並列的兩個獨立兵種。

歷史的沿革

表面上看，俄航太兵是新成立的一個兵種，但俄方卻認為，這只不過是恢復了一個兵種。實際上，俄羅斯航空兵走過了一條極為不平坦的道路。1959 年 12 月 17 日，當時的蘇聯在航空領域如日中天，中央政府就決定成立策略火箭部隊。1960 年 1 月，最高蘇維埃正式批准決定，策略火箭部隊正式列入序列。該部隊共擁有 30 個獨立導彈團、7 個導彈旅及兩個集團軍和一個常規軍。火箭部隊的軍官全是嚴格挑選的，裝備尖端、技術精良、物資供應極有保障。

策略火箭軍的組成有地地中程、中遠程、洲際彈道導彈作戰部隊及勤務保障部隊、試驗部隊、院校等。部隊總司令還掛國防部副部長銜，受最

高統帥部直接指揮。與空軍遠程航空兵、海軍彈道導彈潛艇部隊構成蘇聯的策略核力量。既可與其他軍種的策略核部隊合作，也可獨立實施策略核突擊。主要負責摧毀對方策略目標：如導彈核武器、重兵集團、軍事基地、重要交通樞紐和工業設施、國家和軍事統帥機關等，並擔負發射運載火箭、衛星、宇宙飛船等任務。

1965 年，在蘇聯策略火箭軍體系內組建了航太器中央局，負責研製、發展和使用航太器。六十年代以後，蘇聯策略火箭部隊得到飛速發展。最高當局為了加強與美國抗衡，不惜血本地斥資加速研製核武器和運載工具。在全國通力合作下，蘇聯導彈一改原來單一的常規發射的模式，而提升為陸海空立體發射，導彈命中率越來越高，在七十年代便成功開發出多彈頭分導技術，在這個領域裡和美國不分伯仲。

1970 年，航太器中央局升格為航太器總局。隨著蘇聯航太事業的不斷發展，航太器總局隸屬的航太部隊開始具有跨軍種性質。1981 年，蘇聯國防部決定將航太器總局下屬的策略火箭軍剝離出來，由國防部直屬領導。1986 年，航太器總局改為航太器主任局。

蘇聯解體後，1992 年 8 月 10 日，航太器主任局正式成為俄羅斯武裝力量的一個兵種：軍事航太力量，直接隸屬國防部。俄羅斯在繼承了 90% 左右的航太工業後，於 1992 年 8 月重建了航太部隊，1997 年 10 月 30 日，俄政府重整了戰鬥序列，將航太部隊與策略火箭部隊、導彈防禦部隊合併，統稱為策略火箭軍。

1990 年代後半期，俄羅斯航空部隊的各項潛能幾乎降到了歷史最低點，很多系統因經費短缺難以發揮作用。2001 年，俄羅斯衛星定位系統「格洛納斯」（GLONASS）的在軌衛星由 1995 年的 24 顆減至 8 顆，所有航太器由 186 顆減至目前的 94 ～ 97 顆。

　　現在俄羅斯航太兵的條件得到極大改善。俄軍用衛星在數量上已保持了最低限度的穩定，並不斷提升水準。2002 年俄羅斯國防部訂購了六顆衛星和必要數量的運載器，2003 年訂購了九顆衛星和相應數量的運載器，訂貨費用比 2002 年增加了 30%。整體來講，近兩年俄羅斯聯邦天軍的撥款額幾乎增加到原來的三倍。2003 年 1 ～ 10 月，俄航太兵共進行了 14 次火箭發射，將 28 個不同用途的太空裝置送入了軌道。俄還進行了一次「白楊」洲際彈道導彈發射試驗。

重任在肩

　　現在，越來越多的俄羅斯政治家、軍事專家都深刻地意識到未來太空情報訊息的重要性，尤其是如何面對美國太空優勢帶來的壓力。無庸置疑，二十一世紀的戰場空間將延伸到太空，如果沒能在未來太空中占一席之地，將無法贏得未來戰爭。

　　俄羅斯軍方目前已將太空作戰視為現代戰役的重要組成部分，策略目標不僅僅是天空防禦，還包括策略威懾和通用策略行動。「2007 ～ 2015年（國防與安全）政府武器裝備計畫」中，就涉及 2016 年及以後的防禦問題，規劃了未來 20 ～ 30 年間建造天空防禦的主要領域及階段。2006 年，在實施「十年聯邦航太計畫」中，俄羅斯的航太撥款比 2005 年增加了三分之一，從 185 億盧布增加到 240 億盧布。俄政府曾明確表示，俄在往後十年（2006 ～ 2015 年）內對航太領域的投入將達到創紀錄的 4,868 億盧布。

　　俄羅斯航太兵的職責在於未來保護俄羅斯的太空利益。在戰術層面上，航太兵可以支持其他軍種部隊作戰，以捍衛俄羅斯的國家安全。

　　俄羅斯航空兵主要由原軍事航太部隊和導彈太空防禦部隊的兩大集團軍種組成。軍事航太部隊是進攻型太空部隊，肩負兩大主要任務：負責軍

用衛星的發射工作；負責打擊敵方的太空武器系統。軍事航太部隊目前轄有三個大型航太試驗與發射場和一個航太器試驗與控制中心。

導彈防禦系統主要包括一個集團軍，下轄若干彈道導彈發射基地，擁有上百部導彈發射裝置。航太導彈防禦部隊也有兩項任務：監視美國的導彈發射裝置；打擊美國的國家導彈防禦系統。航太導彈防禦部隊由三部分組成：導彈襲擊預警系統、太空監視和防禦系統、導彈防禦系統，監視著8,500個太空目標，能全天候監視美國全境內所有洲際彈道導彈發射場。其中，導彈襲擊預警系統包括太空梯隊和地面梯隊兩部分，專門監視對方洲際導彈和彈道導彈來襲方向及發射地域，迅速準確地報告導彈襲擊情況。太空梯隊由22顆衛星組成，地面梯隊由地面雷達系統組成。目前，俄擁有三部可監視美國本土彈道導彈襲擊的超地平線散射探測雷達以及八部超地平線遠程早期預警雷達。

目前，俄航太兵控制著一百五十多顆衛星，其中包括偵察衛星、氣象衛星、導航衛星、通信衛星和海洋監視衛星等，11個指揮測量站，一百餘套反導導彈發射裝置。

眾所周知，地面雷達和空中偵察機很難偵察到對方策略核力量的情報，而衛星則是獲取對方策略情報最有效也是最重要的工具。所以，隨著戰爭進入資訊化時代，資訊將成為戰鬥力的倍增器，誰奪取戰場資訊優勢，誰就奪取戰場主動權。

從目前情況看，偵察衛星不僅滯空時間長、監視範圍廣，而且不受各國疆域限制等。美軍官員稱，未來戰場訊息70%來自偵察衛星。海灣戰爭中，多國部隊共使用了四十多顆偵察衛星；科索沃戰爭中，以美國為首的北約部隊使用了五十多顆偵察監視衛星；伊拉克戰爭中，美英軍動用包括偵察衛星在內的157顆衛星。由此可見，未來訊息爭奪戰的平臺將在太空。

　　俄羅斯太空部隊計劃在 2009 ～ 2010 年間，完成部署新型軍事航太器，並在所有太空軍事計畫的關鍵領域內發揮作用。繼續研製完善「格洛納斯」（GLONASS）全球衛星定位系統，該系統衛星數量要達到 24 顆，其中四顆使用壽命為 10 ～ 12 年。

運載工具更新

　　目前，俄羅斯航太兵使用的運載火箭類型主要有「質子」、「聯盟」、「能源」和「安加爾」系列。其中「安加爾」系列運載火箭更為先進，是俄羅斯航太兵重點發展的太空運載工具，極有可能全面替代「質子」系列運載火箭。

　　「安加爾」系列運載火箭以「質子」型運載火箭的成熟技術為基礎，研製的新一代火箭，其性能遠遠超過俄羅斯目前正在使用的所有同類型運載火箭。

　　「安加爾」系列目前有 1、2、3 和 5 型火箭。其中，1 和 2 型屬於小型運載火箭，3 型屬於中型運載火箭，5 型屬於大型運載火箭。1 型火箭的近地軌道運載能力為 2 噸，2 型火箭的近地軌道運載能力 7 噸，3 型火箭的近地軌道運載能力為 14 噸，5 型火箭的近地軌道運載能力為 25 噸。

　　俄航太兵已經在普列謝茨克航太發射基地建成「安加爾」火箭發射系統，這一系統可用「安加爾」各型火箭將各種航太器送入低、中、高圓形及橢圓形軌道（包括地球靜止軌道），以及飛向太陽系各行星的轉移軌道。

空間作戰手段

　　隨著蘇聯的解體，周邊諸國紛紛獨立，各國紛紛要求俄羅斯關閉或撤

走地面雷達站。為此，俄羅斯專門研製了新預警雷達站 Voronezh-M，它可以花費更少的時間和資源，完成部署、維護和運行，從而一勞永逸地解決因領土而出現的周邊雷達覆蓋問題。

按照俄羅斯「十年聯邦航太計畫」，反衛星武器是俄羅斯的重點發展對象，目前主要研製兩大類反衛星武器：共軌式反衛星武器和雷射及粒子束反衛星武器。

共軌式反衛星武器：俄羅斯已建有 15 個快速反低軌道衛星系統發射臺。根據相關資料，俄共軌式反衛星攔截器可在 1500×1000 公里區域內發射作戰，高度為 150 ～ 2000 公里，反應時間為 90 分鐘。制導方式採用雷達或紅外線，圓機率偏差（CEP）不超過一公里；接近目標的相對速度為 40 ～ 400 公尺 / 秒，攔截目標衛星的時間為一小時左右（第一圈軌道內攔截）到 8 小時（第二圈軌道內攔截）。

雷射與粒子束反衛星武器部署平臺有地基、空基（機載）和天基。俄羅斯目前僅擁有兩種陸基高能雷射武器。儘管如此，這並沒有影響俄羅斯在武器部署方式上的努力。他們將根據反衛星武器的各種性能特點和作戰需要，將其部署在陸地或艦船上，或者設置在飛機或航太器上。這就是所謂的地基、空基和天基反衛星武器。

至於反衛星雷射武器，此前共進行 18 次試驗，11 次獲得成功。1975年 10 月 18 日，在莫斯科以南 50 公里處，氟化氫雷射器連續五次照射了兩顆飛臨西伯利亞上空的美國早期預警衛星，令其紅外傳感器失效達四小時之久。1981 年，蘇聯在「宇宙」系列衛星、飛船和「禮炮」號空間站上進行八次雷射武器試驗，均取得成功。1981 年 3 月，蘇聯利用一顆衛星上的小型高能雷射器照射一顆美國衛星，致其光學、紅外電子設備完全失靈。

　　粒子束武器的射程一般只有 5 〜 10 公里，但如果安裝在衛星上進行太空作戰，射程可倍增到幾百公里。當然，俄羅斯的粒子束武器尚處於實驗原理的研究探索階段，還不具備實戰要求，但估計用不了多久，俄羅斯便可能設計出摧毀衛星的實用系統。

　　其他可能的太空作戰手段：一、空間雷（衛星殺手）。即將一種爆炸式衛星部署在美衛星的軌道附近。戰時只要一接收到地面指令，便可自行引爆摧毀敵方衛星；二、爆炸法。事先在大氣層上方爆炸核裝置，用爆炸產生的強烈紅外輻射，使敵方反衛星導彈的探測、預警和傳感器等系統失靈，同時破壞敵方空間 C3 系統；三、砸鏡法。在美天基雷射反射鏡軌道上設置反向運動衛星，向反射鏡投放大量相對速度達 16 公里 / 秒的鋼球；四、干擾法。在美地基雷射器上方的大氣層投放由大片吸光材料形成的雲層，干擾雷射束。

　　俄羅斯此番重振航太兵顯然具有深遠的策略意義，這表明俄為了應對二十一世紀「太空戰爭」、確保國家策略安全所走出的一招棋。二十世紀末，俄因經濟原因而在航太領域停滯不前，已將在這一領域的優勢拱手讓給美國。如今俄羅斯重組航太兵，就是應對未來策略的一種調整。尤其在美國部署 MD 的重壓下，俄羅斯不敢再任人宰割，定當奮起直追。從太空爭鬥這層意義上看，美俄對航太策略作出調整，絕非偶然，表明在太空領域再也不會是一個和平利用的空間，那裡的硝煙好像已經升起。

第六章　俄羅斯文學

　　俄羅斯文學已有數百年的歷史，浩如煙海，博大精深。歷史上湧現出許多世界知名的大師，如列夫‧托爾斯泰、屠格列夫、杜斯妥也夫斯基等等，數不勝數，還有文學評論大師別林斯基等。他們在文學方面的成就，不僅僅惠及俄羅斯民眾，而且為世界文學寶庫作出傑出的貢獻。早期俄國社會凝滯，文學一直處於師從西歐的地位。然而自十九世紀起，俄羅斯近代文學在普希金的破冰之下，開始擺脫單純的效仿。俄羅斯民族的特性在文學藝術方面得以不斷的顯露。果戈里開創了俄國現實主義的流派：「自然派」。在他的影響下一大批作家脫穎而出。黃金時期，白銀時代，都成為俄羅斯文學的代表性時期。

● 早期俄羅斯文學

　　在古斯拉夫文字形成之前，古代俄羅斯人豐富的民間創作都是依靠口授相傳。勇士歌、童話、歌謠、諺語等都反映出古代人民的生活和期望，也是後來書面文學的重要泉源。

基輔羅斯時期

　　西元 822 年，諾夫哥羅德王公奧列格滅了諸多小國後，便以基輔為中心，建立了一個東至窩瓦河，西止喀爾巴阡山的大公國，史稱基輔羅斯。由於東西方兩大文化和經濟在基輔羅斯交叉，所以那裡的經濟和文化得到較為迅速的發展。東西南北的文化大交融，滋生出世界文化之林中極為特別的東斯拉夫文化。應該承認，外來文化中對俄羅斯影響最大的，首數拜占庭文化。西元 988 年，羅斯受洗，正式將基督教定為國教。這種舉措影響相當深遠，俄羅斯由此接近了基督教世界，拉近了與西方文化的距離。

　　俄羅斯的書面文學大致出現在基輔羅斯時期之初。那時，拜占庭的修士基里爾和梅福季將希臘字母加以改造，創建了古斯拉夫字母。在此之前，一直只有古代民間口頭創作的文學。十世紀末至十一世紀初是基輔羅斯的極盛時期，俄羅斯文學在此時開始了初奠階段。基輔羅斯的文學，大致包括史事詩、儀典詩歌、傳說故事和王公侍從文學等。

　　史事詩是古代俄羅斯民間創作的最高峰。它產生在封建社會的早期，存在和流傳則持續了數個世紀。這類史事詩多以某位勇士為描寫對象，採用誇張、比擬等藝術手法，表現勇士們保衛故土、戰勝敵人的事跡。

　　儀典詩歌，大多與多神教的圖騰崇拜儀式有關。後來又出現了與日常生活相關的儀典詩歌，如婚喪嫁娶、宴席節慶等場合。由於這類詩歌多是口頭即興創作，保留下來的太少。

　　俄羅斯民間故事和傳說在當時也很流行，可以稱做「口頭編年史」。這些傳說中包含著許多真實故事，有些故事經加工後寫進了編年史，也有些在後世被寫進文學作品。比如，關於基依、謝克和霍李維三兄弟創建基輔城的故事等，家喻戶曉，代代相傳。

　　基輔羅斯時期，最重要的文獻是編年史。編年史由於收集大量的古代傳說、傳記和書籍史料，有極高的史學和文學價值。此外，作者在編寫史實時通常帶有個人的情緒，直接點評史實和事件，並提出其政治理想，所以俄羅斯古代的編年史，不僅僅是珍貴的歷史和文學文獻，也是反映當時社會精神文化生活和政治經濟生活的百科全書。

　　概言之，這一時期文學的形式主要有歷史故事、編年史、英雄史詩、傳記、旅行記等。最著名的作品是《俄羅斯編年序史》和《伊戈爾遠征記》。

蒙古人統治時期

　　13 世紀初，基輔羅斯解體。1237 年，成吉思汗之孫拔都統領大軍先征服梁贊等地，隨後再征服基輔。羅斯從此進入到蒙古人統治時期。在長達二百七十餘年的蒙古人統治期間，俄羅斯民族在政治、經濟和文化方面的發展基本停滯。蒙古韃靼人攻城略地，毀掉了象徵著文明的一座座俄羅斯城市，與此同時，它並沒有為俄羅斯文化注入新的內容。十四世紀末，莫斯科公國逐漸強大，德米特里大公率軍在頓河平原擊敗蒙古軍。十五世紀末，伊凡三世迎戰蒙古軍隊，蒙古軍因嚴寒不戰而退，異族統治隨之宣告結束。

　　在這期間，基本沒有留下太多的文學作品，僅有一些記錄著名戰役的歷史故事，即所謂的「戰事故事」。故事以真實的歷史事件和歷史人物為基礎，儘管個別細節是杜撰的。故事中往往帶有宗教色彩，但更像民間創作的世俗文學。其中值得一提的有歷史故事有：〈拔都侵襲梁贊城的故事〉、〈頓河彼岸之戰〉、〈亞歷山大・涅夫斯基行傳〉等。

莫斯科公國時期

　　15 世紀末至 17 世紀，以莫斯科為中心的俄羅斯國家形成。國家的統一推動了文化、文學事業的發展。在兩個世紀中，16 世紀的文學帶有強烈的政論性，因為伊凡四世要加強中央集權，採取了嚴厲措施鎮壓主張分權的大貴族。這種集權與反集權的抗爭不可避免反映到文學作品中，所以當時的作品以政論為主。著名作品中當數《弗拉基米爾諸王公傳》和《伊凡雷帝和庫爾布斯基通信集》。17 世紀結束了俄羅斯中世紀的歷史。沙俄征服西伯利亞，合法地確立了農奴制度。這時的文學開始出現新變化：文學的民主化、世俗化、個性化色彩日愈濃重，諷刺文學，個人傳記，作品中的杜撰情節，自由詩體等等均湧現出來。

以諷刺文學為例，由於這種文學體裁能夠反映新興市民階層和手工業者思想情緒，表現下層人士的感情和新興手工業者的心態，所以相當受歡迎。《硬鰭鱸魲的故事》這部著名的諷刺小說，就直接諷刺著莫斯科國家的訴訟程序。

17 世紀，俄羅斯文學創作開始掙脫中世紀思想意識的束縛，一改以往記敘具體、真實的歷史事件和歷史人物，轉向描述虛構的人物和情節，從而開始張揚創作的個性，走上一條更為自由、更為健康的發展道路。這期間，普通市民成為作品的主角，作者用這些人浪漫般的奇聞逸事來吸引讀者，同時還注重內心情感和狀態的描寫。這時的作品無論作品語言還是創作思想，均帶有較多的隨意性和主觀性。

這時，還出現了一些具有民主主義傾向的世俗故事。阿瓦庫姆在《聖徒傳》中生動地描寫了他與大主教尼孔的衝突，展現了宗教文學新的特色。他在作品中大量引進民間和生活語言，大膽吐露內心情感，並對自己的身世和周圍的現實作了生動而又真實的描繪。正因如此，《聖徒傳》成為一部充滿民主色彩和個性色彩的傑作。

● 18 世紀文學

18 世紀文學，就如同其歷史一樣，彼得大帝以及他的進步與變革是歷史的主角。儘管彼得一世極力促進資本主義化，然而俄國資本主義的進程仍舊相當緩慢。地主、貴族階級仍是社會的統治力量。由於貴族知識分子在文學中扮演著主要角色，貴族色彩自然是俄羅斯文學主導色。然而這並不意味著它就是這些統治階級利益的代言者。它反映著整個社會的利益，反映著正在形成的整個民族和國家的利益。進步和反動勢力間的鬥爭不可能不反映在文學上，18 世紀俄國文學當然也展現著新舊兩派力量的鬥爭。

那時的作品在某種程度上已經反映了人民群眾的憤怒與反抗。總體上講，
18 世紀俄羅斯文學分為三個階段：

第一階段

　　第一階段大約為 18 世紀的前三十多年，彼得大帝統治時期。這一時
期的文學特點是從內容到形式的過渡。文學已徹底擺脫了宣傳基督教義的
任務，加強了面向社會生活、習俗和人性的描寫。彼得一世在位時，勵精
圖治，加強中央集權。對外發展與西歐的關係，加強俄國的實力。對內
大力改革文化事業，開辦學校，選送貴族子弟去西歐留學，創辦《新聞
報》，廣為推行歐洲時尚，尤其是法語、法國的時裝和禮儀。總體上講，
彼得一世將歐洲先進技術和進步的思想引入俄國，促使俄羅斯在人類歷史
進程中跟上了歐洲的步伐。在這期間，雖然俄國社會新舊鬥爭激烈，但是
文學發展似乎沒有受到社會動盪的影響，顯得平穩無奇。所以，這期間除
了政論文外，沒有突出的文學成就。

　　大主教費奧方·普羅科波維奇的布道講話〈彼得大帝葬禮上的講
話〉，可以被認作是文化領域的重大事件。這位作家有著多方面才能和高
度的文化教養，一直始終不渝地擁護、支持彼得。他寫過許多宗教作品和
說教錄，還有一系列詩篇和一齣名叫《符拉季米爾》的悲喜劇。由於他宗
教色彩濃厚的政論呼應了彼得一世宣傳的改革，所以得到相應的重視。總
體上講，這個時期出現的小說、詩歌雖然較多，但均為模仿西方的文學作
品，缺少鮮明的個性。

　　當然，這時期的文學越來越接近現實生活，表現了許多新的社會典型
人物。由於對這些新型人物的描寫，大多停留在自然主義式的階段，所以
當時的文學還沒能掌握藝術概括和心理分析的必要手法。

第二階段

十八世紀俄國文學史的第二階段，應該在三十至五十年代期間。此時的俄國處在政權迭變之中，統治集團之間不斷紛爭，甚至出現了宮廷政變。俄羅斯古典主義的文學藝術體裁也在這個時期開始形成。古典主義文學浪潮產生於十七世紀的法國，這種文藝思潮擁護王權和崇高的理性，藝術上追求和諧、完美，提倡「三一律」。古典主義在傳入俄國時，法國已由古典主義極盛時期轉入到啟蒙主義時期，所以俄國的古典主義作品具有歌頌開明君主，歌頌個人對國家利益的服從，藝術上嚴格遵守體裁、文體等規定，與此同時，還帶有鮮明的啟蒙主義思想傾向，即平等意識。

隨著貴族階級成為主要領導力量，俄羅斯古典主義基本上反映了他們的世界觀和國家文化生活。這一階段最重要的作家有康捷米爾、特烈佳科夫斯基、蘇瑪羅科夫和羅蒙諾索夫。

康捷米爾（西元 1708 ～ 1744 年），俄國詩人，是諷刺文學流派的開山鼻祖。按別林斯基的說法，這一流派是俄國文學中最可貴、最有成效的。他的作品嘲笑貴族的不學無術、游手好閒、荒淫揮霍、挑撥是非，宣揚公民精神、愛國主義等思想。他大膽使用民間語言和諺語，在許多方面影響著十八世紀後半期俄國諷刺詩的風格。他的詩篇〈告理智，或致誹謗學術者〉、〈費拉列特和葉甫蓋尼，或論墮落貴族的妒忌與傲慢〉在當時廣為流傳。

特烈佳科夫斯基的主要貢獻是理論著作。他與羅蒙諾索夫等一道，根據俄語特點，參照法語詩和德語詩的特點，改革了俄語詩律。他首先指出：最適於俄國自然特性的重要原則就是重音一致。特烈佳科夫斯基自己的詩絕大部分尚未定型、尚未成熟，從文藝觀點看，談不上成就。

蘇瑪羅科夫（西元 1717 ～ 1777 年），是俄國最著名的古典主義戲劇

家。蘇瑪羅科夫雖然從模仿特烈佳科夫斯基和羅蒙諾索夫開始，但他後來卻發展了他的兩位長輩很少使用的體裁，如喜劇、寓言、歌謠等。蘇瑪羅科夫熱烈地捍衛了語言的純潔性，反對貴族社會的法語迷。

蘇瑪羅科夫按古典主義規則寫過九部悲劇和十二部喜劇，但他的主要文學功績則在於他的那些悲劇。他的第三個悲劇《辛納夫與特魯伏爾》不僅成為俄羅斯古典主義戲劇的藝術形式的典範，而且也表達出作者的倫理和政治的理想。

蘇瑪羅科夫習慣描述個人和社會的對抗，他認為喜劇中的角色應該是「庶人」、「酷吏」，無知的法官、機靈的僕人、傲慢的人等等，與此同時，他還創作出一些理想的、慈善高尚的人物，以便同那些罪惡的人物形成對照。他在情節發展中仍忘不了寓教於樂。從語言特點來看，他在作品中運用了生動的口語，雜有許多俚語、俗諺以及其他的平民語彙，從而為他贏來了讀者。當然，他的作品流傳最廣的或許還是他的抒情詩。

羅蒙諾索夫（西元 1711 ～ 1765 年），是俄羅斯著名學者和古典主義文學的首位代表。他不僅在科學研究方面聲名顯赫，而且也在文學創作方面作出突出貢獻。他寫了許多莊嚴的頌詩，從事希臘文翻譯，探討俄羅斯詩體問題等。雖然羅蒙諾索夫進行創作活動的條件極其艱難，但他卻是俄羅斯的科學和文化方面難以跨越的一座高山。他一生雖然短暫，但卻燃燒出非凡的燦爛。他在物理、化學、天文學、地質學、礦物學、語言學等方面都有卓越的成就。

西元 1736 年，他曾往德國學習礦業，先後學習了物理學、化學、礦業、冶金學等。1741 年回聖彼得堡科學院，1745 年 8 月成為聖彼得堡科學院院士和化學教授。1748 年秋，他創建了俄羅斯第一個化學實驗室，1755 年又創辦了莫斯科大學。1760 年他當選為瑞典科學院院士，1764 年當選

為義大利波倫亞科學院院士。

鑑於羅蒙諾索夫在俄羅斯科學史上的諸多貢獻，尤其是質量守恆定律和對俄羅斯語法的系統編輯，被譽為「俄國科學史上的彼得大帝」。羅蒙諾索夫在俄語和文學方面貢獻也是有目共睹的。他在談到俄語結構時指出，重要的不僅是詩句中的音節數量，而是重音和非重音音節正確的相互交替。他的《修辭學》、《俄語語法》、《論俄文格律書》等主要著作，不僅奠定了語言學，修辭學基礎，而且在語言，語體的改革上對俄羅斯文學的發展產生了深遠的影響。他的〈與阿那克里翁的對話〉、〈攻克霍丁頌〉、〈伊麗莎白女皇登基日頌〉、〈彼得大帝〉等詩篇被譽為俄羅斯文學史上古典主義的佳作。

羅蒙諾索夫身為詩人與學者，永遠嚮往著未來。他遠遠超出了自己的時代，並預測到他死後所應該實現的一切。

第三階段

第三階段包括十八世紀末葉，也就是「葉卡捷琳娜時代」。此時的國際舞臺上，爆發了有著歷史影響的事件：美國的獨立戰爭、法國資產階級革命。俄羅斯貴族階層中傳播著法國啟蒙運動的思想，就連葉卡捷琳娜二世本人也和狄德羅、伏爾泰、孟德斯鳩等人保持著書信往來，並且高唱自由主義的頌歌，欺騙臣民。只要沒有涉及農奴制的根本性問題，女皇都能夠接受。這自然引發社會各界參與社會變革的思想大討論。然而，1773 年的普加喬夫起義則反映出社會矛盾的激化。雖然起義受到女皇鐵血鎮壓，但是社會矛盾並沒有因此而消失。所以在 1790 年代，俄羅斯出現了感傷主義文學。

感傷主義文學原本發端於 1760 年代的英國。隨著社會矛盾的加劇，

理性社會受到懷疑，現實又難以改變，於是藝術便成為表達不滿和逃避現實的載體。感傷主義的特點是崇尚情感，側重人物的內心感受，王侯將相再也不一定是中心人物，普通人物開始出現在作品的描繪中。這一種深受啟蒙主義思想影響的潮流，表現了人人平等的理想。在藝術技巧上，側重人物心理刻劃，這為文學形象的個性化提供了必要的前提。這種描寫心理與外部現實世界相結合的敘事方式，對文學的發展產生了深遠的意義。

在俄羅斯感傷派作家筆下，手工業者、商人、農民的平民生活與貴族社會的腐朽的生活相映襯，其同情心自然會流露出對下等人的關切，加之感傷派作家擅長刻劃人物心理，所以他們的感情得到極大的關注。這時期成長起來最優秀的作家有杰爾查文、馮維辛和拉季舍夫。

杰爾查文（西元 1743 ～ 1916 年），俄羅斯十八世紀詩歌創作最傑出的作家。杰爾查文的詩歌表現出了君主主義思想與人民性的兩面性。他雖然在政治上的身居高位，但有著高度責任感和良知，所以他的思想處在相互衝突於矛盾之間。別林斯基這樣評價他說：「杰爾查文是一個偉大的傑出的俄羅斯詩人，他的作品是俄羅斯人民生活的忠實的回音，是葉卡捷琳娜二世時代的忠實反映」。

杰爾查文是俄羅斯第一位真正的詩人，其詩歌特點在於反映現實生活，這是此前俄羅斯古典主義所排斥的。杰爾查文詩歌奠定了俄羅斯詩歌後來發展的各個方向，其現實生活中人之歌的特徵有三方面的表現：一、熾烈的公民精神；二、抒情的哲理詩歌；三、俄羅斯的自然風景。他的代表作〈費瓦察頌〉、〈致君王與法官〉不同程度上反映了對葉卡捷琳娜統治的諷刺和批判。作者在〈致君王與法官〉中，借上帝之口教導人間的帝王君主，宣傳除惡揚善的正義思想，深受後世貴族革命家的推崇。

馮維辛（西元 1744 ～ 1792 年），劇作家，曾寫過寓言詩〈狡猾的狐

狸〉和〈給僕人的信〉，諷刺了宮廷貴族的虛偽，提出了一些社會問題。他創作的兩部喜劇《旅長》諷刺了當時俄國貴族盲目崇拜法國文化、模仿法國的生活習慣和時尚的「崇法思想」。《紈袴少年》暴露封建農奴制貴族地主的專橫暴虐和愚昧無知，劇中女地主普羅斯塔科娃殘酷地對待自己的農奴，溺愛、縱容自己的兒子，結果使兒子成了一個既無知又懶惰的紈綺子弟。《紈綺少年》展示了貴族階級中保守與先進之間的激烈衝突，暴露了農奴製造成的惡果，在揭露農奴制的弊端方面，可稱為俄羅斯文學史上的先驅作品之一。

　　馮維辛雖然按照古典主義戲劇的創作方式來寫喜劇，但是他用現實主義的方式來描寫人物性格，這對俄羅斯喜劇的發展影響較大。

　　拉季舍夫（西元 1749 ～ 1802 年），作家，俄羅斯貴族。由於深受法國啟蒙思想家的影響，傾向於「人生而平等」的理念。1783 年左右，創作俄羅斯第一篇革命詩歌〈自由頌〉，預言革命必將到來。其主要作品《從彼得堡到莫斯科旅行記》描寫農民的貧苦和地主的殘暴，點明萬惡之源在專制農奴制度，提出人民革命的思想。這從根源上觸動了封建專制制度。葉卡捷琳娜二世甚至將之稱為「比普加喬夫更壞的暴徒」，不僅逮捕了他，而且還判過死刑，後來才改為流放西伯利亞。1801 年拉季舍夫獲釋。同年參加法律編纂委員會工作。由於看到自己的理想不能實現，於次年自殺。他的作品還涉及法律、歷史、道德、美學等方面問題。

　　拉季舍夫的肉體雖然被消滅，但是他的精神遺產像輕風一般迴蕩在俄羅斯大地上空。可以這樣講，俄羅斯的散文應當從拉季舍夫開始算起，所以他亦被稱做「俄羅斯散文之父」。

● 19 世紀文學

　　十九世紀的俄羅斯文學是世界文學史上的輝煌奇觀。繼法國、英國批判現實主義文學思潮之後，一個在政治、經濟上遠遠落後於西歐先進國家的俄國，竟然在文學上出現了空前的繁榮。

　　回想十九世紀的俄羅斯，社會動盪，危機四伏。亞歷山大一世於世紀之初執政，雖然做了些改革，但無法觸及農奴制度的根本。1812 年，拿破崙率軍入侵俄國，強烈的愛國主義情感暫時掩沒了社會矛盾。拿破崙兵敗後，一些俄國貴族軍官參加了國外的遠征，深受西歐民主思想的影響，對國內的農奴制度和專制制度極為不滿。回國後，他們成立祕密的革命組織，企圖推翻專制政體，按照西方的方式來改造國家。1825 年 12 月，他們在彼得堡發動了起義，史稱「十二月黨人起義」。起義雖然失敗了，但是他們反對奴隸制的精神卻喚醒了民主意識。他們的精神在文學作品中得到頌揚。

第一階段

　　十九世紀初期，俄羅斯出現浪漫主義文學思潮，其代表作家是茹可夫斯基等，普希金和萊蒙托夫尤其傑出。同時，也別忘了克雷洛夫和格利鮑耶陀夫這些較有影響的作家。他們分別以寓言和劇本的形式推動了俄羅斯文學向現實主義方向的邁進。三十年代前後，俄羅斯的批判現實主義文學（「自然派」）開始形成。果戈里的創作使這一文學思潮得以最終確立地位。傑出的批評家別林斯基以自己的理論著作推波助瀾。當時著名的作家還有赫爾岑、柯里佐夫和格利戈洛維奇等。

　　文學，作為一個國家和民族文化的晴雨表，不可能不反映社會的意識形態。托爾斯泰用史詩般小說《戰爭與和平》，再現了 1812 年的衛國戰

爭。如果說莫斯科一把大火燒毀了拿破崙吞併世界的野心，那麼 1825 年的十二月黨起義也如一把大火，點燃了俄羅斯人獨立自由的民族意識。十二月黨詩人雷列耶夫、奧留耶夫斯基、普希金等人在詩歌中大肆頌揚「自由」。

俄羅斯近代文學以普希金的橫空出世而得以開創。普氏因創造了俄羅斯的文學語言，而被譽為「俄羅斯文學之父」。在他短暫的一生中，他創作出詩歌、小說、戲劇、童話等等。果戈里曾這樣講：「一提到普希金的名字，馬上就會想起這是一位俄羅斯民族詩人。……在他身上，俄羅斯的大自然、俄羅斯的靈魂、俄羅斯的語言、俄羅斯的性格反映得那樣純潔，那樣美，就像在凸出的光學玻璃上反映出來的風景一樣。」

「應該把普希金流放到西伯利亞去！他讓俄羅斯到處都是煽動性的詩，所有的青年都在背誦這些詩！」

1820 年 3 月的一天，沙皇亞歷山大一世在俄國皇宮裡大為光火。

「普希金太放肆了，竟敢寫詩咒罵聖上，應該送他去服苦役。」有人諂媚地附和。

「陛下，普希金還算孩子呢。少不更事，稍加懲罰懲罰就行了。先讓他吃吃苦頭，這人將來還有用呢。」有宮廷詩人求情說。

「是啊，請陛下開恩，別太過嚴厲了。」

「好吧，將他放逐到南方去，沒有旨意，不得返回彼得堡和莫斯科。」

惹得龍顏大怒之人就是普希金。當然，也是這位普希金，注定要成為俄羅斯的驕傲！

亞歷山大·謝爾蓋耶維奇·普希金（1799～1837），出生於莫斯科一個貴族世家，從小聰慧，性奢讀書，早年就閱讀過許多世界名著，八歲便

開始用法文寫詩。青年時期，他廣泛結交優秀的貴族青年，深受十二月黨人思想影響，寫下〈自由頌〉、〈致恰達耶夫〉等歌頌自由、反對沙皇暴政的政治抒情詩。

1823 年 5 月開始撰寫詩體長篇小說《葉甫蓋尼・奧涅金》。南俄四年的流放生活，沒能改變普希金的政治立場。詩體長篇小說《葉甫蓋尼・奧涅金》作為普希金的代表作，是俄羅斯第一部現實主義作品，創作歷時八年。作品圍繞著愛情故事展開情節；彼得堡貴族青年奧涅金與鄉村女孩塔吉雅娜的愛情，詩人連斯基與塔吉雅娜的妹妹奧爾加的愛情。作品總體上突出塑造了奧涅金這個俄羅斯文學史上第一個「多餘的人」的形象。

奧涅金的空虛和懷疑，連斯基的死亡，塔吉雅娜的孤寂，這些情節都生動地反映出西元 1820 年代俄羅斯的社會生活。現實主義在作品中得到深刻地展現。

1826 年 9 月，普希金獲得沙皇尼古拉一世的赦免，回到莫斯科。然而普希金並沒有因此與沙皇合作，他雖然不再反對皇權，但仍舊呼喚自由、同情人民、反對暴政、反對暴君。他主張君主立憲，也接受了尼古拉一世的條件，不發表反政府的言論，但他終生不與沙皇政府合作。

1837 年，寒冬的一天。

彼得堡郊外，小黑河畔。

一聲清脆的槍聲響起，沉寂，茫茫一片大地。

「……在決鬥中，剛強而鎮靜地，準備著迎接致命的鉛彈」。普希金的詩句變成現實。決鬥的子彈擊中了他的肺部。

四周的白雪瞬間被鮮血浸染。瘦弱的身軀重重地摔倒下去……

「俄羅斯詩歌的太陽」被射落了。這個剛才還迎著凜冽的寒風，笑傲決鬥的身影，就這樣輕易地中彈了。決鬥是陷阱嗎？已經不重要，重要的

是俄羅斯文學之父再也站不起來。有人說，誰叫他得罪了沙皇貴族們呢？

　　普希金不幸去世的噩耗傳出，整個俄羅斯驚呆了，俄羅斯人民陷入了巨大的悲痛中，哭喊著普希金的名字。成千上萬的人擁向詩人的住所，爭相目睹詩人最後的遺容，向他作最後的道別。

　　普希金影響之大，已經令心虛的沙皇害怕起來。他害怕大眾自發的悼念會釀成大規模的示威抗議，他害怕自己的統治受到威脅。於是在統治者的精心安排下，詩人的遺體被祕密地運到米哈伊羅夫斯克村，草草下葬了。護送之人僅有詩人的一位好友。然而，孤獨的葬禮並沒能抹殺詩人的偉大。一百多年來，對手早已腐朽，然而詩人仍舊光輝如昔。

　　普希金的作品和思想，透過那典雅、純粹的語言載體，已經滲透到俄羅斯人的日常生活之中。他的名字伴隨著俄羅斯人從成長、生活，直到死亡。可以講，俄羅斯民族的血液和靈魂中都有他的元素。

　　事實上，早在十八、十九世紀之交，歐洲便盛行浪漫主義。浪漫主義在反映客觀現實上，從主觀內心世界出發，側重抒發對理想世界的熱烈追求，常用熱情奔放的語言、瑰麗的想像和誇張的手法來塑造形象。在具體文學創作中，浪漫主義遵循理想化的原則，表現理想與希望的生活。它透過推崇人的個性和情感，注重表達人物的主觀感受，來表現對社會的不滿情緒。俄羅斯的浪漫主義文學潮流，以茹科夫斯基的創作為代表。

　　瓦西里·安德烈耶維奇·茹科夫斯基（西元 1783 ～ 1852 年），詩人、翻譯家、評論家，浪漫主義文學創始者之一。茹科夫斯基從小受到良好教育，曾就學於莫斯科大學附設的貴族寄宿中學。他很早就對文學感興趣，嘗試自己創作劇本。在校長的影響下，茹科夫斯基了解西歐浪漫主義文學，畢業後繼續研讀英、法、德等國文學。1797 年發表第一篇詩歌〈五月的早晨〉。1802 年翻譯英國詩人格雷的悲歌〈墓園輓歌〉。1808 ～ 1810

年主編《歐洲通報》，並發表詩作。1812 年參加衛國戰爭，因其〈俄國軍營中的歌手〉一詩在俄羅斯一舉成名。他的〈斯維特蘭娜〉是首故事詩，那充滿離奇的故事情節，淒婉抒情的藝術風格以及聽天由命的宗教思想，這些都透著消極浪漫主義的特點。

茹科夫斯基被公認為俄羅斯浪漫主義詩歌的奠基人。他的詩著重描寫內心生活、夢幻世界、對自然的感受，也常取材於民間流傳的神話故事。他的詩歌語言純正、優美，在抒發內心感情、創造新的表現技巧和韻律方面，可以說是普希金的先導，對俄羅斯詩歌的發展有良好影響。當然，影響普希金創作風格的還有另一位抒情詩人、散文家，康斯坦丁·尼古拉耶維奇·巴丘什科夫。克雷洛夫的寓言和格里鮑耶陀夫的戲劇創作也是十九世紀初期不可忽略的文學現象。

伊萬·安德烈耶維奇·克雷洛夫（1768 ～ 1844），俄羅斯最傑出的寓言作家，也是世界三大寓言家之一。他幼年喪父，十歲起便自謀生計，後來去了彼得堡。1782 年寫了首部喜劇《用咖啡渣占卜的女人》，初露諷刺才華。1786 ～ 1788 年間，又創作出《瘋狂之家》等喜劇作品，嘲諷貴族空虛放蕩的生活，描寫破落貴族的狼狽境遇。自 1789 年起，他先後創辦過《精靈郵報》和《觀察家》（與人合作）雜誌，因兩刊有揭露統治者的專橫和罪惡的傾向，而被勒令停刊。他本人也因受迫害而避居外省。在這期間，他又寫了悲劇《特魯姆弗》和喜劇《小時裝店》，仍舊堅持戲謔宮廷和貴族的風尚。

他主要的文學成就還是他的 206 篇寓言。克雷洛夫自 1806 年返回彼得堡後，主要創作寓言。他的寓言雖以鳥蟲魚獸、山水花草為主，然而卻反映著社會現實。他在寓言詩中吸收了大量民間諺語和俗語，通俗生動，親切可愛，加之故事幽默、風趣，自然出了不少精品，他的許多詩句已成

為格言和諺語。實際上，他的寓言已超越了傳統的道德說教，具有揭露農奴制度種種罪惡的深刻性，有助於俄羅斯民族意識的覺醒。

亞·謝·格里鮑耶陀夫（1795～1829），俄羅斯劇作家，俄羅斯現實主義戲劇的發展的奠基人。他一生中唯一的傑作就是喜劇《智慧的痛苦》（又譯《聰明誤》）。作品透過貴族青年恰茨基與貴族少女索菲婭的愛情故事，反映了當時進步與保守勢力兩個陣營的全面衝突。恰茨基單槍匹馬地與法穆索夫為首的貴族集團進行搏鬥，結果只可能是一敗塗地。《智慧的痛苦》具有較高的藝術性，除人物性格鮮明外，戲劇臺詞也十分生動，其中不少成了俄羅斯家喻戶曉的成語。格里鮑耶陀夫雖然還創作有《年輕夫婦》、《佯裝的不忠實》、《大學生》，但其影響力大遜。

自此後，俄羅斯文學便開創出驚人的奇蹟。普希金之後，不到百年，便相繼湧觀出了一大批世界級的作家，如萊蒙托夫、果戈里、別林斯基、赫爾岑、屠格涅夫、岡察洛夫、奧特洛夫斯基、托爾斯泰、車爾尼雪夫斯基、涅克拉索夫、杜斯妥也夫斯基、契訶夫、高爾基等等。

1830 年代，現實主義傾向在文學中日趨加重。1831 年，自普希金發表《葉甫蓋尼·奧涅金》後，果戈里於 1835 年又發表了中篇小說集《小品集》和《密爾格拉德》，1836 年又發表了《欽差大臣》。萊蒙托夫於 1840 年發表了《當代英雄》，1842 年果戈里發表了《死魂靈》等，這一切都反映了現實主義已取代浪漫主義，成為俄羅斯文學的主流。

現實主義文學興起於 1830 年代的法國。文學的責任是真實反映現實人生，揭露和批判社會的黑暗。由於這種文學風格強烈地批判了現存的秩序，又稱為批判現實主義。現實主義文學的特點在於倡導客觀地觀察生活，還給生活本來的面目。它要求透澈地分析人類行為的相互衝突，展現個人奮鬥、成長的經歷：如何在困境中奮鬥，如何在挫折中進取等等。

　　米哈伊爾・尤利耶維奇・萊蒙托夫（1814 ～ 1841），俄羅斯詩人。生於莫斯科，父親是退役軍官。三歲喪母，在外祖母撫養下成人。1827 年去莫斯科。1828 年入貴族寄宿中學，此時開始寫詩。1830 年考入莫斯科大學，次年喪父。1832 年轉入彼得堡近衛軍騎兵士官學校。1829 ～ 1832 年間，他創作了長篇小說《瓦吉姆》和充滿叛逆精神的長詩〈惡魔〉，抒情詩〈帆〉、〈不是的，我不是拜倫，而是另一個〉。對「生的渴望」和生怕一事無成的哀愁，這些都成為他筆下主角的感情特點。

　　他的《詩人之死》一問世便震動了整個俄羅斯文壇。詩人在聽聞普希金死於決鬥後，尖銳地指出殺害普希金的真正凶手是俄羅斯上流社會。他憤怒地指責這些屠夫，他們可以躲在法律的蔭庇下，但是「神的裁判」在等著他們。詩人因此被流放到高加索。

　　萊蒙托夫於 1840 年出版的長篇小說《當代英雄》，描寫了主角畢巧林的複雜的性格。這位主角精力充沛，才智過人，但卻受制於當時社會條件，只能為一些瑣細無聊的小事浪費精力，乃至生命。作者以批判的態度評價這個形象，他「是由我們整整一代人身上充分發展了的缺點構成的」。《當代英雄》雖然帶有浪漫主義色彩，但更應該稱為現實主義的作品。其結構完美，並富有特色，心理分析細緻，語言準確優美，是俄羅斯文學中最早最出色的長篇小說之一。

　　如此傑出優秀的萊蒙托夫也像普希金一樣，英年早逝。1841 年 7 月27 日，一場預謀已久的決鬥奪去了詩人的生命。時年不足 27 歲的他只有短短四年的成熟創作期，但是他對俄羅斯文學的巨大的貢獻，有著承先啟後的作用。在展示人物內心生活的心理描寫方面，他是俄羅斯文學中的先驅，就連杜斯妥也夫斯基、列・托爾斯泰等大師都從他那兒汲取到創作的營養。

　　尼古拉‧瓦西里耶維奇‧果戈里（1809 ～ 1852），俄羅斯小說家、劇作家、批判現實主義戲劇的奠基人之一。果戈里自幼喜愛戲劇，中學時期就寫過劇本、演過戲，雖未能如願地成為職業演員，但始終保持著對戲劇的興趣。

　　1831 年，果戈里結識了大文豪普希金。正如果戈里自己講的那樣，「我生活中的一切歡樂，我所有最美好的慰藉都是從他那裡得來的，沒有他的指導，我將一事無成，沒有他為榜樣，我一行也不可能寫成⋯⋯」。同年，果戈里因其《狄康卡近鄉夜話》而蜚聲文壇。隨後又相繼推出了〈五月之夜〉、〈索羅慶采市集〉等名篇。1835 年，他出版了《小品集》。然而他的傑作《欽差大臣》才是劃時代的。劇中對官僚專制體制的批判和諷刺異常強烈，尖銳，轟動了俄羅斯社會，但也招致了沙皇貴族，商人官吏的群攻。好在他得到別林斯基的高度評價。1836 ～ 1842 年，完成了《婚事》和《賭徒》，以及《官員的早晨》《訟事》《僕役室》等幾部獨幕劇。此外，他還寫了戲劇理論文章。

　　果戈里認為真正的喜劇應是社會的「鏡子」，不應該將喜劇人物漫畫化，而應有活生生的性格和示範性。《欽差大臣》看似一場鬧劇，但其「社會喜劇」的典範性卻展現得淋漓盡致。劇中人物赫列斯達科夫被誤認為欽差大臣後，市長邀他到自己家裡，以女兒為釣餌謀求升官晉級，更不用說其他官僚的紛紛行賄。當郵政局長私拆了赫列斯達科夫的信件之後，市長才發現了自己的愚蠢⋯⋯

　　劇中的市長，實際代表著尼古拉一世專制政權之下的貪官汙吏。盲目的自信和可笑的任性好像已經成為官僚們的職業通病。對上司的恐懼、逢迎、欺騙和愚弄，這些現象只能說明統治高層的殘暴和腐敗。花花公子赫列斯達科夫並非是「天生的惡棍」，也不過是一個輕浮、自負、喜歡用誇

大的幻想和華麗的謊言填補內心空虛的紈絝子弟。

　　1836 年 6 月，果戈里離開了俄羅斯。他在外漂泊的十年間，遊歷了瑞士、巴黎和義大利等地，很少回國。他在國外用了七年時間完成了長篇巨作《死魂靈》（第一部）。該書在別林斯基的幫助下，於 1842 年 5 月在彼得堡問世。

　　《死魂靈》裡主線是投機家乞乞科夫。這位「詭計多端」的傢伙為了發財致富，絞盡腦汁地想出一套買空賣空、巧取豪奪的妙計。他遊走於 N 市及其周圍地主莊園，廉價收購在農奴花名冊上尚未註銷的死農奴。隨後他以移民為藉口，向國家申請無主荒地，再將得到的土地和死農奴名單一同抵押給政府，從中漁利。

　　《死魂靈》透過暴發戶乞乞科夫購買死魂靈的故事，展現了地主官僚這些農奴制賴以生存的捍衛者們的沒落，勞動人民在專制制度下的痛苦呻吟和對國家未來的思考。《死魂靈》中五個地主的形象尤其生動逼真。他們面目各異，構成一幅幅地主的肖像畫廊：瑪尼洛夫外表文雅，但精神卻貧乏空虛；哥羅博奇貪婪，愚鈍，自私；諾茲德廖夫能信口胡謅，漫天撒謊；索巴凱維奇精明，刻薄，冷酷，殘暴；沒留希金更是集吝嗇鬼、守財奴、壓榨者的特性於一身，令人不寒而慄。主角乞乞科夫則代表著唯利是圖，投機取巧的資產階級暴發戶，果戈里借用這個人物批判了貪婪的資本累積者。

　　總之，讀者從作品中看到俄國農奴制已經到了苟延殘喘的地步。它的滅亡是必然的。當然，作者因其思想的局限，並未能指明出路在哪裡。然而《死魂靈》像一部俄國的「病態歷史」，使整個俄羅斯為之震撼。作品的意義和價值，就在於對俄國封建農奴制度的無情揭露和批判。就其批判的深刻度而言，果戈里可算俄羅斯長篇小說中的第一人。這部小說被譽為

果戈里批判現實主義藝術的「頂峰」，不僅是俄羅斯，也是世界現實主義文學的經典著作。

　　果戈里後來長期僑居國外，脫離了國內先進文學界，思想發生了逆轉，從批判、揭露轉而到保護、讚美農奴制，別林斯基曾寫過著名的〈致果戈里的一封信〉，對果戈里的背叛行為予以痛斥。

　　果戈里一直在尋求續寫《死魂靈》第二部。然而那種違背生活真實和藝術真實的創作甚至連作者自己也不滿意。他於 1845 年又毫不留情地燒毀了已寫成數章的手稿。1849 年，果戈里移居莫斯科後繼續寫著《死魂靈》第二部，然而生活的貧困，精神的痛苦和疾病的折磨，使他油盡燈枯。1852 年 2 月 11 日，果戈里在親手燒毀了《死魂靈》第二部的手稿後，於 3 月 4 日逝世。

　　除上述作品外，果戈里的主要作品還有《索羅欽集市》、《五月之夜（或：女落水鬼）》、《聖誕節前夜》、《伊凡·費多羅維奇·什邦卡和他的姨媽》、《舊式地主》、《伊凡·伊凡諾維奇和伊凡·尼基福羅維奇吵架的故事》、《涅瓦大街》、《鼻子》、《畫像》、《外套》、《馬車》等等。

　　可以說，果戈里的幽默與諷刺，具有獨特的特點。這是一種純粹俄羅斯的幽默，平靜的、淳樸的幽默。如果說其他作家的幽默與諷刺只用在個別詞句、段落或個別人物的描寫上，那麼果戈里則將之用在整個字裡行間。他那滿篇的幽默與諷刺，成就了他獨特的「含淚的笑」，或許這正是其他作家無法比擬之處。「含淚的笑」是別林斯基對果戈里的高度評價。

　　果戈里身為十九世紀俄羅斯批判現實主義文學奠基人之一，是俄羅斯文學中自然派的創始者。他對俄羅斯小說藝術發展的貢獻尤其顯著。屠格涅夫、岡察洛夫、謝德林、杜斯妥也夫斯基等傑出作家都受到果戈里創作的影響。概言之，果戈里的文學成就足以令他走向世界。他的藝術激勵著

一代又一代讀者，鼓勵他們頑強地抗爭著現實生活中的醜惡。從藝術創作上講，他那精美而高超的藝術境界，是未來藝術家追求的高度。

維薩里昂·格里戈里耶維奇·別林斯基（西元 1811 ～ 1848 年），出生於一個軍醫家庭，家境貧寒。1829 年他曾在莫斯科大學語文系學習，1831年因寫作具有反農奴制傾向的劇本《德米特里·卡里寧》而被校方以「身體虛弱，智慧低下」為藉口開除。別林斯基早期雖受黑格爾唯心主義哲學影響，但隨後在反對俄國和西歐反動思想的抗爭過程中，逐漸轉變成為唯物主義者。

具體地講，四十年代以後，別林斯基透過其代表作《亞歷山大·普希金作品集》系統論述了俄羅斯文學從羅蒙諾索夫到普希金的發展變化過程。他客觀而現實地將普希金推到「俄羅斯第一個民族詩人」的高度，並在一系列論文中，肯定了果戈里的創作在俄羅斯文學史上劃時代的意義。如〈乞乞科夫的經歷或死魂靈〉、〈一八四二年的俄國文學〉等。

別林斯基以果戈里的創作為依據，深入分析了以果戈里為代表的「自然派」在俄羅斯文學史上的形成過程。他指出自然派作家的人民性主要展現在他們描寫了「平民百姓的世界」和「普通人」。人民性是「我們時代的美學的基本東西」，生活的描寫是忠實的，那就必然是「富於人民性的」。

在美學上，別林斯基認為現實是文學的土壤、對象和材料，文學作品再現了現實的創造性。他提出「熱情說」明確地表明：熱情是作家主觀意識和主觀情緒的反映，熱情的品格越高，文學作品的思想就越強，這一理論促進了現實主義創作中主客觀因素的統一。

別林斯基高度評價了果戈里、赫爾岑、岡察洛夫、屠格涅夫、涅克拉索夫和杜斯妥也夫斯基的創作，認為「自然派在今天站在俄羅斯文學的最前哨」。1840 年以後，他幾乎每年發表一篇文學現狀的綜合評論，總結

其經驗和成就，對俄羅斯文學的發展產生著重要的指導性作用。然而，當他發現果戈里創作中出現向專制農奴制妥協的傾向時，憤而發出譴責聲。1848 年，別林斯基在彼得堡逝世。

概言之，別林斯基的文學評論與美學思想在俄羅斯文學史上發揮巨大的作用，它推動了俄羅斯現實主義文學的進一步發展，對車爾尼雪夫斯基、杜勃羅留波夫美學觀念的形成有直接的影響。再有，別林斯基的貢獻是多方面的。他首先系統地總結了俄羅斯文學發展的歷史，科學地闡述了藝術創作的規律，提出了一系列重要的文學和美學見解，成為俄羅斯文學批評與文學理論的奠基人。與此同時，他也透過他的著作宣傳了革命民主主義的政治綱領。

第二階段

十九世紀中期為第二階段，俄羅斯批判現實主義文學逐步繁榮。1855 年，俄國輸掉了歷時兩年的俄土戰爭，農奴制度危機明顯加劇。1861 年 2 月，沙皇政府被迫頒布廢除農奴制度的法令。這場農奴制改革雖然沒使農民得到真正的解放，但也為俄國資本主義的發展開闢了道路。五十、六十年代，圍繞著對農奴制度的改革問題，革命民主主義者與貴族自由主義者之間展開了激烈的思想交鋒。當時有影響的進步刊物主要有涅克拉索夫主持的《現代人》雜誌，以及《俄國言論》、《北極星》和《鐘聲》等。

許多平民知識分子進入了作家隊伍，是這一時期的顯著特點。作家隊伍的結構變化帶來文學作品主題的變革。主題民主化、農民題材增多是明顯的現象。其中就有「農民歌手」涅克拉索夫以及他當時的作品，如《被遺忘的鄉村》、《大門前的沉思》等。托爾斯泰在這一時期也發表了《一個地主的早晨》。

　　這期間較為重要的作家還有波緬洛夫斯基，列維托夫、尼基欽、米哈伊洛夫、庫羅奇金兄弟、米納耶夫和貴族抒情詩人費‧伊‧丘特切夫、阿‧阿‧費特、阿‧尼‧邁科夫等。

　　當然，隨著民主運動的蓬勃發展，作家不僅需要無情地提示現實生活的醜惡和可悲，更需要表達出人們的思想探索和對理想的追求。平民知識分子革命家自然取代貴族知識分子而成為作品中的正面人物。屠格涅夫的小說《前夜》中的英沙羅夫和《父與子》中的巴扎羅夫便是實例。更不用說車爾尼雪夫斯基筆下的職業革命家拉赫美托夫的形象了。

　　對道德問題的探索，是這一時期文學的又一大特點。作家經常透過探索人物千變萬化的心理活動，來表現複雜而又痛苦的精神道德過程。其中就不乏名作，如謝‧季‧阿克薩科夫的《家庭紀事》以及托爾斯泰的《戰爭與和平》，杜斯妥也夫斯基的《罪與罰》、《白痴》等。

　　伊凡‧謝爾蓋耶維奇‧屠格涅夫（西元 1818 ～ 1883 年），俄羅斯世界級文學大師。父親是一位退職軍官，母親是個暴戾任性的女地主。作家的童年和少年時代是在母親的莊園裡度過。封建莊園的生活讓他留下了陰暗的記憶。

　　1827 年隨全家遷居莫斯科。1833 年入莫斯科大學語文系，翌年轉聖彼得堡大學哲學系語文專業，學習四年。1838 年出國在柏林大學進修哲學和古典語文。1841 年歸國，任職於內政部。1842 年底，他認識了別林斯基，並結下深厚的友誼。可以講，別林斯基對屠格涅夫一生有過重大的影響。

　　屠格涅夫從小嘗試著文學創作。1834 年寫成的處女作詩劇《斯杰諾》，帶有鮮明的浪漫主義特色。1843 年的敘事詩〈巴拉莎〉表明他開始轉向現實主義。隨後，屠格涅夫創作了許多劇本，《食客》、《單身漢》和《鄉村一月》等都是名作。屠格涅夫在這些劇本中反映了「小人物」的

悲慘遭遇和社會風習，推動了俄羅斯民族戲劇的發展。1850 年，屠格涅夫回到俄國。1852 年，屠格涅夫因撰文悼念果戈里逝世而被捕，在拘禁中他寫了著名的小說《木木》。一個月後，他被流放。事實上，沙皇流放他的起因是他寫了《獵人筆記》。1853 年，屠格涅夫被解除流放，重回彼得堡。

正是這部由 22 篇特寫和短篇小說組成的《獵人筆記》帶給屠格涅夫巨大的聲譽。《獵人筆記》反映了 1840、1850 年代俄國農奴制改革前夕的俄國農村生活。全書主題統一，以揭露和抗議封建農奴制度為主旨。屠格涅夫雖然在書中塑造了眾多的人物，但無外乎為兩類：性格各異的農民和形形色色的地主。他在作品中將二者的生活加以對照。以精神世界為例，作者毫無保留地讚揚了農民道德特質的崇高和豐富。

屠格涅夫藝術創作的最高成應是小說創作。屠格涅夫在 1850 ～ 1870 年代時期共創作了六部長篇小說：《羅亭》、《貴族之家》、《前夜》、《父與子》、《煙》和《處女地》。作者在這些小說中反映了三十年代進步貴族知識分子的啟蒙宣傳活動，六十年代前後廢除農奴制的民主運動以及後來的「民粹派」運動，塑造了一系列貴族知識分子的形象，極大地豐富了俄國現實主義文學的寶庫。

概言之，屠格涅夫的小說創作藝術技巧高超，結構嚴謹，內容豐富，篇幅或許不長，人物不多但性格突出，很有代表性。作者的文筆流暢、抒情，充滿詩意。尤其是他筆下的女人，更充滿著對俄國婦女憧憬，展示出豐厚的藝術魅力。

屠格涅夫創作的作品還有《安德烈·柯洛索夫》、《地主》、《彼圖什科夫》、《貴族長的早宴》、《多餘人日記》、《雅科夫·帕辛科夫》等，以及《阿霞》、《初戀》、《春潮》等中篇小說和晚期的《散文詩》等。

　　從創作藝術上講，屠格涅夫以樸素見長。他的作品沒有追求表面效果，沒寫複雜緊張的情節，沒有引人入勝的故事，也沒有過度傷感的甜膩，甚至沒有蕩氣回腸的哀傷。就連他的語言也顯得樸實無華。然而他的這份不卸鉛華、以淡雅著稱的手法卻贏得了讀者。足見其趣味之純正，藝術之高超。此種情況上講，他這種樸素並不代表著古拙，而是千錘百煉而達到的「精緻」。作者在描寫大自然時，那種富有詩意的敘述中極見功夫，其細膩的文筆堪稱世界典範。

　　如果說俄羅斯近代文學的基礎是由普希金奠定的，那麼能夠享譽世界則得益於俄羅斯三大文學泰斗：屠格涅夫、托爾斯泰、杜斯妥也夫斯基。這三位大師級作家有如光耀奪目的三顆明珠，其光耀之巨，令好些歐美文學評論家們都大聲驚呼，俄羅斯文學之狼來啦！

　　當然，最先向世界介紹俄羅斯文學之人就是屠格涅夫。這位長期僑居西歐的俄羅斯作家有機會結交西歐大師名家。他雖以自己的文學成就贏得了福樓拜等文學大師的讚許，但他仍不遺餘力地宣傳俄羅斯文學。在他和眾多作家的努力下，俄羅斯文學在歐美得到普遍地認同，更是風靡一時，大有「代法國小說而起」之勢。當然，在歐美掀起「俄國熱」的除屠格涅夫外，就數托爾斯泰、杜斯妥也夫斯基等了。

　　亞歷山大‧尼古拉耶維奇‧奧斯特洛夫斯基（西元 1823 ～ 1886 年），俄羅斯戲劇家，出生於莫斯科一個市民家庭。中學時代就對戲劇產生強烈興趣。1840 年在莫斯科大學法律系學習，三年後離校到法院工作。他因經常接觸商界訴訟，故而較熟悉商界圈子。他日後戲劇創作的素材大多源於對此的了解。

　　奧斯特洛夫斯基的創作活動始於在法院任職期間。然而 1850 年發表的《自家人好算帳》才真正引起轟動效應。這部戲不僅成就了作者，更開

創了俄羅斯的「生活喜劇」。該劇描繪了莫斯科河南區的商人世界，揭示了在這個「黑暗王國」貪婪、欺騙和唯利是圖的冷酷面目。專橫的商人鮑爾肖夫為侵吞別人的財產，把自己的財產全轉到管家名下，佯裝破產。不料狡猾的管家在趁機娶了主人女兒的同時，還霸占了主人的所有財產。鮑爾肖夫因賴帳而鋃鐺入獄，女兒和女婿為了錢，甚至不肯營救自己的親人。人與人的關係在這裡變成了金錢和物質利益的關係。

《大雷雨》是奧斯特洛夫斯基的代表作，此作品的發表更意味著他的戲劇創作已經走向成熟期。《大雷雨》成功塑造出一個在「黑暗王國」中不堪凌辱，以死反抗舊勢力的卡捷琳娜形象。

1860 ～ 1870 年代，奧斯特洛夫斯基又寫出了多部歷史劇，以及喜劇《智者千慮必有一失》、《來得容易去得快》、《森林》、《狼與羊》、《沒有陪嫁的姑娘》等優秀作品。不少作品著力反映了貴族道德的沒落和資產階級掠奪的實質。晚年，這位傑出的戲劇家寫了表現演員生活的劇本《名伶與捧角》和《無罪的人》等作品。

若論奧斯特洛夫斯基的戲劇，可以形容為社會內容廣闊，人物性格豐富，生活氣息清新真實。整個俄國戲劇舞臺為之一新，正是有了他的出現，俄國才有了民族自己的戲劇。

總體上講，奧斯特洛夫斯基一生寫有近五十部劇作。他的作品，繼承了普希金、果戈里和格里鮑耶陀夫所開創的現實主義戲劇道路，而且在戲劇的題材、形式等方面有所革新，被譽為俄羅斯文學史上的戲劇革新家。鑑於他對俄羅斯民族戲劇的發展事業作出的巨大貢獻，而被稱做俄羅斯文學史上偉大的戲劇家。事實上，即使在世界戲劇史上，他都占有很重要的位置。

在這一時期，俄羅斯文學界空前活躍，出現了許多優秀的作家和作品，產生了積極廣泛的影響。除了屠格涅夫、奧斯特洛夫斯基外，重要的

還有岡察洛夫、車爾尼雪夫斯基和涅克拉索夫，以及波緬洛夫斯基、費特、丘特切夫、阿‧康‧托爾斯泰等。活躍於十九世紀晚期的列夫‧托爾斯泰和杜斯妥也夫斯基等也在此時嶄露頭角。

第三階段

　　1870 年代後期的文學為第三階段。這時俄國的資本主義也有了較快的發展，但農奴制度的殘餘依然存在，社會矛盾相當尖銳。1874 ～ 1875 年間，曾出現民粹運動高漲的局面，雖然這一運動最終遭到鎮壓。八十年代，俄國民主運動處於低潮，「小事情理論」開始流行。九十年代，俄國工人運動出現並逐步走向成熟。

　　就俄國文學而言，延續了六十年代的發展勢頭，取得輝煌的成就。七十至八十年代，批判現實主義文學在俄國繼續繁榮，小說、詩歌和戲劇等領域中出現了一大批傑出的作品。屠格涅夫、托爾斯泰、杜斯妥也夫斯基、謝德林一些成名作家仍在臺前，而新一批平民知識分子作家開始湧現，如納烏莫夫、扎索季母斯基、茲拉托夫拉茨基等。柯羅連科和契訶夫也在這個時代登上了俄羅斯文壇。

　　列夫‧尼古拉耶維奇‧托爾斯泰（西元 1828 ～ 1910 年），十九世紀後半期俄國最偉大的作家。他的《戰爭與和平》、《安娜‧卡列尼娜》、《復活》，都是舉世聞名的文學巨著，他以自己漫長一生的辛勤勞動，登上了當時歐洲批判現實主義文學的最高峰。

　　托爾斯泰出身名門貴族，自幼受到典型貴族式家庭教育。1844 年，托爾斯泰考入喀山大學東方語文系，次年轉學法律。在大學期間，他對道德哲學產生了強烈的興趣，喜愛盧梭的學說及其為人，並受到盧梭、孟德斯鳩等啟蒙思想家影響。1847 年，托爾斯泰退學回家。回到莊園的他企圖改

善農民生活，但因得不到農民的信任而失敗。1851 年，托爾斯泰開始在高加索服役，曾參加過 1854 ～ 1855 年的克里米亞戰爭。這一段軍旅生活，也為他今後描繪戰爭場面打下了基礎。

1855 年，托爾斯泰以自傳體小說《童年》《少年》和《青年》步入俄羅斯文壇。隨後他接觸到一大批進步作家，如涅克拉索夫、車爾尼雪夫斯基和岡察洛夫等。隨後，托爾斯泰創作了短篇《暴風雪》和中篇《兩個驃騎兵》《一個地主的早晨》。他在《一個地主的早晨》中描述了他在自己莊園中自上而下的改革，以及試驗失敗的過程。

1860 ～ 1861 年，托爾斯泰為了考察歐洲的社會現狀和教育狀況，曾兩次出國。結果並沒有滿足自己的期望。托爾斯泰再次將目光落到俄國傳統文化上，希望在祖國的文化遺產中重新尋找到支撐自己的精神力量。在他看來，俄國的理想社會應建立在小農經濟基礎上，農民是最高道德理想的化身，貴族應走向「平民化」。他的中篇小說《哥薩克》便傳遞了這些思想。作品中的青年軍官因厭棄城市文明，前往淳樸的哥薩克農村去尋找生活的理想。然而他最終因無法和自己「複雜而畸形的過去」徹底決裂，只好再度離去。

1863 ～ 1869 年，托爾斯泰創作了卷帙浩繁的史詩巨著《戰爭與和平》，為自己的創作歷程實實在在紮下了第一個里程碑。1873 ～ 1877 年，他經過 12 次易稿，完成第二部里程碑式巨著《安娜·卡列尼娜》，這也表明他的小說藝術已爐火純青。1899 年，他經過在思想、藝術上的長期探索後，再度創作出里程碑式的長篇小說：《復活》。

晚年，托爾斯泰還創作了短篇小說《舞會之後》、劇本《活屍》、中篇小說《哈吉穆拉特》等。

托爾斯泰總想與貴族階級決裂，因此他與家庭格格不入。或許是為了

真正過上平民的日子，他於 1910 年 10 月 28 日終於悄然離家出走，完成了他對貴族階級的徹底背叛。十天後，托爾斯泰因患肺炎逝世在一個小火車站裡，享年 82 歲。一代文學巨匠就這樣為自己的人生畫上了句號。

　　托爾斯泰的藝術創作博大精深，氣勢恢弘。他那特有的概括力和寬廣的視角，創作出史詩式小說。《戰爭與和平》反映了從 1805 年到 1825 年近二十年間的歷史時代，著重歌頌了 1812 年俄國民族反對拿破崙侵略的衛國戰爭，達到了極高的思想和藝術水準。小說以庫拉金、羅斯托夫、別祖豪夫和保爾康斯基四大貴族家庭的生活為主線，在衛國戰爭的宏大背景下，展現俄國城鄉的廣闊社會生活。其內容之廣，幾乎涉獵了國家生活的方方面面，如：軍事、政治、經濟、文化和家庭生活等等。

　　托爾斯泰創作非常勤奮刻苦。他曾說「天才，十分之一是靈感，十分之九是血汗。」為了創作《戰爭與和平》，他不僅跑遍了莫斯科所有的圖書館，閱讀了大量的歷史書、回憶錄和相關資料，而且還親自到當年的戰場考察，畫地形圖，訪問參加戰爭的老人。為此，他花了整整六年時間，終於為世界文壇獻上了這部巨著。

　　作品著重強調了衛國戰爭的正義性和人民性。正義的衛國戰爭必將喚起俄國人民的愛國熱情。波羅金諾大會戰、莫斯科撤退、莫斯科大火、俄軍反攻等數次戰役，無處不洋溢著俄羅斯民族的同仇敵愾。從而也揭示了一個真理：戰爭的性質是決定勝負的關鍵。

　　愛國主義戰爭不僅能夠拯救國家，還能改變人的精神世界。這一思想主要展現在安德烈、彼爾、娜塔莎等人物形象中。安德烈是個典型的貴族軍官，戰前他是個追名逐利的人。但在大敵當前、民族生死存亡的關頭，他與普通士兵同命運、共患難，並在這種生活中獲得了對生命的新認知，找到了自己應有的位置。彼爾是個擁有大筆遺產的貴族青年，但他善良正

直，與愛倫的結合為他帶來巨大的精神痛苦，是民族的自豪感和對國家的熱愛使他離開個人生活圈，在戰爭中成為一名勇敢的戰士。

《戰爭與和平》表現了整整一個時代，氣勢磅礴，場面廣闊，人物眾多。《戰爭與和平》還綜合了不同文學體裁，如史詩、歷史小說和編年史等。托爾斯泰不僅僅能展示出宏觀世界，亦善於刻劃微觀社會。他能細緻入微地探索人物內心的奧祕，尤擅描寫心理在外界作用下的嬗變過程。那種虛實相兼的人物描寫，總能如實地表現出人物內心的多面性、豐富性和複雜性。對自己所喜愛的人物，他也不諱言其缺點，對於想揭露的人物，他也不吝褒揚其僅有的善念。他用樸實的手法，借助真實客觀的描寫來展示人物的真實面目。「近千個人物，無數的場景，國家和私人生活的一切可能的領域，歷史，戰爭，人間一切慘劇，各種情慾，人生各個階段，從嬰兒降臨人間的啼聲到氣息奄奄的老人感情的最後迸發，人所能感受到的一切歡樂和痛苦，各種可能的內心思緒，從竊取自己同伴的錢幣的小偷的感覺，到英雄主義的最崇高的衝動和領悟透澈的沉思 —— 在這幅畫裡都應有盡有。」人物的性格塑造已經達到平凡中見偉大，或平凡中現可怕的效果。

像《戰爭與和平》這種巨著，線索如此之多，結構如此之複雜，千頭萬緒，給人剪不斷理還亂的感覺。然而，在托爾斯泰的妙筆下，渾然有如整體世界，繁而不雜。

晚年，他的藝術有顯著的變化。在心理分析上力求簡潔，不寫感受的整個過程，只寫心理過程的各個階段的主要環節；有時採取戲劇的方法，透過行動和對白來表現。不寫性格的順序發展過程，而寫突發事件引起的決定性轉變。在結構上，為了表現人物的醒悟，常常採用倒敘的方法；他的中、長篇小說從不用多線索，而用單線索逐漸展開。在語言上，則力求質樸洗練和淺顯易懂，接近民間故事。

　　托爾斯泰一生成就斐然，僅巨著般的作品而言，還能數出《安娜‧卡列尼娜》和《復活》。前者描寫了一個貴族婦人，她一生將愛情視為生活的唯一。然而這位不幸而又無罪的安娜，卻為此走上了絕路。《復活》描繪了男女主角從純潔到墮落，再由墮落走向精神「復活」的過程。

　　貴族少爺聶赫留朵夫在遇到瑪絲洛娃後，始亂終棄，致使對方最終淪為娼妓。女主角蒙冤入獄並被流放到西伯利亞。聶赫留朵夫在法庭上見到不幸的瑪絲洛娃後，認出被告正是自己過去奸汙過的少女。他最終因良心發現而開始幫助瑪絲洛娃，並為她四處奔走。在這期間，聶赫留朵夫接觸到社會方方面面的黑暗。托爾斯泰借此表達出對自己對整個統治階級罪惡的認知。聶赫留朵夫在俄國貴族式的贖罪過程中，復活了。瑪絲洛娃也因之復活，她原諒了聶赫留朵夫，但是她的復活已經不會讓她再回到天真的過去，而成了一個富有利他主義精神的新人。

　　托爾斯泰的主要作品還有：自傳體三部曲《童年‧少年‧青年》、軍事小說集《塞瓦斯托波爾故事》、中篇小說《一個地主的早晨》、《琉森》等。六十年代初，中篇小說《哥薩克》、小說《伊凡‧伊里奇之死》、《哈澤‧穆拉特》、《舞會之後》，劇本《黑暗的勢力》、《活屍》等。

　　概言之，列夫‧托爾斯泰是現實主義巔峰作家之一。從 1860 年代起，他的作品開始在英、德等國翻譯出版。七十、八十年代之交以《戰爭與和平》的法譯本出版獲得國際上第一流作家的聲譽。八十、九十年代，法、英等國都承認他的現實主義創作對自己國家文學的振興作用。在隨後的許多大師級作家中，有不少人都受到他的薰陶。如法朗士、羅曼‧羅蘭、亨利希‧曼和托馬斯‧曼、德萊塞、伯納‧蕭、高爾斯華綏，還不包括其他歐美作家和亞洲作家。

費奧多爾‧米哈伊洛維奇‧杜斯妥也夫斯基（西元 1821 ～ 1881 年），十九世紀群星燦爛的俄國文壇上又一顆璀璨的明星。就其成就而言，僅有屠格涅夫、列夫‧托爾斯泰能與之比肩，這位俄國文壇上的卓越代表卻一生坎坷，有著極為艱辛、極為複雜的人生遭遇。他的創作道路最為不易，可以這樣講，他是最複雜、最矛盾的作家之一。然而他的貢獻則是有目共睹的。如果說托爾斯泰代表了俄羅斯文學的廣度，那麼杜斯妥也夫斯基則代表了俄羅斯文學的深度。

杜斯妥也夫斯基出生於莫斯科一個並不富裕的家庭，在七個孩子中排行老二。父親是一名退休軍醫，也是一個徹頭徹尾的酒鬼。1837 年，他母親死於肺結核，他和他弟弟被送入彼得堡軍事工程學校。1839 年，他父親也逝世而去。

杜斯妥也夫斯基從小患有癲癇病，九歲首次發病。所以在他的小說《白痴》中，設計梅什金公爵患上癲癇病，或許就是作者的一種故意。四十年代，杜斯妥也夫斯基結識了作家涅克拉索夫，並在他的鼓勵下，於 1845 年創作出處女作《窮人》。

《窮人》出版後廣獲好評，就連別林斯基看過作品後也將他贊為「俄羅斯文學的天才」。可以這樣講，杜斯妥也夫斯基在 24 歲時便成為俄國文學界的名人。

1847 年，杜斯妥也夫斯基迷上了空想社會主義，參加了彼得堡拉舍夫斯基小組的革命活動。1849 年 4 月 23 日，他因牽涉參加反對沙皇的活動，被捕後還被判處極刑。就在 11 月 16 日槍決之際，傳來沙皇的特赦令。隨後他被改判流放西伯利亞，那裡惡劣的流放生活，不僅毀了他的身體，也令他的思想發生了巨大轉折。從假處決事件到西伯利亞的服刑，這漫長的十年足以令他反省自己，隨後他成為篤信宗教的信徒。1854 年，他被釋

放。1858 年晉升為少尉。這時，他才有時間來思考和寫作。

　　總而言之，杜斯妥也夫斯基一生潦倒，生活中頻遭打擊。1864 年，他的妻子和兄長相繼逝世，照顧兄長的家人以及生活的重擔，差點令他瀕臨破產。他原本希望透過賭博撈一把，以償還債務。結果是舊債未了，又添新債。

　　為了躲避債主，他被迫到歐洲避債。出版商答應給他預付款，但是要求他要在半年內寫一部長篇小說。杜斯妥也夫斯基當時正忙著撰寫《罪與罰》，沒有時間再寫一部，但是出於生計只得同意。為了生計，也為了滿足社會對他作品的需求。杜斯妥也夫斯基曾以口述的方式，同時向三位祕書講述三篇不同的小說故事，堪稱文學奇才。

　　後來，他結識了速記學校的高才生安娜，兩人高效率的工作，不僅一個月內完成了《賭徒》一書，更於 1867 年結為秦晉。在安娜的鼓勵與幫助下，他的生活開始安定下來。1868 年他完成了《白痴》。1872 年完成了《群魔》。1873 年，他開始創辦《作家日記》期刊，很受歡迎。1880 年他發表了《卡拉馬佐夫兄弟》這部他後期最重要的作品。1881 年 2 月 9 日逝世。

　　《罪與罰》是杜斯妥也夫斯基的代表作之一。作品中的大學生拉斯柯爾尼科夫善良、聰明，只是性格有些古怪。面對貧困和不公平，他現實地將人分為「平凡的」和「不平凡的」兩類。為了證明自己是「不平凡的」，他計劃並殺害了放高利貸的老太婆和她的妹妹。這起凶殺案後來震驚了全俄羅斯。然而，主角的逆反式犯罪不僅沒有平息自己矛盾的思想，反而令他陷入更加激烈的天人交戰的漩渦中。

　　杜斯妥也夫斯基試圖說明，以反抗貧困、奴役出發的暴力行為不僅無助於改變現實，反而會招致自身的毀滅。如何拯救墮落的靈魂呢？作者好似並無良方，只好牽強地塑造了一位女孩來拯救拉斯柯爾尼科夫。在善

良、虔誠、富有犧牲精神的索尼婭幫助與開導下，拉斯柯爾尼科夫深受感動而投案自首了，被判流放西伯利亞。概言之，主角在基督那苦難和愛的精神中重獲「新生」。

作品著重表現了拉斯柯爾尼科夫行凶後良心受到譴責的精神狀態，深感孤獨、恐懼；刻劃他犯罪前後的心理變化。貧窮不是過錯，貧窮更不是罪惡，這或許是造物主的不公，但只要能抬頭做人，為生命努力奮鬥，逆境總有一天會過去的。或許，這就是杜斯妥也夫斯基想告訴讀者的。貧窮不是犯罪的藉口，然而貧窮往往是犯罪的根源。如果大家都能安居樂業，生活美滿，誰還會走上愚蠢的罪惡之路呢？

他的小說創作主題大致有三個方面：一是描寫被欺凌、被侮辱者，竭力展示隱藏在貧民窟陰暗角落裡悲苦、不幸的「小人物」；二是描寫自我分裂的人，揭示多重人格；三是表現人性的復歸。

《罪與罰》這部小說，在結構和敘述形式等諸方面最大限度地展現了杜斯妥也夫斯基的藝術特點，這位現代小說重要奠基人在心理分析方面，堪稱一代大師。杜斯妥也夫斯基尤擅在一個瞬間內用深度把人物心理立體地表現出來。第一章中拉斯柯爾尼科夫在殺人前夢見自己的童年，夢中一匹小黃馬拉著一輛超載的車子，被一群醉鬼肆意鞭打，終於悲慘地死去。這個夢其實並非偶然，而是從深層次中顯示了人物對謀劃中的暴力的自省和恐懼，哪怕人物自身對此並未可知。

他殺人後，在夢中回到殺人現場，看到的是殺不死的一直在對他笑的老太婆，以及滿屋和滿院子的人。眾人的笑聲和耳語聲充滿他的耳際，一雙雙眼睛都在盯著他。

主角在謀殺前一系列的「自欺」心理，以及他在謀殺後的那種夢魘和幻覺，成為突破傳統心理描寫的空間。杜斯妥也夫斯基的這種創作手段，

一直成為文學研究和新的技巧的泉源，有著很大的發展空間。

作家這種刻劃人物心理的章節，充分顯示出其非凡的藝術才能。他利用了內心獨白、夢境、幻覺、下意識等手法，揭示出了「人的心靈深處的奧祕」，被譽為傑出的心理分析大師。杜斯妥也夫斯基的小說並不注重在縱向的歷史時間上發展情節，而是把矛盾衝突集中在了很短的時間內，作者甚至極度壓縮或取消了背景描寫。作品雖然沒有滿足「三一律」的限制，但也足以讓讀者感受到情節的緊張與壓迫感，只要你走進了他的小說，就會產生一種欲罷不能的感覺，沒有片刻喘息的機會。

杜斯妥也夫斯基的小說在對話方面開展得相當優秀。小說的對話雖然能刻劃人物性格，但往往是作者借助對話在展現自己的意志，所以僅具有單聲道的特點。然而杜斯妥也夫斯基小說中的對話卻是雙向的。在作者與主角之間，僅存在平等、獨立的互為主體性的對話關係。作者筆下的人物處於永不休止的相互對話、衝撞交流和基於自身「雙重人格」而產生的內心對話之中，主角因此有著相對獨特的立場，而不會成為作者意識的傳聲筒和載體。

杜斯妥也夫斯基一生寫了相當多作品，中篇小說中較有名的有《窮人》、《雙重人格》、《女房東》、《白晝》和《脆弱的心》等，以及著名的《被欺凌和被侮辱的》、《死屋手記》、《地下室手記》等作品。晚年還寫有《白痴》、《群魔》、《卡拉馬佐夫兄弟》。

綜觀杜斯妥也夫斯基的成就，他雖然不是開創心理敘事的祖師，但他絕對是發展心理和意識描寫的一代宗師。他對文學的貢獻遠遠超出了俄國。現實主義派的作家從他的創作中可以吸收到有益的營養，現代派作家則把他的作品奉為經典，稱他本人為他們的先驅和導師，西方眾多作家將他奉為楷模，在創作中都在效仿他的風格。

　　總體上講，十九世紀後期湧現出許多重要的作家，如薩爾蒂柯夫 - 謝德林、契訶夫以及柯羅連科、列斯科夫、迦爾洵、烏斯賓斯基、馬明 - 西比利亞克和庫普林等。

● 20 世紀俄語文學

　　二十世紀的俄羅斯，可以用滄海桑田來形容。廣袤的國土上風雨漫天，戰火的硝煙，政權的更迭，改革的失敗，聯盟的崩坍。世紀之初，不到十五年的歲月，發生了三次革命。不足半個世紀的春秋，經歷了兩次世界大戰。陣陣隱痛未去，世紀之末的翻江倒海，又葬送了一個超級大國。

　　隨著俄羅斯在二十世紀發生的一系列變故，俄蘇文學過於單調和統一的形象好似完全被顛覆了。二十世紀俄羅斯文學逐漸顯現出其多元的構成，可以列數出來的就有白銀時代文學、蘇聯文學、蘇維埃俄羅斯文學、社會主義現實主義文學、官方文學、自由文學、持不同政見文學、地下文學、集中營文學、本土文學、境外文學、僑民文學、解凍文學、回歸文學、別樣文學、後蘇維埃文學……這些概念擁擠著，糾纏著，競相向我們顯示二十世紀俄語文學的豐富和多元。

　　以僑民文學為例。十月革命後，約有 300 萬俄國人流亡到世界各地，其中有不少文化界知識人士，包括大批作家、詩人，他們幾乎散布在世界各國。這些人的文學作品形成了俄羅斯文學的另一大景觀：「僑民文學」。

　　所以，如用二十世紀俄羅斯文學來涵蓋本書想表達的文學範圍，顯然是不夠的。事實上，1989 年前後，蘇聯文學界提出了「俄語文學」的術語。其用意非常明顯，他們希望用俄語來維繫有著俄羅斯價值觀念的體系，來包容已另立山頭的各共和國，來涵蓋用俄語寫作的非俄羅斯作家，

來歸納所有俄語作品。

　　按歷時的順序，二十世紀俄語文學可分為五大段：1. 二十世紀初的白銀時代文學；2. 具有七十多年歷史的蘇聯文學；3. 僑民文學；4. 回歸文學；5. 後俄羅斯文學。

白銀時代

　　無庸置疑，十九世紀中葉至十九世紀末，俄國文學達到了空前的繁榮，造就了一座以普希金、果戈里、托爾斯泰、杜斯妥也夫斯基等偉大作家為代表的俄國文學高峰，其他如音樂、舞蹈、繪畫也達到鼎盛時期。所以，這一時期可以當之無愧地被譽為黃金時代。

　　進入二十世紀後，俄語文學再度出現百花齊放、人才輩出的繁榮景象。俄羅斯文學家與哲學、宗教、藝術等領域的同胞並肩攜手，再創輝煌，故被稱做「白銀時代」。二十世紀初期，契訶夫仍活躍在文壇上，其創作興趣已經從短篇小說轉入戲劇。而安娜‧阿赫瑪托娃則是實驗小說領域的先驅。

　　白銀時代所達到的成就和對俄國乃至世界所產生的影響，是巨大而深刻的，因為它的成就和影響在當時不僅包括詩歌、小說、散文、戲劇、文藝理論、音樂、芭蕾、表演藝術、攝影、電影、繪畫、雕塑等廣泛的文化藝術領域，而且涉及建築、工業品藝術設計、宗教、哲學等人文科學領域。

　　當然，白銀時代的俄國文化中，成就最大、影響最深遠、最燦爛輝煌的，首推文學。俄羅斯詩歌在世紀之交則表現出勃勃生機。俄羅斯詩歌在經歷了長達 60 ～ 65 年的相對沉寂後，於 1890 ～ 1925 年間再度繁榮。這個時代裡，早出現的文學流派為象徵主義詩人：如巴爾蒙特、梅列日科夫

斯基、吉皮烏斯、索洛古勃、勃留索夫、明斯基、維亞‧伊萬諾夫等人，以及後來的勃洛克、安德烈‧別雷等。隨後，又湧現出未來派的謝維里亞寧、赫列勃尼科夫、馬雅可夫斯基，「新農民詩派」的克留耶夫、克雷奇科夫、葉賽寧。其中還有不屬於任何流派的蒲寧，以及早期的阿赫瑪托娃、茨維塔耶娃、帕斯捷爾納克、霍達謝維奇。一位位個性鮮明的詩人以其多姿多彩的耕耘，使俄羅斯抒情詩藝術又一次以「群星璀璨」的形態，展露其嘆為觀止的神韻。

巴爾蒙特‧康斯坦丁‧德米特里耶維奇（西元 1867～1942 年），是早期俄國象徵詩派最傑出的代表。他寫有二十餘部詩集，大量的散文、批評和翻譯著作。1890 年以後出版了三本詩集：《在北方的天空下》、《在無窮之中》、《靜》。這不僅確立了巴爾蒙特的詩人地位，也是俄羅斯象徵主義的奠基之作。在他的詩歌中，最引人注目的是太陽、個性和音樂。他在詩歌技巧方面為俄國象徵主義詩歌、為整個俄語詩歌所作出的貢獻，在當時和後來都得到了公認。其中，又以他在詩歌音樂化方面的嘗試最為人們所稱道。

亞歷山大‧亞歷山德羅維奇‧勃洛克（西元 1880～1921 年），是俄國象徵派的主將之一，也是二十世紀俄語詩史中最傑出的大師之一。18 歲時開始詩歌創作，1904 年出版的《美婦人詩集》，他自稱這本詩集是一部「詩體的戀愛自傳」，集中的詩大多是獻給他新婚燕爾的妻子柳鮑芙的。由於這部詩作充滿神祕主義和唯美主義的色彩，而令他成為俄國象徵主義詩歌流派的代表人物。

勃洛克的詩，充滿形象的對比、色彩的對映、感覺的對立，充滿一種躁動和難耐。十月革命後，他將現實的革命內容和象徵主義的詩歌手法相結合，創作出了他的代表作：長詩名篇〈十二個〉。這是他獻給十月革命

傑作，在蘇聯詩歌史上占有重要地位。詩作雖然帶有象徵主義的痕跡，但寫作技巧是精湛的，格調是高昂的。他在詩中歌頌了革命時代的精神，揭示舊世界滅亡的必然性，預示新生活的廣闊前景。勃洛克的創作開拓了蘇維埃文學的道路，對現代詩歌也產生了巨大的影響。象徵派詩人中也多小說家，成就最大者應屬安德烈‧別雷和梅列日科夫斯基。

　　別雷（西元 1880 ～ 1934 年），與許多俄國思想家一樣，他一直在思考俄國究竟該靠向西方還是東方。他試圖透過他的小說三部曲來表達他對這一問題的思考。他的三部曲由《銀鴿》、《彼得堡》和《無形的城堡》構成，儘管第三部最終未能完成。別雷在《彼得堡》中透著象徵色彩和鮮明的意識流特徵，內容包羅萬象，異常豐富。別雷的獨到之處還在於對小說藝術形式的改革上。他在追求小說的詩化和敘述的「音響」效果，並取得卓越成就。

　　梅列日科夫斯基（西元 1865 ～ 1941 年），身為俄國象徵主義的開創者，是當時最有影響作家、詩人、劇作家、宗教哲學家、文學評論家之一。他治學的目標，就是用新宗教意識啟蒙人類。他於 1893 年發表的《論當代俄國文學衰落之原因並論其新流派》，為俄國象徵主義奠定了理論基礎。與此同時，他的長篇小說也獨樹一幟。不僅繼承和發揚了杜斯妥也夫斯基的傳統，而且還展現了象徵主義的基本原則。他的歷史題材的三部曲〈基督和反基督〉獨立成篇，作品中不同的具有象徵意義的歷史事件和歷史人物，被作者用以闡釋和表達自己的新宗教哲學思想。儘管有人批評梅氏「把人物形象納入呆板的公式之中」，但該作品還是具有很高的藝術感染力。如描寫彼得大帝與其長子之間矛盾爭鬥的《反基督者 —— 彼得與阿列克謝》，充滿宮廷祕事、情愛和爭鬥，情節曲折跌宕，場面恢弘，氣氛神祕，且富浪漫色彩。

(1) 阿克梅派

阿克梅派脫胎於象徵主義詩歌流派。該派追求完美、超越和高雅的美學理想，公開宣揚「為藝術而藝術」的創作原則，拒絕對現存的社會進行批評，主張透過對人的意志、本能的啟迪使人逐漸「完善」。在詩歌中，他們側重於對現實生活的展示和人的精神世界的探索。「阿克梅派六傑」的六位詩人都因對詩歌藝術和個人風格盡善盡美的追求而稱著詩壇。其中的阿赫馬托娃和曼杰利什坦姆在後來更日臻成熟，登上了俄國白銀時代和整個世紀詩歌的高峰，成為無可爭議的大詩人。

「阿克梅」一詞源於希臘語，意為「最高級」、「頂峰」之意。阿克梅派崇拜原始生物的自然因素，常被稱為「亞當主義」。阿克梅派企圖革新美學與俄羅斯象徵派詩學，追求雕塑式的藝術形象和預言式的詩歌語言，反對迷戀於神祕的「來世」，反對熱衷於使用隱喻和象徵手法，提倡「返回」人世，「返回」物質世界，賦予詩歌語言以明確的含義。

(2) 未來主義

未來主義並非發源於俄國，而是義大利。義大利詩人、戲劇家馬里內蒂才是未來主義的創始人。未來主義者旗幟鮮明地要求革命文學藝術內容，提出與舊的傳統相決裂。他們認為人類的文化遺產和現存的文化都是僵死和腐朽的、與現時代的精神不相容的，號召創造與新的生存條件相適應的藝術形式。

在藝術形式上，提倡詩歌應以「自由不羈的字句」為基礎，這樣便可隨心所欲地表達運動的各式各樣的形式、速度以及它們的組合。他們強調直覺，主張用一系列的「類比」、「感應」、「凌亂的想像」，排斥理性和邏輯，表現作者朦朧的、奧祕的感受和不可理解的事物，表現病態、夢

境、黑夜，甚至死亡。正是這種虛無主義的大膽和反叛，引發了一場詩歌語言的探索與革命，造就了一批相當有成就的未來派詩人。

俄國未來主義在十月革命以前十分活躍。謝維里亞寧一派倡導自我未來主義，布爾柳克、馬雅可夫斯基一派倡導立體未來主義。自我未來派不滿客觀現實，宣揚個人至上，反映出資產階級在革命高潮前夕的頹喪消沉情緒。立體未來派是現存秩序的叛逆者，否定文化遺產和資產階級藝術，聲稱要「把普希金、杜斯妥也夫斯基、托爾斯泰等等從現代輪船上丟下水去」。

未來主義流派中脫穎而出的有兩位大詩人馬雅可夫斯基和帕斯捷爾納克，馬氏的詩歌的形式和語言方面都作了革新，用新奇的詞語，生動、誇張的形象，描畫資本主義都市和資產階級的醜惡，顯露出批判的鋒芒和對美好未來的嚮往，飽含革命的熱情，但有時流於形式主義，晦澀難解。

詩人帕斯捷爾納克除了在詩歌方面的成就外，還因在國外發表的長篇小說《齊瓦戈醫生》而獲得 1958 年度諾貝爾文學獎。由於作品表現出對十月革命和蘇聯社會的懷疑和反感，在國內受到嚴厲批判，並被開除出蘇聯作家協會。在國內輿論界巨大壓力下，他只好拒絕接受諾貝爾文學獎。

(3) 現實主義

在俄國白銀時代異彩紛呈的現代主義流派中，有著名的作家高爾基、伊凡・蒲寧、安德列耶夫。這些現實主義作家在繼承傳統的基礎上，注意吐故納新，拓寬現實主義的視野和表現手法，把俄國現實主義文學推向了一個新的高度，在詩歌、小說、戲劇領域都取得了巨大的成就。

高爾基（西元 1868 ～ 1936 年），蘇聯文學界的傑出代表，其作品具有浪漫主義色彩和無產階級的革命熱情，〈海燕〉這篇散文用優美的、充

滿熱情的筆調，以象徵的手法，描寫了海燕在暴風雨來臨之前在海上高傲飛翔的雄姿。海燕的形象，被迅速理解為無產階級革命的化身。

〈母親〉的背景是俄國無產階級鬥爭運動，作者描繪了無產階級波瀾壯闊的革命抗爭，塑造了共產黨員工人巴維爾和革命母親尼洛芙娜的感人形象。該書被公認為是世界文學史上嶄新的、社會主義現實主義文學的奠基作品。這部小說由於在藝術處理上作過一些嘗試，也為無產階級藝術提供了寶貴的經驗。這部小說所展現出的某些原則，後來被確定為社會主義文學的美學原則。

伊・阿・蒲寧（西元 1870 ～ 1953 年），蘇聯文學界的傑出代表，其散文注重語言的洗練、鮮明的個性和強烈的鄉土氣息。1910 年，他發表的中篇小說《鄉村》將他送上俄國文壇一流作家的平臺。1911 ～ 1913 年間，蒲寧又創作了一系列農村生活的中、短篇，如《蘇霍多爾》、《歡樂的庭院》、《蟋蟀》、《夜話》、《扎哈爾・沃羅比約夫》、《莠草》等。這些作品真實地描寫了農村的落後和黑暗，農民的愚昧無知。但情調低沉，沒有希望。

1920 年，蒲寧流亡國外，後來成為僑民文學的代表。總體上講，蒲寧繼承了古典文學的現實主義傳統。他在小說創作中不太重視情節與結構的安排，而專注於人性的刻劃和環境氣氛的渲染，語言生動和諧，富於節奏感。「由於他嚴謹的藝術才能，使俄羅斯古典傳統在散文中得到繼承」，蒲寧獲 1933 年度諾貝爾文學獎。

當然，白銀時代的現實主義作家中還有安德列耶夫。他在小說《瓦西里・菲維伊斯基的一生》中描寫鄉村神父菲維伊斯基篤信宗教，只要對上帝的信仰堅信不疑，總會有奇蹟出現。可以講，他一生都在各種恥辱和苦難中度過，最後的結局竟是家破人亡。可以這樣講，他的小說是現實主義

和象徵主義、表現主義的有機結合。

此外，白銀時代還有一批傑出的詩人和小說家，如阿爾志跋綏夫、霍達謝維奇、阿‧托爾斯泰、茨維塔耶娃、葉賽寧、愛倫堡、扎米亞京、普里什文、格林等。無論聲譽甚隆的大師，還是嶄露文壇新秀，他們都表現出各自的藝術天賦和對藝術的不懈探求與創新，白銀時代的文學因他們而絢麗多彩。

蘇聯文學

「蘇聯文學」作為一個時代文學史概念，理論上講，應包括 1917 ～ 1991 年間蘇聯各民族、各加盟共和國的文學。蘇聯文學，歷經革命和內戰時期的詩歌高潮、三十年代社會主義現實主義創作方法的主調、衛國戰爭時期戰爭文學的興起、戰後的文學「無衝突論」、五十年代的「解凍文學」、東西方冷戰時期文學的意識形態化，直至解體之前所謂的「改革文學」，風雨 74 年，其進程起伏跌宕，充滿諸多戲劇性的突轉，構成一部時明時暗、亦喜亦悲的文學發展史。

蘇維埃政權初期，各民族文學展示出各種風格各異的浪漫主義，二十年代前期的詩歌創作中這種特點表現得尤為突出。革命頌歌、讚美詩、號召性的進行曲、政論鼓動性的詩歌等，均以充沛的革命熱情，歡呼舊世界的覆滅和新世界的誕生，讚揚起義人民的勝利和與舊世界的決裂等。現實革命的大動盪導致了悲壯抒情的長詩的產生，其中心主題是起義人民的形象：如勃洛克的《十二個》、馬雅可夫斯基的《一億五千萬》、恰連茨的《全長詩》等。

(1) 三十年代

三十年代，小說是蘇聯文學的主要體裁。三十年代文學更多以勞動小說和教育小說為主。勞動讚歌類小說有卡達耶夫的《時間啊，前進！》、列昂諾夫《索溪》、馬雷什金的《來自窮鄉僻壤的人們》等等。教育小說首推奧斯特洛夫斯基以及他的《鋼鐵是怎樣煉成的》。作者以自己的親身經歷為素材，塑造的保爾‧柯察金這個曾經激勵了一代人的文學形象。

事實上，在這期間也出現一批長篇歷史小說和史詩式的長篇小說，有些還以沙俄時代的社會歷史為題材，如福爾什、恰佩金、特尼揚諾夫、洛爾德基帕尼澤、比亞杜利亞等人的作品。當然，描寫十月革命和國內戰爭艱苦複雜的作品仍舊不少，如肖洛霍夫的《靜靜的頓河》、阿‧托爾斯泰的三部曲《苦難的歷程》頭兩部、雅庫布‧柯拉斯的三部曲《在十字路口》、布爾加科夫和他的劇作與長篇小說《大師與瑪格麗特》等等。當然，高爾基的長篇小說：自傳體三部曲、《阿爾塔莫諾夫家的事業》、《克里姆‧薩姆金的一生》也卓然優秀。可以這樣講，這些作品為三十年代的蘇聯文學抹上了厚重的色彩。

然而隨著 1937 年肅反的擴大化，文學界也受到極大波及，許多作家、尤其是猶太裔作家和有「歷史問題」的作家，大多被無辜鎮壓。其中就有皮里尼亞克、曼德里施塔姆、巴別爾、瓦西里耶夫、扎祖勃林、科爾尼洛夫、韋肖雷等，一大批小說家和詩人先後遇劫。所以，二十世紀的蘇聯文學不得不說經歷過無盡的遺憾、遭受過難以彌補的損失。

米哈伊爾‧亞歷山德羅維奇‧肖洛霍夫（西元 1905 ～ 1984 年），蘇聯文學界的傑出代表，一個既獲得了諾貝爾文學獎，也得到當局倚重的作家，一生都享受著極高榮譽和待遇。肖洛霍夫生於農民家庭，參加過國內戰爭，當過餘糧徵集隊隊員，也當過機槍射手。1920 年參加蘇聯紅軍，隨

後在鎮革命委員會做過辦事員和檢查員。1922 年起當建築工人、裝卸工，還當過房產管理部門的會計和出納。

肖洛霍夫 17 歲開始寫作，1924 年發表第一篇短篇小說《胎化》。1925 年，他因《靜靜的頓河》第一部的巨大成功而聲名鵲起。1926 年，他出版小說集《頓河故事》和《淺藍的原野》（後合為一集），受到文壇的關注。他早期的作品特色鮮明，然而藝術上還欠成熟。1940 年，長篇小說《靜靜的頓河》完成，引起了極大的反響。

1939 年為蘇聯科學院院士。衛國戰爭期間任《真理報》軍事記者。1961 年當選為蘇共中央委員。1967 年起任蘇聯作家協會理事會書記。

《靜靜的頓河》耗時 12 年時間，反映了十月革命時期哥薩克人的生活和思想，被讚譽為社會主義現實主義的典型作品，在蘇聯擁有廣大讀者。小說共分四部八卷，以中農哥薩克葛利高里‧麥列霍夫的命運和他一家人的遭遇為中心，描寫了 1912～1922 年間兩次革命（二月革命、十月革命）和兩次戰爭（第一次世界大戰和蘇聯國內戰爭）中的重大歷史事件和頓河兩岸哥薩克人在此之間的動盪生活。哥薩克獨特的風土人情，哥薩克各個階層的變化，哥薩克曲折的經歷，以及捲入歷史事件強大漩渦中的主角葛利高里的悲劇命運。小說場景宏偉，畫面生動；戰爭和革命的場面氣勢雄渾，日常生活場面細膩動人，然而二者間的相互轉換則不著痕跡。風景描寫與人物心理變化彼此襯托；眾多人物及其命運在歷史事件的錯綜複雜中得到了深刻表現。

小說的藝術成就有目共睹。龐大複雜的結構，雜而不亂，嚴謹有序。浩瀚的篇幅在作者精心安排下，情節發展跌宕起伏，故事演變曲折自然，頭緒紛繁而線條分明，形成一個有機的整體。作品的故事敘述，引用了許多民歌民謠。作者語言清新明快，技巧多樣，實為不可多得的佳作。

自《靜靜的頓河》問世以來，它已被翻譯成世界上幾乎所有的主要文字，成為當代世界文學中流傳最廣的名著之一。這部小說 1941 年獲得史達林文學獎。1965 年，瑞典皇家學院「授予米·亞·肖洛霍夫 1965 年度諾貝爾文學獎，藉以讚賞他在描寫俄國人民生活各歷史階段的頓河史詩中所表現的藝術力量和正直品格。」

(2) 衛國戰爭

在衛國戰爭時期每一位著名作家，都像戰士拿起刀槍一樣，用手中的筆憤怒聲討德國法西斯。這類鼓舞士氣的政論文作品首先出現在詩歌、散文之類的短文中。接著，中、短篇小說也開始展現。作品透過典型人物的塑造、現實與歷史的串聯、特定場景的構造，已獲得一種藝術概括性。其中較為突出的有肖洛霍夫的《要學會恨》、阿·托爾斯泰的《俄羅斯性格》、格羅斯曼的《人民是不朽的》、瓦西列夫斯卡婭的《虹》、戈爾巴托夫的《不屈的人們》、西蒙諾夫的《日日夜夜》等等。

在阿·托爾斯泰的短篇小說《俄羅斯性格》中，坦克手德略莫夫英俊帥氣，然而在戰鬥中身負重傷，容顏被毀。這位面目全非的殘疾人回家探親時，父母和未婚妻都認不出他來。他因此陷入痛苦，經過痛楚的思考後，他決心隱瞞身分，重新返回部隊，何須給親人徒添痛苦呢？就這麼一個普通的人，卻淋漓盡致地展現出俄羅斯性格！當然，父母後來得知真情後，為他而自豪，未婚妻也表示愛他不渝。

這類作品中最有影響的，還是法捷耶夫的長篇小說《青年近衛軍》。這是一部根據真人真事創作的長篇小說。作品的素材是淪陷區克拉斯諾頓的共青團地下組織「青年近衛軍」和德國法西斯占領軍不屈抗爭的英雄事跡。作者擅長心理描寫，憑藉對主角的心理推斷，準確地揣摩出了青年們

在險惡環境下的各種心理活動。法捷耶夫作品另一個成功之處，便在於突
出了幾個主要成員各自的個性特徵，如柯舍沃依的熱情和堅定，邱列寧的
勇敢與靈活等，這些都給讀者留下了鮮明而又深刻的印象。作者雖然在寫
一個悲劇性故事，但是用浪漫的想像、熱烈的文字和堅強的信念，組織出
一曲既悲壯又昂揚的英雄交響曲。

　　衛國戰爭打響時，俄羅斯詩歌反應最為迅速。衛國戰爭爆發第二天，
《真理報》便刊載了蘇爾科夫的〈我們以勝利起誓〉和阿謝耶夫的〈勝利
將屬於我們〉兩首短詩。總體上講，戰爭初期的詩，充滿熱烈的呼喚，有
極大的感召力。詩歌中不僅浸透著詩人對侵略者的仇恨，亦充滿著對祖國
和親人的愛。愛與恨的情感在戰爭中融合在一起。勇敢的戰爭，堅定的勇
氣，必勝的信念，這些都成為詩人們謳歌的主題。

　　1942 年夏，安托科利斯基為了悼念獨子在前線的犧牲，詩人悲痛地寫
出了〈兒子〉。這首詩字字血、聲聲淚。長詩以一個清晨父親對兒子的呼
喚開頭，中間穿插著對兒子少時生活、對送兒上前線場面的深情回憶，接
著寫到兒子的壯烈犧牲，最後是父親與愛子催人淚下的道別。

　　特瓦爾多夫斯基的長詩〈瓦西里·焦爾金〉，達到了衛國戰爭時期詩
歌創作的最高成就。長詩中的焦爾金是一個平常的青年，每個連隊裡都能
見到。但是這位代表著前線士兵主要性格特徵的焦爾金，對祖國忠貞不
渝，對侵略者刻骨仇恨，戰時勇敢機智，閒時幽默俏皮。事實上，此詩
三十個章節，既可獨立成篇，又可連接成一個完整的故事。作者甚至肯定
這部作品是他與前線讀者共同創作的。因為在長詩的創作過程中，許多讀
者不斷寫信給作者，提供素材或詢問結局。長詩的抒情性風格，也鑄就了
該詩的藝術高度。

　　在衛國戰爭年代和戰後時期繼續有不少佳作出現，這些作品表現了蘇

聯軍民的愛國主義、集體主義和革命英雄主義精神，鼓舞人民對侵略者英勇地抗爭，描寫了為醫治戰爭創傷進行忘我勞動的場面。總之，洋溢著革命英雄主義精神的蘇聯文學作品在這期間發揮過重大作用。

(3) 戰後文學

戰爭勝利後不久的五十年代，蘇聯官方開始強化文藝的思想性，要使文藝在「冷戰」中成為抵制資產階級意識形態侵襲的強大武器。短短幾年裡，官方頒布了一系列決議，強化對意識形態的管理。由於日丹諾夫是蘇聯當時主管意識形態工作的負責人，直接炮製了許多類似決議。所以，有人將這一文學時期稱做「日丹諾夫時期」。

文學創作在此期間受到愈來愈多的行政限制。許多文藝界的領導被撤換，許多雜誌被封閉，許多文藝傾向和文學家受到點名批判，任何有新意的藝術探索不是被指責為「形式主義」，就是被說成是「頹廢的現代主義」。文學創作受到嚴重制約，還有人受到嚴厲的批判。如左琴科、阿赫馬托娃等。

米哈依爾·米哈依洛維奇·左琴科（1895 ～ 1958），著名幽默諷刺作家，1921 年步入文壇，以其幽默作品而揚名。1920 ～ 1930 年代，蘇聯各出版社競相出版他的各種作品集，許多作品被翻譯介紹到國外。左琴科很快成為蘇聯享有盛譽的幽默諷刺作家，可與肖洛霍夫、費定等著名作家齊肩。

左琴科的創作體裁多樣，有幽默諷刺短篇、雜文、中篇小說、傳記性小說、劇作和兒童故事等，其中尤以短篇見長。作者善於從日常瑣事中擷取題材，嘲諷形形色色的市儈心理、庸俗習氣以及官僚主義作風。所以，他作品的主角大多是市民階層、普通百姓、公務人員。1943 年，左琴科

因中篇小說《日出之前》中有描寫主角精神憂鬱症的治療過程，又有描寫潛意識的文字而授人以柄，受到嚴厲批評。甚至被指責為「無聊文人」、「下流作家」。左琴科後來受屈被開除出作家協會，直到 1953 年才得以平反。然而這位傑出的語言大師、幽默大師，在其生命的最後十餘年中，由於政治高壓下，他幾乎失去了創作的熱情。

阿赫馬托娃（西元 1889 ～ 1966 年），二十世紀俄羅斯文學中傑出的詩歌大師。衛國戰爭時期，被疏散至塔什干的她，創作出受到前線將士歡迎的〈勇敢〉、〈起誓〉、〈勝利〉等詩。戰後，她又受到公然抨擊，並被蘇聯作家協會開除。世俗的壓力，並沒有壓倒女詩人。她不僅默默地承受了現實，而且還能安詳繼續詩歌創作。1953 年，阿赫馬托娃的聲譽漸漸得到恢復。到了晚年，她曾被視為俄羅斯詩歌文化傳統的化身，被稱為「俄羅斯詩歌的月亮」。她擁有大量的追隨者，後來獲得諾貝爾獎的詩人布羅茨基就自稱是阿赫馬托娃的學生。她後期創作中有兩部大型作品，一是《沒有主角的長詩》，是詩人對逝去時代的審視；一是《安魂曲》，是詩人記敘她以一個母親的身分在列寧格勒的監獄外「排隊十七個月」等候探望兒子時的經歷和思考。

（4）解凍文學

日丹諾夫時期的歌頌文學，「無衝突論」盛行。公式化、概念化、粉飾生活、迴避矛盾的作品成為主流，對那些勇於觸及現實的作家和作品都採用粗暴批判的態度。隨著史達林逝世，執掌大權的赫魯雪夫出於政治需要，開始融化文學堅冰。愛倫堡的中篇小說《解凍》應運而生。隨後類似作品猶如潰堤的洪流，一瀉千里。從而形成一種新的文學現象 ——「解凍文學」。

　　這種文學現象在兩方面得到非常明確的解讀：一、要求文學創作中重視人，呼喚人性的回歸，要求重新確認「人」的地位。文學創作應站在「人性本位」的高度，面對和批判歷史和現實中存在的種種弊端；二、要求再度發掘文學的現實主義傳統，打碎以往虛偽的、矯飾的既「瞞」又「騙」的政治口號式的創作方式。呼籲作家拿出「真誠」和「良心」，寫「生活的真實」。

　　愛倫堡在《解凍》中描寫的主角是機床廠廠長茹拉甫廖夫。這位思想僵化、絲毫不關心工人生活的官僚，根本不顧工人們的疾苦，不理他們多年來一直住在潮溼陰暗的破草房和大棚裡的現實，而是強行將建造宿舍的經費挪用去蓋了座新工廠，希望以「政績」來博取上級的褒獎。然而暴風雨沖垮了三排工棚，茹拉甫廖夫被撤職，其妻也因看穿了丈夫的本質離開了他。小說的一個人物說：「你看，到解凍的時節了。」這句話透澈地點出了作品的主題：「解凍」。

　　隨後，「解凍文學」作品從此源源不斷，如：柯涅楚克的劇本《翅膀》、佐林的劇本《客人》、帕斯捷爾納克的《齊瓦戈醫生》、杜金采夫的《不是單靠麵包》、特瓦爾托夫斯基的長詩《華西里・焦爾金游地府》、尼古拉耶娃的《前進中的戰鬥》、索爾仁尼琴的《伊凡・杰尼索維奇的一天》、葉甫圖申科的詩歌《史達林的繼承者們》等等。「解凍」思潮主要是指在史達林逝世後十年中，特別是五十年代中期的那些作品，即傾向於揭露蘇聯社會陰暗面、反史達林化、要求創作自由、親西方的作品。

　　解凍期間，一大批在三十年代末和戰後被無辜鎮壓的作家紛紛恢復了名譽，他們的作品也從禁止流傳到公開出版。

　　1962 年，索爾仁尼琴得到赫魯雪夫的親自批准，發表了他的暴露小說

《伊凡‧杰尼索維奇的一天》。書中描寫一位正直善良的伊凡‧杰尼索維奇無辜被投入勞動營，並要待上十年。作者僅僅描寫了伊凡在勞動營裡一天的經歷，充分揭露了人的權利遭到踐踏的冷酷現實，顯示出深刻的批判意義。應該承認，索爾仁尼琴這部中篇小說文筆精當，描寫細緻，構思獨特，具有很高的藝術性。

隨著索氏作品的出版，以史達林時期勞動集中營、流放所和監獄為題材的作品，大量湧進蘇聯報刊和出版社。很快，「解凍文學」洶湧澎湃，濁浪滔天。不僅再次嚇壞了意識形態當局，就連赫魯雪夫也被搞得異常緊張。

赫魯雪夫在五十年代推動「解凍文學」，其主旨非常明確：借助文學家之筆來揭露史達林，打擊黨內「保守派」，鞏固自己的政治地位。然而，當這一思潮無序地興起而且危及政治體制時，赫魯雪夫自然要「剎車」。的確，行政措施和警察手段暫時阻擋了「解凍」大潮「溢出蘇聯河床的堤岸」。大潮在當時確也沒有外溢，但是卻滲入地下，與其他思潮匯合成激流。在 1980 年代末，當這股大潮再次掀起時，蘇聯的政治體制再也經不住它的衝擊了！

總體上講，蘇聯文學走過了七十餘年不平凡的里程，取得令人矚目的成就。世界上第一個社會主義國家的文學，為世界文學寶庫增添了一種全新的美學思想和引入了新的文學主角。無產階級文學在人類歷史上首次成為主導的文學，它在包容舊知識階層中文學名流的同時，又在普通工農兵中發掘出許多文學天才，組建起一支浩浩蕩蕩的文學隊伍。在文學創作的各方面，都有自己的領軍人物：小說領域中的肖洛霍夫和列昂諾夫；詩歌領域的馬雅可夫斯基和葉賽寧；戲劇領域的布爾加科夫和萬比洛夫，等等。一批世界級文學新經典匯入了世界文學的大潮：如《靜靜的頓河》、

《齊瓦戈醫生》、《大師與瑪格麗特》。可以毫不誇張地說，蘇聯文學繼承並發揚了十九世紀俄羅斯文學的輝煌。

僑民文學

　　僑民文學這個特別的流派群體，實指那些流亡到海外的俄羅斯作家群。十月革命後，一部分作家接受革命思想，將自己的創作融入了新文學的洪流之中，成為蘇聯文學早期的主要力量。另一部分作家敵視和懷疑革命，多數人選擇流亡國外，組成第一代僑民作家，也是僑民文學的第一次浪潮。

　　這一批流亡作家數量驚人，其中不乏一流的大作家：阿韋爾琴柯、阿爾達諾夫、安德列耶夫、阿爾志跋綏夫、阿達莫維奇、阿姆菲捷阿特羅夫、巴爾蒙特、吉比烏斯、扎伊采夫、扎米亞金、維·伊萬諾夫、卡緬斯基、庫普林、梅烈日科夫斯基、明斯基、謝維里亞寧、阿·托爾斯泰、苔菲、薩沙·喬爾內、尤什凱維奇、涅米羅維奇-丹欽科、列米佐夫、雷達謝維奇、茨維塔耶娃、施梅廖夫等等。

　　當然，這些流亡作家並非整齊劃一。其中的阿·托爾斯泰、施克洛夫斯基、別雷、庫普林和茨維塔耶娃等人後來返回了國家。

　　二戰之後，僑民文學出現第二次浪潮。當時淪陷區的許多俄羅斯人逃到非交戰國，戰後又有一些人從德國的戰俘營直接去了西方，他們當中也有不少人從事文學創作。第三次浪潮出現在六十至七十年代，當解凍被「剎車」後，許多作家感到壓抑，一些持不同政見作家或選擇流亡、或被官方驅逐，也移居國外。

　　到六十年代下半期出現了「持不同政見者文學」，其中最具代表性的作品是索爾仁尼琴的那部徹底否定社會主義制度、把矛頭直接指向列寧的

《古拉格群島》。七十年代初蘇聯當局放寬了出境限制，大批作家，其中包括許多持不同政見者出國定居。它們帶走了國內寫成的作品，並在國外繼續進行創作，這樣一來，批判現實主義文學又一次分為國內和國外兩部分。這種情況一直延續到八十年代中期。「改革」開始後，國外部分當中比較重要的作品幾乎全部回歸。

　　有些僑民作家繼承了象徵主義的傳統，如梅列日科夫斯基、吉皮烏斯、巴爾曼特和伊萬諾夫等；霍達謝維奇、阿達莫維奇則固守高峰派的陣地；而自我未來主義者謝維利亞寧卻我行我素，茨維塔耶娃也自成一家；二十至三十年代的蒲寧、扎伊采夫、施梅列夫和阿爾達諾夫則堅持現實主義。這些僑民作家的創作活動異常活躍，所以國外的「俄羅斯文學」得到空前發展。

　　法國和美國是俄國僑民文學的兩個中心。法國作為彼得改革主要效仿的國家，對俄羅斯文化有較大的親和力。俄羅斯許多文化人都視巴黎為文藝聖地，再說巴黎濃郁而又自由的文化空氣，有助於俄國僑民文學的發展。二十世紀初，以蒲寧等為代表的俄國流亡作家曾在那裡搭建起俄羅斯文學圈子。二十世紀中葉，西尼亞夫斯基、阿克肖洛夫、加里奇等人先後來到巴黎從事文學創作，在這裡繼續高舉著俄國流亡文學的旗幟。

　　二次大戰後，美國逐漸成了世界文化的中心。在這個移民大國家內，新移民享有較為平等的權利。多樣、刺激的藝術空氣吸引著戰後的新僑民。事實上，美國文學中就包容有美國的俄語文學。俄國文學家納博科夫、索爾仁尼琴、布羅茨基等二十世紀最傑出的俄語文學家生活在那裡，他們不僅是俄國流亡文學的中堅，甚至也被視為美國主流文化的重要組成部分。

　　僑民文學和蘇聯文學本屬同根，然而卻與蘇聯文學走著完全不同的道路。僑民文學特點非常明顯。可用四點給予概括：一、不滿蘇聯當時的社

會制度或文化政策；二、深深眷戀著故國；三、尊重俄羅斯文化與文學傳統；四、吸收異國文化。

事實上，僑民作家無論被迫還是自願離開祖國，出走的原因無外乎是不解、不滿，甚至恐懼現存制度。所以，他們在作品中自然會流露出對蘇維埃制度的對立情緒，肯定會表達出為理想社會而吶喊、而抗爭的願望。如庫普林的《第六感覺》、什梅廖夫的《石器時代》、索爾仁尼琴的《癌病房》等。

當然，無論身在何處，僑民作家大多深深依戀著故國。追憶往昔、思戀祖國自然成為僑民文學第一次浪潮的重要主題：如伊凡諾夫和他的詩集《薔薇》、扎伊采夫和他的《格列勃遊歷》、馬科夫斯基和他的《在白銀時代的帕爾納斯山上》等等。這些作品不僅抒發了作者對俄羅斯文化的眷戀，更表現出他們的愁苦和隱痛。

僑民作家多數尊重俄羅斯文化與文學傳統。他們以著名作家的生平為題材進行創作，如扎伊采夫和他的《屠格涅夫傳》、莫秋爾斯基和他的《果戈里的經商之路》、《杜斯妥也夫斯基》等。再有，僑民作家秉承了俄羅斯文學反映現實的傳統，以及從審美、倫理、政治等方面影響著讀者，努力使自己的創作與國內的現實和社會思潮連繫起來，關心社會生活，以改造社會和變革現實為己任。

第一次浪潮中的僑民作家較為年輕，積極汲取西方現代主義文學經驗，投身於歐美文學的新潮流中。早在三十年代，僑民作家把喬伊斯和普魯斯特的「意識流」和「內心獨白」方法應用到自己的創作中。諾貝爾獎得主布羅茨基廣泛吸收英美等國的文化精華，把俄羅斯傳統與西方現代主義結合起來，取得輝煌成績。

二十世紀俄國僑民文學取得了巨大成就，在五位獲諾貝爾文學獎的俄

語作家中，就有三位是流亡作家：蒲寧、索爾仁尼琴和布羅茨基。此外，俄國僑民文學還將俄羅斯的文學傳統和經驗帶到全球各地，極大地擴大了俄語文學的世界影響。

伊·阿·蒲寧（又譯布寧，1870～1953年），俄羅斯作家。因家道貧困，中學未畢業便進入社會，做過校對員、圖書館管理員、助理編輯等。曾受教於托爾斯泰、契訶夫、高爾基等作家。蒲寧的創作生涯始於詩歌。1887年開始發表詩作，1892年出版第一本詩集，1903年以詩集《落葉》獲莫斯科學術院的普希金獎。

蒲寧主要的創作成就展現在中、短篇小說上。1897年出版第一部短篇小說集《在天涯》，得到評論界的注意。1910年，他的中篇小說《鄉村》因關注農民和俄羅斯的命運，而獲得俄國文壇一流作家的認同。1909年被選為科學院名譽院士。1911～1913年間，蒲寧創作了一系列反映農村生活的中、短篇小說，如《蘇霍多爾》《蟋蟀》《夜話》《莠草》等。這些作品真實地描寫了農村的落後和黑暗，農民的愚昧無知。總體格調沉重，沒有希望。十月革命爆發後，他因持敵對立場而於1920年流亡國外，僑居法國直到去世。

他在流亡期間的創作，仍舊秉承古典文學的現實主義傳統。他的小說創作擅長刻劃人物性格和渲染環境氣氛，語言生動有趣，富有節奏感，但不太重視情節與結構的安排。蒲寧「因他嚴謹的藝術才能，使俄羅斯古典傳統在散文中得到繼承」，獲1933年度諾貝爾文學獎。

回歸文學

1985年，在戈巴契夫改革方針的指引下，社會生活出現又一次大規模的「解凍」。在文藝界，一批先前遭禁的作家及其作品，重新面世，有些

甚至是初次面世。讀者爭相傳閱，社會廣泛議論，這股文學回歸的大潮，洶湧澎湃、很有生氣。

「改革」後期和蘇聯解體前後，俄羅斯文學界的一些人（主要是自由派）在掀起「回歸文學」潮的同時，也對社會主義文學大張撻伐。什麼社會主義文學充滿著謊言，甚至將之咒為「偽文學」、「非文學」、「汙水垃圾文學」。

當然，僑民文學的回歸對僑民作家來說，恐怕有喜有憂。喜的是自己的作品能夠發表，他們的作品能夠和蘇聯文學界的生活緊密連在一起，同廣袤的俄羅斯大地和文化融為一體。憂的是，隔牆打開了，他們的作品雖然能夠在俄羅斯國內發表，然而僑民文學雜誌因為更願意刊登蘇聯時代發表過的文章而開始淡漠他們的作品。他們在搶灘國內市場的同時，國內的作品也開始擠壓他們的圈子。這種現象說明，俄語文學的交融已經拉開帷幕。

僑民文學的回歸注入了俄語文學新的活力。僑民文學猶如支流，在匯入俄語文學的大江之後，便自然走向消亡。然而僑民文學之所以掀起三次浪潮，主要是因為他們選擇了不同的世界觀和價值觀。僑民作家要為實現理想而吶喊、去創作，他們強烈地批判、抨擊蘇聯政府以及其政治制度。然而，蘇聯在一夜之間解體了，俄羅斯好像獲得了他們宣揚的民主和自由。抨擊失去了目標，他們感到茫然和失落。再有，變革後的俄羅斯仍舊讓僑民作家失望，他們甚至更願意懷念國家的過去，懷念自己的過去。

就是在這種尷尬的心情下，僑民文學回歸了，蘇聯文學消亡了。然而隨之派生出的俄語文學將繼承傳統的俄羅斯文學，並在未來得到發揚和光大。二十世紀僑民文學的終結，並沒有否認它曾經有過的意義和價值，它曾經有過的成就和輝煌，尤其是他們中的代表人物。

亞歷山大・伊薩耶維奇・索爾仁尼琴（1918～2008年），俄羅斯的傑出作家，蘇聯時期著名的持不同政見者。諾貝爾文學獲得者，俄羅斯科學院院士。他在文學、語言學等許多領域有卓越成就。

索爾仁尼琴出生於北高加索的一個教師家庭。童年貧困，1941年以優異成績畢業於羅斯托夫大學數學物理系，同年應徵入伍。衛國戰爭時期，他因戰功而兩次獲得勛章，官至大尉。

1945年2月，他因「進行反蘇宣傳和陰謀建立反蘇組織」的罪名被捕，被判八年勞改。1957年，因「無犯罪事實」而恢復他的名譽。之後，他定居於梁贊市，任中學數學教員。他在任教的同時，從事文學創作。

1962年，他因中篇小說《伊凡・杰尼索維奇的一天》而轟動了蘇聯，然而1965年又受到公開批判。索爾仁尼琴後來的作品在國內遭到封殺，只好在國外出版。

他在德國和法國出版長篇小說《1914年8月》《古拉格群島》第一卷，由於其作品大膽揭露蘇聯的黑暗面，而因此獲咎，於1974年2月12日被剝奪蘇聯國籍，驅逐出境。同年10月，美國參議院授予他「美國榮譽公民」稱號。

1978年6月8日，他在美國哈佛大學發表演講時，因批評西方社會的實利主義和自由主義，引起一場爭論。他在流亡期間，還不斷指責西方社會的道德墮落。在此期間，他在西方出版的作品中，還有《古拉格群島》《牛犢頂橡樹》和《1916年10月》《1917年3月》等。巨著《古拉格群島》由作者的個人經歷，上百人的回憶、報告、書信，以及蘇聯官方和西方媒體的資料組成，分七大部分敘述1918～1956年，特別是史達林執政期間，蘇聯各地關押迫害數百萬人的集中營的情況，書中描述的情況令人髮指。《牛犢頂橡樹》是一部關於蘇聯國內「文學生活的特寫」，其中講到

自己作品的遭遇。另兩部均為長篇小說，與《1914 年 8 月》組成三部曲，主張「以農業和手工業為基礎」恢復「古老的俄羅斯生活方式」。

1989 年，蘇聯撤銷把索爾仁尼琴開除蘇聯作家協會的決定。1994 年，葉爾欽總統邀請他回歸俄羅斯，他的作品得以正式出版。1997 年索爾仁尼琴當選為俄羅斯科學院院士。2006 年，普丁頒發了俄羅斯國家獎給他。在獲得諾貝爾文學獎 37 年之後，索爾仁尼琴終於在自己的國家獲得了肯定。

索爾仁尼琴的風格在於揭露現實時撼人的控訴力量，深切地同情不幸者，政論性、哲理性的文學體表達出鮮明的政治立場。對人類的憂患、對俄羅斯的憂患，這是俄羅斯那些集思想家、藝術家為一體的文化大師們傳統的個性。

1970 年，瑞典皇家學院以「因為他在追求俄羅斯文學不可或缺的傳統時所具有的道義力量」，授予他 1970 年度諾貝爾文學獎。

約瑟夫‧布羅茨基（1940 ～ 1996 年），蘇裔美籍詩人。這位加入了美國國籍的詩人和索爾仁尼琴一樣，1972 年也因「不安分」被蘇聯當局驅逐出境。這位麻煩製造者早在 1964 年，曾被蘇聯法庭以「社會寄生蟲」罪判處五年徒刑。

僑居國外期間，布羅茨基又以十多種語言出版了他的選集，其中尤以《詩選》和《言語的一部分》影響最大。隨著散文集《小於一》、《論悲傷與理智》等作品的發表，聲譽日隆，漸漸成為當代最著名的詩人之一。他對生活具有敏銳的觀察和感受力，思想開闊而坦蕩，感情真摯而溫和。他的詩充滿了俄羅斯風味，特別是在流亡國外之後，懷鄉更成為他的重要詩歌主題。1987 年，他的作品因「超越時空限制，無論在文學上及敏感問題方面，都充分顯示出他廣闊的思想和濃郁的詩意」，而獲得 1987 年度諾貝爾文學獎。

後俄羅斯文學

　　在現今的俄羅斯，文學創作的歌頌與批判好像總是爭吵沒完。寫「正面人物」還是「反面人物」的問題，曾經是判定一部作品優劣的標尺。事實上，正如前面介紹的那樣，寫正面題材的作品與寫反面題材的作品，不能僅僅以其政治價值為唯一的評判標準，而應該充分衡量其藝術價值。事實上，在俄語文學中，無論是歌頌型還是批判型的作品，都能找到精品。二十世紀人類生活發生了深刻的變化，俄羅斯國家更是經歷了極大的變革。複雜、多元、動盪的社會格局，為作家們提供了生活中的素材。作家們以新的方法研究調整自己的思路，隨著俄羅斯社會、政治和經濟改革的深化，文學進一步自由化，它脫離了社會的壓力和政治的重負，開始返回文學本身。九十年代的俄羅斯文學無論在思想、題材、人物上都變得更加豐富，更加多樣化。如果說八十年代蘇聯文學是對歷史的批判和反思，更多地著眼於某個時期的社會外部生活，那麼九十年代的文學則側重於表現蘇聯人內心的變化，表現對蘇聯歷史總體的哲學思考。隨著人們審美能力的提高，心理包容能力增加，後現代主義名正言順地流行起來。

　　文學的對象成為一種借助於解構與讀者進行的遊戲，對文本的重新思考、嘲諷，並最終產生存在的虛擬感。安・比托夫的《普希金之家》、維・佩列文、瓦・阿克肖諾夫的小說和尤・馬姆列耶夫、弗・索羅金、薩沙・索科洛夫以及其他諸多才華橫溢的作家的創作都屬於這類。甚至像阿・普羅哈諾夫這樣的政論家兼社會活動家也忍不住寫出了後現代主義小說《黑炸藥先生》。達・薩莫伊洛夫的「我把遊戲還原成了詩歌」的戲說竟成了這類作品的創作原則。尤・波利亞科夫的作品《蘑菇王》可以使人聯想到諸多古典文學和他本人作品的內容，帶著俯拾皆是的嘲諷、技藝精湛的詞語甚至姓名遊戲，譬如所有人物都有蘑菇姓氏，成為新現實主義的經典。

　　九十年代初，大型文學雜誌陸續發表了很多後現代主義的作品，如馬卡寧的《平常話題與情節》、皮耶楚赫的《由魔力控制的國家》、葉·波波夫的《美好的生活》等。事實上，後現代主義之所以能夠流行於俄國，主要是因為俄羅斯文學在尋求新規律、新結果。俄羅斯人在寫夠了說教式的文學作品之後，自然想寫一些內容與形式較新的作品。讀者也正期待著這種新格式。

　　隨著計畫經濟向市場經濟的過渡，文學開始面臨著市場的嚴峻挑戰。近兩年，許多文學報刊停刊，出版社的出書量銳減，純文學作品越來越難以面世，而一些準文學、色情文學作品卻走上了市場。文學受到經濟的挑戰，然而俄羅斯文學有著相當強的自控和調整能力。隨著時局的逐漸穩定，這種不健康的思潮被壓了下去。

　　九十年代後半期俄羅斯文學繼續著其發展趨勢，小說的題材豐富，創作方式朝著多元化方向發展。傳記題材的散文和小說特別受寵，同步反映生活的作品大量出現。如阿斯塔菲耶夫的中篇小說《真想活啊！》、《快樂的士兵》，阿佐爾斯基的長篇小說《細胞》，馬卡寧的《地下人，或當代英雄》等等。這些作品在社會上引起很大反響。

　　綜觀二十世紀俄語文學不難發現，現實主義文學仍舊十分強大。對傳統的繼承和發展，幾乎成了二十世紀俄語作家的必由之路和成功象徵。另一方面，在蘇聯時期，文學的社會化和政治化傾向，也要求文學較少個性的張揚和對規則的叛離，而要「從現實的革命發展中真實地、歷史具體地去描寫現實」。

　　其次，二十世紀的俄語文學是充滿道德精神的。在俄羅斯作家眼裡，文學似乎從來就不是可有可無之物，或是杜斯妥也夫斯基所說的「拯救世界的美」，或是車爾尼雪夫斯基所推崇的「生活教科書」，抑或是高爾基

所言的「人學」。俄語文學的「道德精神」，又大約有這樣幾層含義：作家面對社會的使命感；文學作品的內容和形象上所展現出的勸喻、教育功能；讀者對於文學的虔誠態度。這一切交織於一體，共同構成了二十世紀俄語文學有別於同時代其他語種文學的主要特質。

第七章　俄羅斯藝術

　　俄羅斯歷史悠久，地域遼闊，資源豐富，風光絢麗。濃郁的宗教信仰，獨特的生活習俗，恢弘的建築，多彩的文化遺產，為這個古老的國度增添了無窮魅力。其芭蕾、音樂、建築、電影等方面都走在世界的前列。可以毫不誇張地講，在人類文化的瑰麗寶庫中，有著俄羅斯民族作出的了不起的貢獻。

● 俄羅斯芭蕾

　　芭蕾，一襲白紗，一雙舞鞋，是多少女孩兒時的夢想。白紗飄逸神祕，營造出如仙如幻的感覺。小小的腳尖踮起，舞者重心由「面」為「點」，高速的旋轉營造出風馳電掣的效果。芭蕾藝術與日常生活的距離，形象生動地展現出「距離既美」的歐洲古典美學原則。因此，芭蕾的動作語言最適合表現那種可望而不可及的「仙凡之戀」的內容，從而完成了形式與內容的高度統一。

　　眾所周知，芭蕾之所以在俄羅斯被視做國粹，備受整個民族的喜愛與呵護，那是因為俄羅斯的芭蕾傲視世界，冠絕全球。俄羅斯的芭蕾藝術長期以來在世界都居領先地位，對世界各國芭蕾藝術的發展產生了巨大影響。俄羅斯的芭蕾的優點十分鮮明：集思想、內容和鮮明的人道主義為一身。

　　如果說芭蕾起源於義大利，形成於法國，那麼興盛和發展則在俄羅斯。兩百多年的發展歷程，已經將俄羅斯芭蕾送上王者的地位。當然，其間也有過酸甜苦辣。

俄羅斯芭蕾的誕生

芭蕾藝術雖然孕育在義大利，卻誕生於十七世紀後期的法國宮廷，並於十八世紀在法國日臻完美。世界上第一部芭蕾作品《皇后的喜劇芭蕾》西元 1581 年 10 月在法國上演。但是芭蕾體系的真正形成，應該歸功於法國太陽王路易十四。他為了促進芭蕾藝術的迅速發展，在 1661 年下令成立了世界上第一個專業舞蹈研究機構：法國皇家舞蹈院。這也代表著芭蕾事業的正式啟動。所以，可以說法國是芭蕾藝術的誕生地。

十八世紀在古典主義和啟蒙主義的直接影響下，法國芭蕾的審美理想奉行「藝術要模仿自然」，「凡是自然創造的東西沒有不正確的」的原則。藝術要根據自然，又要超越自然，藝術美是一種理想美，是藝術家根據自然加工出來的結果。

十八至十九世紀之交，浪漫主義運動文藝思潮取代了古典主義。芭蕾在浪漫主義運動的影響下，變得更加富有詩意，更直接、更深刻地訴諸觀眾情感。浪漫主義芭蕾因舞蹈技術的改進而得以提高，尤其是女子腳尖功技術。這個時期的舞劇題材大多取自於神話傳說，以愛情為主線，故事內容有的取材於但丁、莎士比亞、歌德和海涅的文學名著。

浪漫主義時期最具代表性的作品是《吉賽爾》，這是一齣具有浪漫主義文學所表現的感傷與憂愁的芭蕾舞劇。1830～1840 年是西歐芭蕾的黃金時期，然而隨後法國上演的芭蕾劇目大多是為了迎合統治階層和貴族的庸俗氣味，大多是娛樂消遣性質的，內容空洞，炫耀技巧。因此，許多法國優秀的舞蹈編導和演員都紛紛離開法國，來到俄羅斯尋求發展：如《仙女》的編導及主演瑪利婭‧塔里奧尼、狄德羅、勃拉齊斯、格里奇、《吉賽爾》的編導佩羅，主演艾斯勒、《葛蓓莉婭》的編導聖列翁和古典芭蕾之父彼季帕等。

隨著這些最著名的芭蕾大師們紛紛離開，歐洲的芭蕾已經失去了往日的輝煌。十九世紀下半葉，俄羅斯似乎自覺地承擔起復興芭蕾的歷史使命。從四十年代起，外國舞蹈家及大師們向俄羅斯舞蹈界傳授了法蘭西、義大利兩大舞派的精華，從而也催生了一個新的芭蕾舞學派：俄羅斯芭蕾舞派。

求學西歐

俄羅斯最早引入芭蕾是在十七世紀下半葉。法國神父約翰·格列戈里組建了克里姆林宮劇院，創作出俄羅斯第一部舞劇《奧菲士在歐里狄克》供沙皇消遣。這些表演沒有劇情，只是炫耀豪華的布景和服飾以及一些複雜、多變的舞蹈圖形。

彼得大帝執政，大力倡導學習西方，俄羅斯芭蕾因之獲得生存和發展的空間。西元 1738 年在彼得堡建立了皇家芭蕾學校：即現今的瓦岡諾娃芭蕾舞學院。不僅聘蘭迪為校長，而且還聘請了一批外國優秀教師，俄羅斯舞蹈演員從起步時便有幸受到世界最高水準的舞蹈訓練。

再有，葉卡捷琳娜二世也喜好芭蕾，從而極大地推動了俄羅斯芭蕾的迅速發展。西元 1742 年，彼得羅夫娜女王下令成立了彼得堡芭蕾舞團。在莫斯科又成立了芭蕾舞科，即今天的莫斯科舞蹈學校，從而開始了俄羅斯獨立培養自己芭蕾舞演員的歷程。從 1773 年起在莫斯科的許多貴族家庭裡開始教授芭蕾舞，這些芭蕾舞班為創建莫斯科模範舞蹈學校奠定了基礎。

十八世紀末，許多外國的作曲家和舞蹈教師工作在彼得堡、莫斯科的王宮和公共劇院裡。西元 1760 年起，在彼得堡的舞臺上開始上演古典風格的芭蕾舞，舞劇的情節衝突已經達到相當的水準。當時的芭蕾舞編導是希利·費爾金格和安焦里尼。伊凡諾維奇·瓦爾貝爾赫是俄羅斯首位舞蹈

演員和芭蕾舞教師，他嘗試著在俄羅斯的表演風格中揉入極富表現力的義大利啞劇動作和高超技巧，以及法國學派的結構形式，他希望透過「情節芭蕾」來反映出倫理道德的內涵，運用舞蹈作品表現愛國主義的進步思想。他的作品深受感傷主義的影響，重視在舞蹈作品中表現人的情感，維護人的權利和自由，以此來反對古典主義，因為古典主義的條條框框幾乎束縛住了藝術家的手腳。瓦爾貝赫還是第一位將俄羅斯民族民間舞蹈運用在芭蕾作品中的人。他對法國舞臺上出現的一些單純追求技術的舞蹈提出了尖銳的批評，說它們缺乏歷史性和真實感，他認為俄羅斯芭蕾無論在思想性或藝術性上都要比法國芭蕾「高明得多」。

名師薈萃

俄羅斯芭蕾舞走向成功，離不開來自世界各國的藝術大師們的精心培養與幫助，其中尤其要數來自法國的大師們。

芭蕾藝術主要是在彼得堡和莫斯科的劇團裡形成的。法國卓越的芭蕾舞演員、編導和教師沙爾·路易·狄德羅於西元 1800 ～ 1830 年間在彼得堡工作，將俄羅斯芭蕾提升到歐洲領先水準。他確立了音樂與芭蕾舞劇舞蹈表現的一致原則，在俄羅斯編導了五十多部芭蕾舞劇並培養了許多出色的芭蕾舞演員。

狄德羅在俄羅斯先後居住了 23 年。在法俄開戰的 1811 ～ 1816 年間，他被迫離開俄羅斯。狄德羅在俄羅斯的前十年，即 1801 ～ 1811 年，他主要編排上演英國的舊作，為俄羅斯觀眾帶來了所謂的「帝國風格的作品」。在後 13 年中，即他重返俄羅斯的 1816 ～ 1829 年期間，他對自己的作品風格進行了重新評價，也重新了解了俄羅斯演員的才能和藝術水準。為此，他對舞劇進行了改革，開始選用歷史題材、文學名著和喜劇故事，

而棄用了神話。這些作品都帶有濃重的感傷主義色彩。普希金高度評價狄德羅的舞劇藝術，說他達到了「規定情境中的熱情真實和感情的逼真」。

　　瑪利婭・塔里奧尼也因不滿法國芭蕾劇目中太多的庸俗市儈味，來到俄羅斯發展。1837 年 9 月，她在彼得堡主演的《仙女》獲得了空前的成功，引起了巨大轟動。瑪利婭・塔里奧尼在俄羅斯，改革了舞劇中的一些技術問題，對後來的芭蕾發展具有重要意義。她推動的新舞蹈技術，擴展了芭蕾的表現手段；她對舞蹈演員嚴格的大運動量訓練和有規律的生活制度，一直成為俄羅斯舞蹈演員效仿的範例。然而，瑪利婭・塔里奧尼在其演出的舞劇中，宣揚逃避現實，躲入虛無縹緲的神幻世界中，遭到來自俄羅斯進步人士的批評。另外，她將舞蹈與啞劇截然分開，把男子舞蹈幾乎減少到不存在的做法，也是因此深受責難。然而無論如何，她對俄羅斯芭蕾的發展有著相當的貢獻。

　　西元 1848 年，《吉賽爾》的編導佩羅應邀到彼得堡芭蕾舞團做編導。同年，他根據《巴黎聖母院》排演了舞劇《艾斯米拉達》，獲得成功。佩羅不喜歡整齊劃一的舞蹈隊形，採用符合現實的「不規則隊形」，他努力希望在舞劇中反映出生活的真實。他善於運用對比手段刻劃人物性格，揭示「人的內心世界」，如在舞劇《艾斯米拉達》中，女主角在菲比斯和他的未婚妻面前表演的舞蹈，就顯出了很高的水準。在該舞劇中，佩羅把中世紀教會的黑暗統治與當時的沙皇暴政連繫起來，營造出內涵深刻的效果。正因如此，舞劇《艾斯米拉達》才能長期活躍在俄羅斯舞臺上。對該舞劇的改編重排也有不少，如 1935 年瓦岡諾娃，1950 年布爾梅斯杰爾等。《艾斯米拉達》上演後一個多月，佩羅又推出另外一臺舞劇《卡特琳娜 —— 強盜之女》。這是一部有深刻社會內涵的舞劇作品，描寫了一個叫卡特琳娜的復仇者與畫家沙爾瓦多的愛情故事，表現了平民少女的純潔

愛情高於統治階級代表人物的愛情主題。《吉賽爾》、《艾斯米拉達》和《卡特琳娜 —— 強盜之女》三部舞劇，可以說是佩羅一生舞劇創作的三大里程碑，也是他為促進俄羅斯芭蕾向著現實主義和民族主義向前發展所作出的巨大貢獻。

　　馬里烏斯·伊凡諾維奇·彼季帕（1819～1910年），是所有到俄羅斯工作的外國舞蹈家中對俄羅斯芭蕾發展貢獻最大的一位，被譽為「俄羅斯芭蕾的奠基人」。他生於法國馬賽，幼年跟父親學習芭蕾舞，並隨父親到國內外一些城市演出，後來他在巴黎歌劇院附屬舞蹈學校進修，並參加劇院的表演，但因未被列入劇團的成員而離開。1847年他父親應徵為俄國帝國劇院芭蕾教師，他也隨同前往，擔任演員。次年，他在莫斯科重排了他父親過去的作品《巴西塔》，得到總編導佩羅的賞識。1859年擔任彼得堡瑪利亞劇院芭蕾舞團總編導助理，1869～1903年，彼季帕擔任彼得堡瑪利亞劇院芭蕾舞團總編導達34年之久。彼季帕在俄羅斯排演了大批的芭蕾作品，如《法老之女》、《康達甫爾王》、《唐吉訶德》、《舞姬》、《睡美人》、《雷夢達》、《天鵝湖》等。他使芭蕾舞的古典風格和結構複雜化、多樣化和系統化。十九世紀後半期他在俄羅斯和西歐擁有最高的權威，被譽為「古典芭蕾之父」。

　　他的《睡美人》、《天鵝湖》（一、三幕）及《胡桃鉗》（彼季帕提出結構，由於其病重，交由其弟子伊凡諾夫完成舞蹈創作）三部舞劇都是由世界音樂大師柴可夫斯基作曲。《睡美人》是彼季帕創作的巔峰之作，其舞蹈樣式和舞蹈結構都十分完美、豐富，被世人譽為「十九世紀芭蕾的百科全書」。時間雖然已過去將近一個世紀，彼季帕代表作品如《睡美人》、《雷夢達》、《天鵝湖》等至今仍活躍在世界各國舞臺上，他的名字也隨之載入了世界芭蕾發展史冊。

俄羅斯的輝煌

俄羅斯人看芭蕾，常常能出現「舞者如痴，觀者如醉」的場面。儘管芭蕾演出在這個國家非常頻繁，但人們仍然趨之若鶩，往往一票難求。可以這樣講，芭蕾這一藝術已經廣泛滲透進俄羅斯人的日常生活，就連幼兒園也普遍開設芭蕾舞班。如果說芭蕾藝術能在俄羅斯深入人心，很大程度要歸功於俄羅斯芭蕾的輝煌發展。

俄羅斯芭蕾經過一個世紀的發展，吸收了義大利、法蘭西和丹麥三大學派的精華，並在本民族文學藝術的民主主義傳統的基礎上，結合俄羅斯演員的形體特點，最終創立了影響世界芭蕾發展的俄羅斯芭蕾學派，其輝煌與領先地位經久不衰！

(1) 改革的過程

二十世紀初，俄羅斯的芭蕾在世界芭蕾藝術中已經獨領風騷，擁有自己的保留劇目，表演風格和教學體系，更有一批編導和表演人才。然而，俄羅斯芭蕾當時也因內容繁瑣、形式僵化而急需改革。如果當時沒有湧現出一批新人，俄羅斯芭蕾或許沒有輝煌的今天。

早在十九世紀末，莫斯科經濟水準的提高，帶來了對文化藝術的更大需求。然而由於莫斯科大劇院芭蕾創作力量薄弱、上座率不足，劇院決定從彼得堡抽調青年舞蹈編導戈爾斯基到大劇院排演優秀傳統劇目，以改變現狀。重排彼季帕的《睡美人》、《雷夢達》、《唐吉訶德》等。這一舉措受到了當地觀眾的熱烈歡迎，戈爾斯基本人也因此逐漸成為一位著名的芭蕾改革家。

1905 年俄羅斯革命前夕的進步思想深深影響著戈爾斯基，戲劇大師斯坦尼斯拉夫斯基主持的莫斯科藝術劇院的現實主義戲劇實踐，都帶給戈

爾斯基的改革很有力的啟發和推動，使他堅定地走上了現實主義道路。戈爾斯基的改革主要表現在戲劇結構和導演處理上。他改變了傳統舞劇的結構鬆散、千篇一律、落於俗套、舞蹈游離於情節之外的弊病，加強了舞劇的邏輯性、歷史真實感和民族特色，使舞劇和舞蹈有機結合。在這個意義上，戈爾斯基的改革為後來的蘇聯戲劇芭蕾的發展打下了牢固的基礎。

1905 年，俄羅斯革命被鎮壓，對俄羅斯進步藝術也是一次沉重的打擊。不少藝術家被迫放棄革命理想，走上了為藝術而藝術的道路，少數人還轉入了反動陣營，只有為數不多的人仍舊忠於革命理想，在藝術中繼續進行改革。在這個被高爾基稱為「俄羅斯知識分子最恥辱的十年」時間裡，各種頹廢主義、未來主義等廣泛流傳，他們鼓吹逃避現實，迷戀於形式美和神祕色彩。

在上述原因的影響下，二十世紀初的彼得堡芭蕾也處於衰落的階段。1903 年，彼季帕被解職後，瑪利亞劇院也陷入混亂。有才華、有理想的青年舞蹈家極度不滿，尤其是當戈爾斯基在莫斯科的改革獲得成功的消息傳來，更增添了這種不滿的情緒。福金就是在這樣的環境中脫穎而出，一躍成為青年演員的領袖和芭蕾改革家。福金主張既要繼承古典芭蕾的傳統，也必須要有所創新。他主張在每部作品中，都要「創造出符合於情節、能夠展現時代精神和民族性格，最有表現力的新形式」。他在編導手法上吸收了交響音樂的主題、變奏、復調、對位等技法，加強舞蹈的表現力和啞劇的動態感。福金對芭蕾的革新，對二十世紀蘇聯和歐美，乃至全世界的芭蕾藝術發展都有極為深遠的影響。

福金的改革主要是受到現代舞之母伊莎多拉·鄧肯的現代舞思想所影響，即「超越古典芭蕾的模式，才更符合現代審美的要求」。福金主張用人體動作造型來達到舞劇的完整性，在他的作品中，舞蹈占主要地位，其

他成分，包括音樂在內的都必須服從舞蹈規律。從而為「音樂是舞蹈的靈魂」的傳統提供了新觀點。福金的作品很多，如《仲夏夜之夢》、《葡萄藤》、《埃及之夜》、《火鳥》、《仙女們》（是最早的「現代芭蕾」代表作）、《彼德魯斯卡》等，1907 年他為巴甫洛娃即興編排的《天鵝之死》是福金最有代表性的作品，堪稱傳世之作，至今仍在世界各地久演不衰。

然而，福金的革新思想不可能在當時的俄羅斯劇院內實現，如果這位芭蕾舞之父沒有遇到佳吉列夫，俄羅斯芭蕾舞史或許會重寫。然而佳吉列夫以其敏銳的洞察力，欣然接受了福金的作品，並排練上演。這就是佳吉列夫，一個不是舞者的「舞者」促成了俄羅斯芭蕾的再度騰飛。

(2) 佳吉列夫

謝爾蓋‧佳吉列夫（1872 ～ 1929 年），俄羅斯戲劇和藝術活動家。他的個人天賦很高，在繪畫、音樂、戲劇、舞蹈等方面都有很高的藝術修養。如果說俄羅斯芭蕾舞在歐洲乃至全世界都享有崇高的藝術地位，他可算豐功至偉。因為是他第一個將俄羅斯芭蕾舞藝術介紹給世界。事實上，他確也算是一位曲折坎坷、極富傳奇色彩的人物。

佳吉列夫除了很高的管理才能、淵博的文化修養之外，還具有罕見的交際手段，與上層人士關係密切。他能辦到別人難以辦到的事情。舞劇《紅凌豔》中那位至愛芭蕾又專橫的舞團經理萊蒙托夫，就是以他為原形塑造的螢幕形象。佳吉列夫個性鮮明，堅忍不拔，極具人格魅力。他的確像舞劇《紅凌豔》中那位芭蕾舞團的老闆，固執專橫，在他領域裡是不容挑戰的主宰。

然而他熱愛藝術，尊重藝術家。他與眾不同之處，還是他善於發現和使用人才。正是他以罕見的膽識和組織才能，拉起了一個芭蕾舞團，網羅

了許多優秀舞蹈家，其中就包括尼仁斯基、巴甫洛娃、福金、塔瑪拉、卡莎薇拉、波爾姆、達尼洛娃等。再有，他獨具慧眼，勇於聘請當時尚未成名的音樂家、美術家為其演出服務，如俄羅斯音樂家斯特拉文斯基、法國音樂家拉威爾、德彪西，俄羅斯畫家巴克斯特、法國畫家畢卡索。佳吉列夫舞蹈團雲集了眾多當時各個藝術領域裡耀眼的藝術明星，共同書寫著芭蕾史冊異常輝煌的一頁。

佳吉列夫曾和俄羅斯畫家、藝術史家和藝術評論家伯努瓦一起創立了「藝術世界」社，並共同編輯同名雜誌。1906 年和 1907 年，佳吉列夫組織俄羅斯畫家和音樂家到巴黎舉辦俄羅斯畫展和俄羅斯古典音樂會，意外地取得超乎尋常的效果，他因此充滿信心地開始籌辦「俄羅斯演出季」。

(3) 俄羅斯演出季

「俄羅斯演出季」是奠定俄羅斯芭蕾帝國地位的演出活動。1909 年 5 月 19 日，佳吉列夫芭蕾舞蹈團在法國巴黎夏特萊劇場舉行了首演。而他們在第一個演季便讓歐洲的觀眾見識了斯特拉文斯基的音樂，見識了福金、尼仁斯基的舞蹈。

在巴黎舉行首場公演那天，著名舞蹈家尼金斯基與巴甫洛娃精湛的舞技和表演不僅震動了整個巴黎的藝術界，更是傾倒無數觀眾。當時蒞臨的貴賓有：音樂家聖桑、雕刻家羅丹、現代舞之母伊莎多拉·鄧肯以及法國閣員及夫人們，還不算來自世界各地的劇院老闆。

鑑於演出獲得巨大成功，佳吉列夫連續三年組織俄羅斯演出季。在「俄羅斯演出季」期間，上演了福金編導的《波洛伏其人之舞》《仙女們》《埃及之夜》及其他一些著名作品。

1913 年，佳吉列夫俄羅斯演出團正式宣告成立，以蒙特卡洛為基地。

該舞蹈團不停地巡演於歐洲大陸和美洲大陸，極大地影響了二十世紀芭蕾藝術的發展。世界上許多芭蕾舞團都以擁有俄羅斯芭蕾血統為榮。俄羅斯芭蕾猶如種子撒遍了世界各國，歐美許多國家的芭蕾都直接受益於佳吉列夫舞蹈團。可以這樣講，佳吉列夫將保存在俄羅斯的古典傳統劇目送回歐洲，促成歐洲芭蕾的復興。

　　佳吉列夫去世後，該團解散。但是舞蹈團的成果有如種子般，分散到歐美各國。英國芭蕾風格的形成與該團有著密不可分的淵源關係。創始人尼奈特・德瓦盧娃和瑪麗・蘭伯特以及三十年代英國芭蕾巨星安東道林和阿莉西婭・瑪科娃都曾經是佳吉列夫舞蹈團的成員。利法爾在法國，救活了富於傳統卻走向衰弱的法國芭蕾。

　　二十世紀初，佳吉列夫舞蹈團在美國各大城市的演出以及俄羅斯芭蕾大師巴甫洛娃、福金和莫爾德金分別率團到美國演出，促進了芭蕾藝術在美國的普及和發展。福金和莫爾德金等俄羅斯芭蕾藝術家後來紛紛移居美國，進一步增強了美國芭蕾的實力。

　　世界音樂芭蕾之父喬治・巴蘭欽也來自於該團。在 1930 ～ 1990 年代期間，他始終是美國紐約芭蕾的主宰。巴蘭欽把古典芭蕾的精粹與美國運動方式、能力、速度以及美國人的性格熔於一爐，並昇華到盡善盡美的高度，從而，誕生了一種風格獨特的美國風格芭蕾：現代芭蕾，也稱音樂芭蕾影響世界。

蘇聯時期

　　蘇聯雖然是社會主義國家，但是它的芭蕾藝術仍舊保持著世界級的聲譽，莫斯科大劇院芭蕾舞團和列寧格勒基洛夫劇院芭蕾舞團一直名列世界六大頂尖芭蕾舞團之首。他們擁有世界明星級芭蕾演員的數量之多，其他

各國都望塵莫及。換言之，蘇聯時期的芭蕾不僅得到良好的發展，而且更加充滿活力，更加朝氣蓬勃。

與前期的俄羅斯芭蕾相比，蘇聯芭蕾有著五方面的特點：一、注重作品的思想性，強調舞蹈藝術的社會功能和教育作用；二、舞蹈與表演並重，注意作品故事情節的連貫性和邏輯性，力求塑造典型環境中的典型形象；三、在現實主義傳統基礎之上，從民族民間舞蹈文化中吸取養分，豐富傳統芭蕾語彙，從而擴大和發展了芭蕾藝術；四、強調舞蹈形象思維，力求用舞蹈作為主要表情手段，強調舞蹈性與音樂性統一，透過音樂、舞蹈形象完整地表達主題思想；五、在提高主要演員的獨舞技巧的同時，也發揮伴舞的作用，使之與中心人物構成完美的藝術整體。

（1）改革的嘗試

十月革命勝利初期，大批舞蹈優秀人才，包括福金、尼仁斯基、巴甫洛娃等隨同佳吉列夫芭蕾舞團滯留國外。十月革命勝利之後，以「無產階級文化派」為代表的一股極左勢力企圖全面否定芭蕾藝術，指責其是專供貴族老爺太太消遣的腐朽沒落的資產階級藝術。如果沒有列寧的直接過問和干預，俄羅斯芭蕾或許會遭遇藝術的滑鐵盧。有了革命導師的支持，芭蕾在社會主義社會中不僅取得合法地位，而且還搶救保留了一大批經典劇目。

1920 年代，舞蹈界在保留和恢復上演古典傳統舞劇的同時，積極大膽地進行創新，以期展現作品的思想性，強調舞蹈藝術的社會功能和教育性。俄羅斯藝術家從內容、形式、結構、表現手法、舞蹈語言等各方面進行了許多新的探索和試驗，他們敏銳地意識到在新的歷史條件下必須大膽創新，需要注入新的生命力給舊芭蕾，否則這門藝術的發展將受到極大的限制。

以戈爾斯基、洛普霍夫和戈列依卓夫斯基三位傑出的芭蕾編導為代表的一批藝術家進行了大量的有益嘗試，創作了一批有相當藝術價值的新作品。俄裔美國著名芭蕾編導喬治‧巴蘭欽在當時也全身心地投入到彼得格勒芭蕾新潮流的漩渦中去，這對他後來在美國開創流派有著深遠的影響。

在這期間，新劇目不斷推出，但通常只能上演幾場便退出舞臺，很少成為經典劇目得以保留。當時的大多數編導學習斯坦尼斯拉夫斯基體系，遵循現實主義創作方法，追求舞劇情節的完整性和邏輯性。由於許多原因，二十年代的探索和試驗並沒有取得圓滿的結果，甚至可以說中途夭折了。

(2) 戲劇芭蕾

然而在 1927 年 6 月 14 日，莫斯科大劇院上演蘇聯第一部現代題材的舞劇《紅罌粟花》，並取得成功，從而拉開了戲劇芭蕾的序幕。該劇保留了十九世紀傳統芭蕾演出特點：雙人舞、變奏舞、娛樂性插舞以及大型伴舞等結構形式以及華麗的變幻場面，而且還作了推陳出新的處理。

《紅罌粟花》的成功，鼓舞了蘇聯舞蹈家們繼續探索現代題材和改編文學名著的熱情。在那個時期，先後上演了優秀舞劇《巴黎的火焰》、《巴赫切薩拉伊的淚泉》、《游擊年月》、《群山之心》、《勞倫西婭》等。這些舞劇的流行，意味著「戲劇芭蕾」取得的豐碩成果。

戲劇芭蕾之所以成功，是因為它強調戲劇化作為芭蕾發展的主流，強調舞劇的戲劇結構完整性，深化思想意義，拓寬題材範圍，強調社會功能；注意透過戲劇衝突，塑造典型形象；注意吸收民間舞蹈營養，豐富芭蕾表現語言。舞蹈作為表情手段，注意與音樂和諧統一，獨舞與群舞結合，兩者相互配合等等。總之，提出了一些新的美學原則，奠定了蘇聯芭蕾現實主義創作思想的基礎。

　　概言之，戲劇芭蕾走過了三十多年的風風雨雨。從形成、發展到最後的盛極而衰，留下了一個時代腳印。戲劇芭蕾最後雖然沒能與時俱進，但它卻留下許多優秀劇目，培養出一批新的舞劇編導，如拉甫羅夫斯基、扎哈囉夫等；帶出一代傑出的演員，像世界著名的烏蘭諾娃、謝苗諾娃、杜金斯卡婭、普利謝茨卡婭、斯特魯契柯娃等等。正是這些藝術大師們卓越的才能和高超技藝震動了世界，蘇聯的芭蕾才能因之而名揚天下。

　　如果說戲劇芭蕾最終沒能輝煌下去，原因並不在於人才，而因為宏觀的導向。戲劇芭蕾發展到繁榮盛景時，卻忽略了芭蕾發展的根本。可以這樣講：戲劇芭蕾是成也「戲劇」，敗也「戲劇」。

　　眾所周知，與芭蕾舞劇最密切的姐妹藝術是音樂與戲劇，假如芭蕾能夠與音樂和戲劇保持正確的關係而不受它們的左右，能夠獨立地、充分地發揮舞蹈藝術固有的專長和特徵，那麼芭蕾很可能會獲得不斷的發展。然而戲劇芭蕾過度地強調了「戲劇」，忽視了音樂。如果芭蕾失去了音樂，舞蹈語言便可能出現貧乏化、簡單化、生活化、啞劇成分便會變得過重，創作思維就會變得公式化。諸如此類的致命缺陷，不可避免地破壞著戲劇芭蕾藝術實踐，最終被這個社會的舞臺邊緣化。

(3) 交響芭蕾

　　為了尋求出路，一部分人開始嘗試採用交響芭蕾手法，如拉夫羅夫斯基編導的《帕格尼尼》等，雖然沒有大獲成功，但已經開始探索正確的道路。事實上，真正帶給芭蕾復興和發展的，還是因為《希望之岸》、《寶石花》的問世。

　　1957 年，格里戈羅維奇創作的舞劇《寶石花》以全新形式打破了戲劇芭蕾的一統天下。交響芭蕾再度受到注意，越來越多地運用於新創作的舞

劇中，音樂和舞蹈水乳交融，構成一個完美的整體。有了交響樂的背景，舞蹈可以超越一般的抒情，能創造出詩一般的意境，可以說舞蹈本身在音樂中得以充分發揮。隨著時間的推移，交響芭蕾逐漸占領主導的地位。蘇聯交響芭蕾在繼承傳統的基礎上，從音樂的內涵出發，以類似復調音樂的交響結構形式編排的舞蹈。在表現重大題材、安排舞蹈上，追求音樂與舞蹈的完美結合，既反映時代精神，又盡量揭示原作的哲理和詩意，舞蹈形象得到高度概括地塑造，從而實現了舞劇中的現實主義和浪漫主義因素有機的統一和交融。蘇聯直到七十年代以後，都是交響芭蕾的興盛階段。

在交響芭蕾占主導地位的時期，戲劇芭蕾仍繼續發展，並有名作《哈姆雷特》等問世。在探索的過程中，像格里戈羅維奇既寫交響芭蕾，也寫戲劇芭蕾，同時更把兩者結合起來，他的《伊凡雷帝》等就是屬於兩者結合的作品，並且大都獲得成功。

交響芭蕾如果從文字表面上講，也可以理解為按交響音樂結構規律編排的芭蕾。事實上，芭蕾舞蹈長於用虛擬、寫意手法來展現生活和人物的內心世界。從這點來看，舞蹈的語言與音樂的語言有著類似的特性。這就給舞蹈的結構以借鑑音樂（特別是交響樂）的結構創造了條件。二者之間的類似性在原始音樂和原始舞蹈之間已存在，到浪漫主義芭蕾時期有了飛速的發展。柴可夫斯基、格拉祖諾夫等作曲家的交響音樂給予編導巨大的啟發，最終於 1950 年代後期形成突破，取得輝煌。

(4) 現代芭蕾之父

喬治‧巴蘭欽（1904 ～ 1983 年），現代芭蕾舞編導大師，俄裔美國人。巴蘭欽出生在聖彼得堡的音樂世家，五歲開始學習舞蹈，十歲便在基洛夫芭蕾舞團的《睡美人》中扮演角色。後來，他進入了帝國音樂學院學

習作曲和理論，家學淵源與天資聰穎，使巴蘭欽對音樂有著本能的感悟，從而夯實了他未來輝煌的基礎。畢業後，他任國家歌劇舞劇院芭蕾舞演員。1924 年移居美國，曾擔任美國芭蕾舞學校和美國芭蕾舞團的成員。可以毫不誇張地講，二十世紀的芭蕾舞之所以能延續昔日的輝煌，那是因為有了喬治·巴蘭欽的貢獻。他用恢弘的肢體與音樂的交響，最終完成了芭蕾這朵瑰麗的玫瑰從古典到現代的蛻變，成就了自己，更拯救了現代芭蕾。

當時的西方，交響芭蕾被機械地理解為只有根據非舞蹈的交響音樂作品（交響曲、協奏曲、音詩等）編成的舞蹈才能稱為交響芭蕾。事實上，按這種理念去做，結果是陷入了機械仿效音樂的結構，無法深入理解音樂，更無法表達藝術的形象。有些「交響舞蹈」只是一堆追求形式效果而毫無內容的動作技巧，根本無法表達出應有的藝術形象和意境。

巴蘭欽的出現極大地扭轉了僵化的理念。他以音樂形象作為主要的表現手段，改革和豐富古典芭蕾舞。他在推出《小夜曲》、《巴羅克協奏曲》、《水晶宮》、《競技》等一系列作品後，便形成了自己獨特的「音樂芭蕾」風格，在現代主義和後現代主義藝術盛行的美國獨樹一幟。

巴蘭欽在舞蹈編排中，特別強調舞蹈的人體美及其與音樂的和諧一致。他將自己和芭蕾比喻為畫家與模特兒的關係。模特兒就是女舞蹈家以及她修長的雙腿、細膩的雙臂，畫家的目的就是要盡力挖掘其潛在的美。他鍾愛古典芭蕾，但這並不妨礙他以新的方式探究、發掘現代舞蹈之美。在他心目中，舞蹈好似一朵玫瑰，很美，但從不講故事。

從 1933 年定居美國開始，巴蘭欽先後帶領了美國芭蕾舞學校和紐約城市芭蕾舞團，排演了一百五十多部芭蕾舞劇，其中除了《胡桃鉗》、《仲夏夜之夢》、《唐吉訶德》外，還推出著名的巴氏獨幕「音樂芭蕾」。

巴氏一生編制了 465 部作品，其中份量最重的部分，就是在歷代偉大作曲家的音樂作品基礎上，直接創作的芭蕾作品。具體地講，他善於處理舞臺空間，運用傳統舞步，並把民間舞融入芭蕾中。他的舞蹈使動作和表情、形體和精神、音樂和舞蹈完美結合，充滿了詩意。

　　鑑於喬治·巴蘭欽對芭蕾舞蹈的貢獻，在他誕辰一百週年的 2004 年，全球舞蹈界紛紛舉辦各種形式規模的紀念活動，尤其是各大舞蹈團體，更是競相推出大型芭蕾晚會，。

　　可以這樣講，巴蘭欽出生在俄國，接受藝術教育在俄國，然而卻生活在美國，舉世矚目的藝術成就也誕生在美國。鑑於巴蘭欽所作出的藝術成就，俄羅斯人從民族感情上說，巴蘭欽是屬於俄國的；同樣，美國人從藝術角度認定：巴蘭欽是美國的財富。事實上，巴蘭欽的成就已經遠遠超越了一個國家的疆界，成為世界文化寶庫中的瑰麗精品。大家紀念他，是因為他為全人類藝術作出的貢獻。

(5) 解體後的芭蕾

　　蘇聯解體以後，藝術創作再也沒有禁錮，再也不要求它必須以現實主義為基礎。芭蕾舞的創作獲得更加自由的空間。特別是九十年代初，俄羅斯境內出現了大量的獨立芭蕾舞團體，它們不從屬於國立劇院，多由一些有建樹的著名芭蕾舞演員或編導，透過國內國外巡迴演出、拍攝芭蕾舞電影和電視獲得發展資金，而沒有國家財政撥款。

　　現今俄羅斯的芭蕾舞團體，追求芭蕾舞藝術的個人化，追求新的藝術形式，更多地融入了現代舞、自由舞和其他舞蹈語言。由於社會動盪，死亡和恐懼成了重要的表現主題，這些新作褒貶不一。當然，這期間古典芭蕾舞依然是當今俄羅斯的主流。

　　猶如文學的回歸一樣，1991 年之後，重新了解和評價十月革命時期流亡國外和蘇聯時期叛逃的俄羅斯芭蕾舞演員和編導，認同他們在歐美取得的藝術成就，將他們的成績也納入俄羅斯芭蕾舞藝術發展之中。

　　即使今天，俄羅斯芭蕾舞也因其特殊的地位，而有更多的機會與其他國家進行交流。各類芭蕾舞團體頻繁在國外巡迴演出，不僅擴大了影響，而且還獲得相當好的經濟效益。譬如俄羅斯大劇院芭蕾舞團每年去法國演出，要在法國連續演出七個星期，可見其市場號召力。就連西伯利亞國立芭蕾舞團在倫敦演出，也要連續演出兩個月，場場爆滿。由此，不難看到俄羅斯芭蕾的吸引力。

　　當然，輝煌之後，也不能掩蓋俄羅斯芭蕾面臨著的危機。國內市場萎縮，許多青年演員紛紛流失，這對芭蕾未來的影響將在數十年後才能看出。

● 俄羅斯音樂

　　如果說俄羅斯的芭蕾能夠風靡世界的話，那麼很大程度上得益於音樂。假如將俄羅斯芭蕾比喻為火，那麼俄羅斯音樂就是風。風助火勢，火借風威，相互的借重打造出俄羅斯輝煌的文化。

　　俄羅斯民族真摯熱愛著自己的國家，這份摯愛化作俄羅斯藝術的靈魂，飛揚在國家的秀麗江山上。音樂家深情地用美妙的旋律來表達這份摯愛。他們筆下的音樂時而醉如甘醇，時而又甜似愛情；時而成為詩人的吟唱中回轉起萬般柔情；時而化作春風吹拂大地；時而……這就是俄羅斯的音樂。它不僅承載著民族情感，而且還向全球傳播著俄羅斯的文化。

　　俄羅斯音樂以十八世紀為界，以前主要為宗教音樂，以後才開始出現非宗教音樂。民間歌曲極大地影響到俄國音樂的發展。作曲者和演奏者收

集民間歌曲，並將這些音樂素材反映在舞臺歌劇中。十九世紀上半葉，米·伊·格林卡（西元 1804 ～ 1857 年）出現了。他創造出管絃樂曲《卡瑪林斯卡雅》、《馬德里之夜》等，這些都成為俄羅斯交響樂較早的代表作，格調奔放豪邁，有別於西歐音樂。俄羅斯獨特而新穎的音樂風格漸漸形成。

　　十九世紀下半葉，俄羅斯音樂進入繁榮時期，六十至七十年代被稱為俄國音樂的「狂飆突進」時代，音樂昌盛的代表是出現了一個作曲家集體「強力集團」。俄羅斯最偉大的作曲家非彼·伊·柴可夫斯基莫屬。他的音樂創作開始於六十年代，七十至九十年代初是他創作的全盛時期。柴可夫斯基以深刻的民主精神和鮮明的民族特色見長，為俄國交響樂贏得了世界聲譽。

　　十月革命以後，蘇聯由於重視傳統音樂形式而出現了幾代新的作曲家。他們在交響樂、歌劇和芭蕾舞曲創作中取得不小成就。

民族之源

　　米哈伊爾·伊萬諾維奇·格林卡（1804 ～ 1857 年），被譽為俄羅斯音樂之父。他從小學習鋼琴和小提琴，喜愛、熟悉當地民歌。格林卡不僅發展了俄羅斯民族音樂，而且還為之開創出廣闊的前景。格林卡是一位音樂大師，甜美與痛苦，悲傷與歡樂，淒厲與溫馨，完全不同風格，迥然相異的境界，他卻能如履平地，孩童戲水般地進出自如。他的家鄉在窩瓦河西部地區，家鄉幽靜的森林、草地和窩瓦河流淌著的波浪從小就賦予了格林卡無盡的情思與靈感。

　　枝頭上的夜鶯輕唱，草叢中的秋蟲低吟，農奴們勞作時的哼唱，都化作靈動的音符，伴隨著對家鄉大自然無窮的熱愛，滲入了他的血液，融進了他的靈魂。格林卡是幸運的，他出身於貴族家庭，故而能夠前往義大利

去學習西洋音樂。格林卡是固執的，輝煌燦爛的音樂沒有迷失他的本性，他反而每天都在思念他的家鄉，以及家鄉的號角、夜鶯、秋蟲，還有窩瓦河上永不停息的流水聲。

西元 1834 年，格林卡回國，他開始用自己的方式表達對國家、對窩瓦河的熱愛。這位精通西洋音樂的音樂家緊鎖眉頭，在腦海中閃現的一個個靈感火花中尋找著自己的渴望。忽然，他回到了童年的窗下，遠處是窩瓦河傳來的淙淙流水聲，寧靜的莊園，低飛的小鳥，聽，那是誰在歌唱？如此熟悉的故鄉旋律，在海外求學的每個冬夜出現在自己的夢中。聽見了！那正是莊園裡窮苦的農奴，每天用他布滿繭子的雙手牽著牛馬辛苦勞作，他布滿皺紋的面龐寫著無盡的辛勞，用他雄渾、粗放、對痛苦毫不掩飾的嗓音反覆地唱著馬車夫的勞作之歌……童年時代的自己，每天都在窗邊，聆聽著那凝結著艱辛的歌聲，每每入神。是的，這正是他要尋找的！他再也無法抑制自己的故鄉的思念。《伊萬·蘇薩寧》就在他迸發的才情中隆重誕生了。旋律中流淌著窩瓦河的水聲，奔騰著民間音樂的活潑、粗獷與頑強。

貴族們驚訝、不安、憤怒，一時間抨擊之聲如潮水般襲來。伯爵和伯爵夫人們不能容忍，同是貴族出生的格林卡，為什麼非要用他優雅光潔的手指去描寫那些滿手泥巴的農夫？責難聲聲：格林卡的創作屬於不登大雅之堂的「馬車夫的音樂」。格林卡只是淡然一笑：「說得好，說得對！這就是馬車夫的，在我看來，它要比那些大人先生們來得高明！」真正的音樂家，只會聽從內心最真實的感受，純粹才會堅定，執著所以偉大。

農夫也好，馬車夫也罷，是金子就難以掩飾其璀璨的光芒，《伊萬·蘇薩寧》先是獲得了沙皇尼古拉一世的賞識，繼而獲得國內音樂評論家的認可，認為他「開創了俄羅斯音樂的時期」，義大利音樂家更是送上了毫

不掩飾的盛譽：格林卡是「俄羅斯音樂第一人」！而格林卡卻依然眉頭緊鎖，繼續地用俄羅斯民間音樂的精華還原自己童年一個又一個美麗的夢，用俄羅斯民間音樂的靈魂去謳歌故鄉的山水，用質樸而深沉的吶喊去譜寫那流淌不息的愛國主義旋律。

田園的呼喚

彼得‧伊里奇‧柴可夫斯基（簡稱柴可夫斯基，1840 ～ 1893 年），是俄羅斯浪漫樂派作曲家，也是俄國民族樂派的代表人物。其風格直接或間接地影響了很多後來者。

如果說格林卡為俄羅斯音樂奠基的話，那麼為俄羅斯在世界樂壇上叱吒風雲的，則非柴可夫斯基莫屬。柴可夫斯基以歌劇《黑桃皇后》、《葉甫蓋尼‧奧涅金》；芭蕾舞劇《天鵝湖》、《睡美人》、《胡桃鉗》……這些膾炙人口的樂曲，而征服了世界。音樂聲響起，令人難以釋懷。柴可夫斯基顯然是無比成功的，他將十九世紀俄羅斯音樂送上了巔峰，他幾乎成為俄羅斯最偉大的音樂家的代名詞。柴可夫斯基音樂的魅力在於那罕見的民族音樂感染力。

柴可夫斯基成長於小城沃特金斯克的一位金屬加工廠廠主的家庭，父親那鏗鏘有力的金屬鍛造生涯卻沒帶給童年的柴可夫斯基多大的影響，取而代之的是故鄉卡馬河水的無限柔情，林中輕柔的鳥語，以及樹葉迎風飄擺的多彩風姿。他用最深情的目光凝視著故鄉的青山碧水，每每滋生出對大自然最真摯的熱愛。柴可夫斯基童年的腦海想必充滿著這樣的畫面，令他後來創作的旋律富含著對俄羅斯土地深沉又甜美的熱愛。那是故鄉的河水流淌的聲音，雖然少了些沉重與蒼涼，卻多了份安靜和眷戀；那是民間的歌聲在迴響，卻少了些世俗的喧鬧，平添了幾許浪漫與清涼。

　　故鄉克林是柴可夫斯基慰藉心靈的天堂。這位充滿自然氣息的偉大音樂家是屬於鄉村、白樺林、河流與小溪的，故鄉大自然粗獷而深邃的浪漫氣息是音樂家恢復平靜的避難所，他生來是為大自然而創作的。在柴可夫斯基的樂曲中，永遠透著故鄉克林泥土那迷人的清香，那是音樂家永不枯竭的靈感泉源。

　　柴可夫斯基的《第六交響曲 —— 悲愴》完成於 1893 年之夏。當年的深秋，音樂家就帶著無限的悲愴離開了人世。從此，《悲愴》定格了音樂家特有的風格。現實中的痛苦，對幸福世界的幻想與渴望，音樂創作的孤獨，對情感生活的失落與絕望，悲愴的情緒貫穿作品的全部，每次聆聽，一種對生命的感慨都會油然而生，觸摸到生命終結的壓抑和靈魂深處的震撼。纖美異常的旋律傾瀉著無盡的哀思，演繹在滔滔不絕的優美旋律中，分明是訴說著俄羅斯那絕不含蓄的，異常明朗的憂傷。

　　故鄉的大自然給了音樂家源源不斷的靈感，與梅克夫人 14 年的友誼更是實實在在為他提供了永不枯竭的創作動力。藝術家的心靈是敏銳的，但也是脆弱的。柴可夫斯基曾一度徘徊在精神崩潰的邊緣，最危難的時刻，是這位梅克夫人拯救了他。梅克夫人不僅為音樂家提供了錢財上的大力支持，更重要的是在他們長達 14 年的書信交往中給予了柴可夫斯基無窮無盡的精神慰藉。她用誠懇的筆調輕輕地告訴他，聽著他創作的旋律，感覺活得更為輕鬆和愉悅。14 年來，他們從未謀面，卻成了無話不談的知心密友。要感謝這位無私慷慨的夫人，是她真誠又淡然的處世態度，在柴可夫斯基最需要精神安慰的時刻，為他提供了不受任何束縛的真摯情感，這對於當時在壓抑、痛楚和窒息中苦苦掙扎的音樂家是何等重要的心靈養分啊！

　　今天我們甚至可能說，沒有梅克夫人，我們或許就不會聽到《黑桃皇后》和《睡美人》；當然，還有那充滿悲愴與呼號的《第六交響曲》。

　　柴可夫斯基的藝術創作深刻反映了對光明的嚮往，表達出對黑暗現實的苦悶壓抑。他擅長在矛盾衝突中捕捉人物的思想感情，深入揭示人物的內心體驗。格林卡開創、發展了俄羅斯的民族音樂，他在發展的同時還注意吸取西歐音樂的精華，恰到好處地將專業創作技巧和俄羅斯民族音樂傳統結合起來。愛國的旋律像一陣輕快的風，吹過稠密森林，吹過遼闊草原，吹向那奔流向前的窩瓦河，柴可夫斯基用他獨有的田園呼喚給了俄羅斯的愛國主義最深邃、最甜美的詮釋。

　　清晰而感人的旋律，強烈的戲劇性衝突都能夠在濃郁的民族風格中得以展現。可以毫不誇張地講，他憑著在音樂方面的貢獻，已經在世界音樂大師的聖殿裡謀得了自己的席位。

　　繼柴可夫斯基之後，俄羅斯音樂無論蘇聯時代還是在二十世紀末期的俄羅斯音樂，也曾經歷過各自的輝煌。即便今天，也有許多新生代天才的革新作曲家活躍在世界的樂壇。

● 俄羅斯電影

　　俄羅斯民族除了在芭蕾、音樂等方面搶占了世界制高點之外，在電影業方面，也有過了不起的成就。俄羅斯電影藝術家以獨特豪放的風格，積極向上的人生態度，為世界銀幕增添了新的光彩。為此，列寧曾經說：「對我們來說，在所有的藝術形式之中，電影是最重要的。」

早期電影

　　俄羅斯電影為一部源遠流長的民族文化史詩。一個世紀的電影發展之路，一脈相承，延伸著頑強的生命力，一路滋養著俄羅斯民族的心靈。儘管電影對俄國是「舶來品」，但俄羅斯人天性善於思考，有著與生俱來的

憂鬱性格，這使得他們很快就把握到電影藝術表現力的脈搏，世界電影的發展史也因此添加了屬於俄羅斯的厚重一筆。舉世公認，俄羅斯電影思想深刻，藝術精湛，擁有著絕無僅有的電影語言，是值得尊敬的電影藝術流派。

俄羅斯電影的發端要追溯到二十世紀初。1908 年，攝影記者、俄國製片商德朗科夫拍攝了第一部俄羅斯電影《斯捷潘·拉辛》（又稱《窩瓦河下游的自由人》）。和這位歷經困苦、命運多舛的農民起義領袖一樣，俄羅斯電影也由此踏上了沉重、頑強、艱難的民族電影發展之路。

最早的電影工作者從本國文學作品中汲取靈感，因而拍攝題材也大量從古典文學作品而來，如取材於普希金、果戈里、屠格涅夫、契訶夫、托爾斯泰、陀斯妥耶夫斯基、萊蒙托夫等文學大師的著名作品。俄羅斯文學渾厚、深沉、遼闊的藝術底蘊和壯麗而憂鬱的抒情現實主義特色，總能引起人們無比的嚮往和思考。正是大師們對人間疾苦的深切同情和對俄羅斯命運的深思憂鬱，為俄羅斯電影語言的成形奠定了基礎。

蘇聯時期

蘇聯時期的電影一直用詩歌般的熱忱歌頌著國家，並且從不宣揚暴力和色情。借用著名導演羅斯托茨基的話來說就是：「全世界都承認，我國電影曾是世界上最道德的，就連羅馬教皇也不止一次談到過這一點。」事實上，「最道德的電影」這種提法，恰巧反映了社會主義現實主義電影的本質，也從一個特定視角透射出蘇聯電影的審美理想：對生活的肯定。

早在 1920 年代，隨著有聲電影的出現。電影工作者便奉獻出《大雷雨》、《列寧在十月》、《列寧在 1918》等電影，在國內外備受好評。

為了使電影能夠像詩歌那樣，表現出濃郁的情緒性和鮮明的「俄羅

斯憂鬱」，三十年代，導演愛森斯坦就拍出了《白靜草原》這樣一部具有「屠格涅夫詩意般的片名」。影片並沒有刻意地敘述一個故事，而是對絕大部分片段採用了非現實主義的處理手法，有表現主義、超現實主義、象徵主義、隱喻、借喻、假定性等手法。正是這些豐富多樣的表現技巧賦予了影片很高的文學價值。評論家分析指出：在影片中「愛森斯坦沒有把大自然意識形態化，而是賦予它以詩歌般的靈性。」

這類「詩歌電影」對以後蘇聯電影的發展影響很大，一大批優秀的詩歌電影應運而生，特別是七十年代以來，像《伊萬的童年》、《跟隨太陽走的人》、《雁南飛》、《士兵之歌》、《戀人曲》等影片，都極好地運用了詩歌語言的表現方式：譬喻、寓意、象徵、主觀情感性等藝術手法，使影片完美地展現了詩的藝術韻味。俄羅斯電影人堅信：每個民族的藝術都開始於「用詩的方法掌握世界」。因此，只有從民間文化中汲取養分，把自己的藝術和民族文化傳統結合在一起，才能使俄羅斯電影永不淪落於形式技巧。

或許這樣的評價可以總結蘇聯詩歌電影的本質：蘇聯作品中的道德精神，構成了它與西方藝術的本質差別。即使在最富於個性意識的創作者身上，也都展現出強烈的民族感、社會感及獻身勇氣。可以說，正是這種嚴肅的、富有生命力的文化，孕育出魅力無窮的俄羅斯電影藝術。

（1）膠捲史詩

莫斯科的田野泥濘不堪、戰壕密布、敵軍坦克猙獰駛來……

白雪覆蓋的城市，風琴聲中憂鬱的面龐，秋葉搖曳的白樺林，少女鮮豔的紅頭巾……

「俄羅斯雖大，但我們已無路可退，身後就是莫斯科！」……

　　陽剛的豪情、視死如歸的悲壯，這就是民族氣節，俄羅斯膠膠捲承載的不僅僅是一個畫面，而是一種文化、一種精神。

　　一幕幕螢幕畫面永久地定格在腦海，透過膠卷繪製出的史詩長卷，震撼著觀眾，再現著歷史。或許這就是電影的魅力。

　　1920 年代的蘇聯，愛森斯坦導演的《波坦金戰艦》問世便轟動世界。這部紀念 1905 年黑海艦隊革命的影片，由於其蒙太奇的拍攝手法而獲得世界電影界的極高評價，就連「資本主義者也對影片讚不絕口」。1927 年的巴黎國際電影節上，該片一舉榮獲大獎。俄羅斯電影用震撼、衝突、充滿壓迫感的畫面，讓世界早早地領略了只屬於他們的電影語言。

　　這是一部紀念 1905 年黑海艦隊在船上發動革命起義的影片。其中，許多真實的場面震撼了那個時代的人們：港口上群情激奮的民眾，「波坦金」號戰艦上飄揚的紅旗，樓梯上慘遭射殺的市民……影片用相互撞擊、相互衝突的非邏輯鏡頭把蒙太奇式的電影語言洪亮地傳達了出來。像革命浪潮一樣拍擊海岸的巨浪，樓梯上滾落下來的童車，戰艦上那臺如同巨大心臟般節奏分明跳動著的機器等，都不失為世界電影藝術經典創作中的神來之筆。愛森斯坦在《波坦金戰艦》中把一個個孤立的鏡頭組接成一部波瀾壯闊的史詩，其手法至今為人模仿。

　　三十至四十年代，《夏伯陽》（又譯為《恰巴耶夫》）、《青年近衛軍》等優秀影片問世，人物塑造雖然受到意識形態的束縛，但主角的愛國主義形象依然刻劃得深入人心、廣為流傳，成為蘇聯社會主義現實主義電影創作的里程碑，獲得了巨大的聲響。

　　史達林逝世後，俄羅斯走出了思想禁錮的獨裁時期，經歷了乍暖還寒的解凍期，六十至七十年代的蘇聯終於迎來了電影創作的鼎盛時期。據說，當時的電影票房收入一度和伏特加酒的銷售旗鼓相當。電影業順理成

章地佳作輩出。由於題材選取更趨豐富，思索力度自然愈發深刻。這個時代孕育出《莫斯科保衛戰》、《這裡的黎明靜悄悄》、《莫斯科不相信眼淚》、《雁南飛》、《靜靜的頓河》、《伊萬的童年》等膾炙人口之作。戰爭的殘酷、愛情的真摯、生命的脆弱、信念的執著，蘇聯電影對人性的呼喚，有著自己特定的敘述方式。悲傷的往事，用溫和而平淡的語調作綿長的敘述，卻無可爭議地成就了經典。

　　蘇聯電影具有超乎尋常的凝重感，體察人間苦難的深切同情心，對哲學命題的探索艱深異常，背負的歷史使命又無比沉重，有著娛樂觀眾的深刻與真實，如同一股艱辛苦澀的味道，繚繞心頭，久久不散，這是西方電影所不具備的。社會主義現實主義的思想和俄羅斯人內心獨特的憂鬱與深刻，已凝練成膠捲上獨一無二的電影語言，深深打動著幾代觀眾的心！

　　從一脈相承的歷史中走來的俄羅斯電影，早已在艱深與苦澀的民族文化土壤中，開出了屬於自己燦爛、獨特的電影藝術之花，俄羅斯電影注定是一幅恢弘的史詩長卷。

(2) 戰火燃燒的忠誠

　　衛國戰爭是電影史詩中貫穿始終的永恆主題，而最耀眼的，正是那熊熊燃燒、至今不熄的愛國主義火焰。

　　2005 年初，為慶祝反法西斯衛國戰爭勝利 60 週年，俄羅斯第一電視臺推出「60 部戰爭影片」的專題回顧展。為此，電視臺特意精選了從戰爭前夕以來拍攝的眾多優秀影片，放在黃金時段播出。60 部影片跨越了半個世紀的時光，從未間斷。從四十年代的《兩名戰士》、《偵察員的功勳》，到五十年代的《五月之星》、《戰士們》，再到六十年代的《生者與死者》、《復仇》和七十年代的《解放》、《沒有戰爭的 20 天》，還有

八十年代的《特務分隊》、《後來發生了戰爭》，直至九十年代的《我是俄國士兵》等，一長串的名單，舉目望去，竟然如此熟悉。這些影片中，有著對衛國戰爭勝利的紀念，也有著對殘酷戰爭的反思，或是對戰爭中人性摧殘的同情。藝術家們講述戰爭的角度不盡相同，作品中的戲劇性衝突和審美取向也各有千秋，然而，幾乎所有的影片都蘊涵著愛國主義、英雄主義以及誓死捍衛民族尊嚴的豪情，這種被公認為思想性和藝術性的高度結合的衛國戰爭題材電影，是當今俄羅斯多元社會所共同接受的永恆主題。

《莫斯科保衛戰》毫無疑問是二十世紀最成功的戰爭影片之一。這部曾獲美國電影學院奧斯卡最佳外語片獎的影片，其戰爭場面之真實與恢弘，令同時代的其他電影望塵莫及。全片長達三百多分鐘，分為《侵略》、《臺風戰役》兩部。每部上下共四集，是紀念二戰反法西斯勝利的史詩性多集寬銀幕巨片。這部巨大的歷史畫卷為觀眾們講述了那著名的「冬天的神話」。1941 年 6 月，法西斯德國集中了 190 個師的兵力，以閃電戰術入侵蘇聯，蘇聯因準備不足，在戰爭初期節節敗退。德軍長驅直入，頃刻間，兵臨莫斯科城下，雙方在莫斯科地區展開了殊死決戰。該片拍攝歷時兩年，拍攝場面雄偉壯觀，約有 5,000 名士兵、近 10,000 名群眾、250 名演員、202 名攝影師參加了拍攝工作。電影不僅還原了戰爭的殘酷和真實，還成功地刻劃了人性的光輝。朱可夫、佐爾格、羅科索夫斯基、卓婭、波多利斯克步兵學校學員等一大批蘇聯英雄人物相繼登場，為人們演繹了那段戰火紛飛歲月中蘇聯人民對國家最真摯的愛。

恢弘的史詩畫卷一幕幕展開，戰爭的殘酷氣息撲面而來，無從躲閃，也無法忘記。從「巴巴羅薩」到「臺風」計畫，敵人的坦克像颶風般橫掃而來，在蘇聯廣闊的原野上肆意蔓延。來勢洶洶的敵軍氣焰囂張無以復

加，隆隆的炮聲彷彿伴著希特勒瘋狂的吼叫：「莫斯科將在冬天到來之前被摧毀，完全從地球上抹掉！」黑暗的色調把影片的恐怖氣氛調至頂點，令人窒息。

戰火的洗禮分外殘酷，這部「純戰爭」影片沒有給觀眾留下絲毫喘息的空隙。目睹敵軍坦克壓過來少年恐懼的眼神；空襲中像散沙般倒塌的房屋；從四周的樹林中逐漸逼近的泛著青灰色冷光的德國軍隊；眼看著幾十米外的戰場上，年輕戰士全軍覆沒，將軍脫帽時失控的眼淚……一幅幅畫面在寬銀幕上交替著，帶著沉痛的死亡氣息，挑戰觀眾的情感極限。

隆冬的莫斯科，白雪覆蓋著的紅場，安靜得出奇，卻是在醞釀最悲壯的眾志成城之曲。一旦爆發，排山倒海，對國家的摯愛在 11 月的戰火中越燒越熱。1941 年 10 月發布的《告全軍書》擲地有聲：「在國家面臨嚴重危險的時刻，每個軍人的生命應該屬於國家。國家號召我們要成為堅不可摧的銅牆鐵壁，堵住法西斯匪幫去往莫斯科的道路……」戰壕中身負重傷的戰士，用盡最後的力氣高舉起身邊的手榴彈，等待與逼近的坦克同歸於盡。生命的最後時刻，他滿含淚水，仰天呼喊著對國家的摯愛：「俄羅斯雖大，但我們已無路可退，身後就是莫斯科！」

　　……

1942 年 4 月，春天的暖流融化了窩瓦河的堅冰，莫斯科保衛戰以蘇軍的偉大勝利而告結束。半個世紀後，軍事專家們得出了一個新結論：1941 ～ 1942 年的莫斯科保衛戰應該被視為衛國戰爭、甚至整個二戰的最根本轉折點。德國法西斯的隆隆戰車正是在莫斯科城下轟然熄火，然後才有了史達林格勒大會戰和庫爾斯克戰役的決戰決勝。長期以來，莫斯科戰役在戰爭史上總是屈居次席，其實很不公正。當然，本篇章討論的是電影而不是戰爭，所以可以說導演尤·奧澤洛夫的成就卻無可爭辯，他一氣呵

成拍出了《莫斯科保衛戰》、《史達林格勒保衛戰》、《解放》三部電影。這「衛國戰爭的三部曲」幾乎構成了完整的二戰時期歐洲東線戰場史，俄羅斯人的陽剛豪情與視死如歸的勇氣已經透過電影膠片傳遞到全世界觀眾的心靈深處。

世界反法西斯戰爭取得勝利已經 60 年了。綜觀蘇聯與俄羅斯的電影發展史，我們可以清楚地看到，時代雖然歷經變遷，一代又一代電影藝術家對反法西斯戰爭的主題卻始終鍾愛有加，不曾動搖。他們從不同的側面再現了這場人類歷史上的大劫難，使反法西斯戰爭題材影片的創作經歷了一個不斷探索、開拓、發展和深化的過程。再現歷史，不是為了繼續痛苦，而是珍惜難得的和平。

(3) 血與淚的浪漫

戰爭題材的影片並未止步於宏大的戰爭歷史敘述，電影的鏡頭開始轉向普通個體，戰爭的殘酷開始有了另一種視角：戰爭對人性的摧殘。於是，浪漫主義影片應聲登場，在戰爭題材的背景下，俄羅斯電影唱起了悲傷而淒美的人道主義輓歌。歌聲浪漫美好，卻透著血與淚的氣息，正如《泰晤士報》所評價的：「或許可能有比其更獨特、更鮮明的畫面，但不可能有比其更深邃、更辛酸的內涵」。

1957 年米哈伊爾‧卡拉托佐夫執導拍攝的《雁南飛》就是這樣一部以戰爭來衡量愛情忠誠標準的浪漫主義影片，蘇聯電影也透過這部浪漫主義的戰爭影片首次榮獲坎城電影節的最高獎項。美麗純潔的韋羅妮卡在衛國戰爭爆發前和男友保利斯分離，錯過了為愛人的送行，韋羅妮卡就此失去了保利斯的一切消息。戰爭不僅把愛人從她身邊奪走，還把她推向保利斯的堂弟馬爾克的懷抱。然而，無法逃避的自責與無邊的懊悔折磨著韋羅妮

卡的靈魂，她最終選擇了離開。她又回到了和愛人分手的地方，她要等待保利斯歸來。可是，前線歸來的戰士卻把悲慘的消息帶給了她，保利斯已經戰死疆場。韋羅妮卡不願相信，她認定，自己的愛人一定會回到這裡，回到她的身邊。

戰爭結束，戰士們凱旋。韋羅妮卡手捧鮮花穿梭於人群，她在焦慮地尋找自己愛人的身影。當她最終證實了保利斯的死訊後，再度陷入了無邊的悲痛之中。後來，人們看到這個美麗的女孩，滿含著熱淚，將一朵朵鮮花分發給身邊經過的人們，把對愛人的祝福送給每一個經歷過戰爭浩劫的倖存者！大雁，又一次飛過莫斯科的天空，在柔和的陽光中漸漸遠去，韋羅妮卡歷經磨難、艱險、沉淪，卻最終在戰爭的廢墟下站起，和活下來的人們一起，勇敢地承擔起了國家的命運。

在蘇聯反法西斯戰爭題材影片中，贏得世界性反響最大的，當屬1972年羅斯托茨基導演的《這裡的黎明靜悄悄》。影片用回憶對比的手法表現了戰爭帶給一代人的災難故事。影片的主角是五位年輕的女戰士，她們在準尉瓦斯科夫的帶領下，和十六名訓練有素的德寇空降兵進行了一場殊死搏鬥。為了掩護大部隊，必須迷惑敵人、牽制德軍主力。背負著艱難的使命，他們迂迴於荒原、沼澤、草叢，在生死線上進行著頑強的抗爭。一個女兵被深陷的沼澤無情吞沒，又一個女兵被冷槍擊中倒地，生命的逝去如此輕而易舉。她們曾擁有著如此鮮活的生命，她們青春、美麗、熱情，憧憬著自己的幸福，思念著自己遠方的戀人，回憶著自己的甜蜜往事，卻都先後倒下，任浪漫的夢想流淌在戰爭的血泊中，再不能放飛。

那場戰爭讓蘇聯失去了兩千萬個生命，電影只取其中的五個生命，放在一個寂靜的黎明來輕聲訴說，俄羅斯的戰爭影片也因此有了更多的溫情和個體關懷。戰爭不曾讓女人走開，這五位女子既熱愛生活，也熱愛國

家。她們是保衛國家的英雄，同時又是戰爭的犧牲品。影評家說：「女子們在遠離前線和部隊的卡累利阿地區森林裡一個接一個倒下去了。但是她們在牽制敵人、阻止敵人傘兵竄向白海運河的戰鬥中立下了功勞……每個女孩都像她們的指揮員瓦斯科夫準尉一樣，在影片的進行中展示出自己的個性。因此，他們建立功勛的詩學形象表現得更加突出，對勝利的價值的思考也透過銀幕動作、氣氛和語調得到更加清晰地刻劃。」影片以凝練的筆觸、抒情的意境和新穎的結構形式，從多方面塑造出了極富啟迪意義的銀幕形象，戰爭和女人的衝突就是一幅血淚染成的浪漫史詩畫卷。

影片《這裡的黎明靜悄悄》以充滿詩化散文的藝術意境，描繪了影片所處的環境：輕紗般的煙霧籠罩湖面，映襯得山林愈顯幽靜，遠處傳來的鳥叫聲中，村莊和古老的鄉野小教堂安寧卻富有生氣，彷彿永恆不變。然而，就是在這樣一個優美散文般的夢幻仙境中，卻發生了一場卓絕的生死較量。五個愛神一般美麗的女戰士，甘願把自己的生命消融在摯愛的山林之中。

影片的詩化散文特點還表現在它的結構上。首先，殘酷的戰爭被作為整部影片的發展主線，然後根據主題表現的需要，構築了三個不同時空的畫面：黑白色調、明亮色彩、真實色彩，透過不同的空間情緒色彩，成功地營造了必需的意境。黑白色調的鏡頭展現了發生在山林中的戰爭，陰森殘酷、透著冰冷的死亡氣息；明亮色彩鏡頭裡充盈著女孩們對戰前愛情與家庭的回憶，折射著女戰士的崇高精神之光，那是信念與力量的泉源；真實還原的色彩則是對現實生活的再現，斑斕奪目的山林，真實、安寧、漫山遍野的儘是幸福。正是這樣的彩色蒙太奇結構形式，使嚴峻的戰爭、夢一般的回憶和絢麗的現實既形成鮮明的對比，又有著密切連繫。

蘇聯電影的生成和發展有著獨特社會文化背景。紅色政權已經決定了它鮮明的實踐性與政治性。蘇聯電影始終熱衷於對社會生活昇華，具有特

色的教化功能，緊扣時代風雲，政治變化。總體說來，蘇聯電影前半段時期主題是以反法西斯戰爭為主，題材宏大，有如史詩一般。隨後的浪漫色彩，也反映了蘇聯電影人對現實社會的把握。

　　六十至七十年代蘇聯電影界出現空前創作高潮，由此進入到鼎盛時期。題材的多樣化，戰爭、工農業生產、社會生活及政治四大題材都取得重大突破。除前面介紹的《這裡的黎明靜悄悄》之類的戰爭題材外，還有《紅莓》、《莫斯科不相信眼淚》、《兩個人的車站》等優秀影片。

　　戈巴契夫的「改革與新思維」在二十世紀最後的歲月裡為電影界打開了通向自由的藝術通道，新思維趕走了意識形態的束縛，影片審查不再構成問題。然而這時，蘇聯整個電影界卻陷入了爭吵、紛亂的泥潭。戈巴契夫的政策逐漸失控，最終導致曾經輝煌一時的帝國大廈的崩塌，蘇聯電影也隨之成為一個歷史名詞。

俄羅斯時期

　　二十世紀最後的歲月裡，蘇聯解體。地緣性的政治災難並未止步於政治領域，而是無情地波及到俄羅斯的方方面面，文化不可倖免地也經歷了解體。俄羅斯人的堅定信仰終於在「自由」的空氣中迷失了方向，高貴的心靈彷彿失去了深切的同情與憂鬱的沉思。文化解體的影響表現得更為廣泛，也更為深遠，西洋骨牌般的效應很快出現在文學、音樂、舞蹈等諸多領域⋯⋯當然，還有電影。蘇聯解體帶給俄羅斯電影業的不是蕭條，而是幾近崩潰。曾經輝煌一時、蜚聲海外的蘇聯電影業，因此受到了史無前例的巨大衝擊。一時間，從創作生產到市場發行全面告急。

　　九十年代中期，俄羅斯少有影片問世，優秀的電影更是鳳毛麟角。電影從業人員由蘇聯鼎盛時期的 30 萬人一路銳減，直至最後不足 10 萬。年

產量也從平均每年 150 部降至 20 部左右。原有的 39 個電影製片廠最終也所剩無幾，著名的莫斯科電影製片廠產量直逼谷底。莫斯科各影院賣出的電影票連年遞減，而票價卻居高不下。在國內市場，一部美國影片的賣價往往是一部俄羅斯影片賣價的 1/5 至 1/10。

好萊塢電影自然乘虛而入，迅速占領俄羅斯電影市場，一時間，俄羅斯的銀幕上幾乎全是西部牛仔之類的影片。1991 年 4 月，在莫斯科上映的 313 部影片中，只有 22 部是國產影片，其餘 291 部影片中，價格低廉的二三流美國影片占了絕大多數。西方電影中的謀殺、搶劫、打鬥、性愛場面充斥著俄羅斯銀幕，放映電影彷彿只為刺激觀眾的感官。漫步二十世紀末的莫斯科街頭，形形色色的電影廣告牌上盡是外國電影。國產電影在俄羅斯電影業總收入中所占的比例一度降至 3% 的歷史最低，用一位影評家的話來說：「它（俄羅斯影片）彷彿是一個幽靈式的存在客體」，似有似無。俄羅斯電影業經歷著嚴酷的考驗。

俄羅斯電影界徬徨過，面對西方電影的入侵，這個國家不再像半個世紀前的衛國戰爭那般眾志成城，俄羅斯電影的風格開始分流。透過改革而獲得的「創作的自由」，此刻彷彿變成了對電影人良知與才華的測試。少部分人選擇了堅持傳統，但更多的電影人卻選擇了仿效 —— 在模仿好萊塢電影的過程中，好的東西沒有學來，優良傳統卻丟失殆盡。大量揭露社會黑幕和犯罪事實、刺激感官的影片在俄羅斯氾濫成災。迎合大眾口味、模仿西方風格，其結果不僅是俄羅斯電影的藝術水準急遽下降，還喪失了為數眾多的觀眾群體。女性觀眾和老年觀眾從此與電影院絕緣。只有青年觀眾，在西方電影的「薰陶」下逐漸蛻變，可口可樂、爆米花加好萊塢電影，年輕一代的電影生活離俄羅斯文化越來越遠。

其實，黑暗片現象就能說明問題。九十年代以來，俄羅斯電影彷彿變

成一面魔鏡，反射出文化崩潰後千奇百怪的社會心理和民族心態。大量的影片著眼於挖掘人們靈魂深處的陰暗與病態，以凸現社會的「劫難文化」。「黑暗片」就這樣應時而生。有的在國外還曾獲獎，如龍金的《婚禮》、孔恰洛夫斯基的《愚人公寓》，有的描述黑社會群體，如布斯洛夫的《寶馬車》、博爾特科的《彼得堡的盜匪》，甚至有的將貌似健康的瘋子當做主角，如《我的同父異母兄弟弗蘭肯施坦》等。

　　總之，這類影片大抵在營造全面的頹廢，銀幕上充斥著人性的陰暗，昨日被描繪得一片漆黑，明天看起來又令人絕望。影片中再不見蘇聯時代的樂觀精神，取而代之的是虛無主義帶來的壓抑和恐慌，彷彿這才是真正的俄羅斯。著名導演索洛維約夫在一次訪談中不無憂慮地說：「現在出現了一種可悲的現象……作者總是儘量讓西方製片人或觀眾感到滿意，結果，表現的俄羅斯不是事實上的俄羅斯，而是西方想看到的俄羅斯。」在經過「否定之否定」的痛苦過程之後，俄羅斯電影界陷入反思：必須走出虛無主義的怪圈，恢復俄羅斯民族價值觀的正面探索。

　　幸運的是，崩潰的廢墟之下依然閃爍著反思的光芒。那些選擇堅持的電影人，本著對藝術最大的責任感，堅守著現實主義的底線。他們在精神架構近乎崩潰的虛無主義年代裡，開始了孤獨的反思，他們用自己的電影呼喚著人性、良知和民族的信心。他們不斷創新表現手法，在夾縫中艱難地尋覓著生存之路。喚醒對國家的愛，打開心靈呼喚人性，是那些為數不多的富於良知和思考的俄羅斯電影人不斷探索的主題。正是有了他們，俄羅斯電影的史詩長卷並未斷裂，民族文化的經絡在這些反思中得到了延續。

　　二十世紀最後十年的俄羅斯電影市場，給人感覺是一地沙礫，毫無生機。然而俯首細看時，仍舊可以在沙礫中發現閃爍耀眼的黃金，仍舊能夠找到精品電影。

　　導演德‧阿斯特拉罕拍攝於 1993 年的影片《我只有你一個》讓觀眾們在時哭時笑之中記住了對國家不可代替的愛。1992 年，導演謝‧鮑德羅夫已經透過自己執導的影片《白色國王，紅色女王》表達了這種對國家的「愛的覺醒」。謝爾蓋耶夫在九十年代初拍攝的《天才》則塑造了一個當代俠客式人物，在其種種不擇手段的「非法行為」背後隱藏著的，正是主角內心深處的良知和人性；幽默喜劇片《娜斯佳》則要向觀眾傳遞一個訊息：在艱難的環境中，只有從自己身上才能找到新的力量和泉源。女導演穆拉托娃獨闢蹊徑，用女性特有的悟性，為人們展現了一幅大自然的美好畫卷，用以陶冶和洗滌虛無時代裡人們灰暗、脆弱、不再純潔的心靈，《迷戀》正是這樣一部才華橫溢的電影佳作。

　　就以《我只有你一個》為例，這便是一部既有觀賞性又有思想性的影片。男主角是一位工程師，有妻子、女兒，一家人生活頗為貧困。一天，二十年前去了美國的戀人重又回到了俄羅斯，這一次，她是來經商的。時空的阻隔沒有改變戀人的心，她依然思念著工程師，想幫助他擺脫貧困，並希望把他帶回美國。然而，工程師卻忍受住了金錢的誘惑，他並未前往許多人夢寐以求的美國，而是選擇繼續留在俄羅斯，留在國家、留在妻子的身邊。這一刻，對妻子的愛與對國家的愛融為一體。影片情節動人，感動之處令人想哭想笑，引發了觀眾不斷的掌聲。哭過，笑過，走出影院的人們卻一片沉默，影片已把思考留在了人們的心裡。呼吸著俄羅斯自由的空氣中，俄羅斯人的心中卻迴響著影片中那首七十年代的蘇聯歌曲：「貧窮的、親愛的國家，我只有你一個。」一句話，點明了俄羅斯民族根深蒂固的愛國情結。

　　俄羅斯導演謝爾蓋‧彼德洛夫於 1996 年拍攝了《高加索俘虜》，這是第一次對車臣戰爭進行深刻反思的影片。影片描寫了車臣戰爭期間，兩個

俄羅斯士兵被高加索老人阿勃杜爾・穆拉特和山民所俘虜的故事。在被囚禁的日子裡，兩個俘虜：俄羅斯準尉薩沙和新兵伊萬，經歷了不同的人生道路，展現出迥異的人生態度。

在孤兒院長大、歷經戰爭磨練的薩沙是個久經考驗的職業軍人。不甘心坐以待斃的他採取偷襲手段，打死崗哨企圖逃跑，未能成功，在被重新抓回之後，山民們以更殘忍的手段，割斷喉嚨對其進行了報復。薩沙慘死他鄉，為這場戰爭付出了生命的代價。

年幼的新兵伊萬・日林是一個淳樸善良、富有樂觀進取精神的人。即使身為俘虜，即使隨時面臨死亡，也不曾失去親情的天性和溫厚天真的心靈。他與老人的孫女吉娜以心靈溝通，用人與人的相互善待而獲得了寬赦。在女孩的懇求下，老人最終放走了伊萬。

然而戰爭機器已經發動，車輪再也無法停下，此時此刻，俄羅斯的軍用直升機已經起飛。當目睹自己人的飛機飛往山區，瘋狂轟炸、掃射平民時，伊萬竭力高呼：「停下！那裡有人！」影片頓時陷入無助與絕望……

拍攝該片時，正值第一次車臣戰爭剛開始。作者透過劇中人所經歷的悲劇命運，來反思這一冤冤相報的流血事件。所有人都希望停止戰爭，老百姓希望停止，官方也希望停戰。然而，戰爭機器卻總是停不下來。導演在此為大家展示了一片瘋狂的世界。影片突出了一種渴求，那就是渴求瘋狂停止，渴求戰爭不再繼續，渴求各民族和睦相處，渴求人們以人道主義精神相互對待。在血雨腥風中渴求人道主義，這就是影片對現代戰爭中的俄羅斯作出的反思。

歷史的發展總是起伏的。有了反思也就有了奮起的支點。經過「發展－鼎盛－崩潰－反思」的痛苦過程之後，俄羅斯舉國上下都在期盼著重鑄電影業的輝煌。1996 年 8 月，俄羅斯通過了《國家電影法》，電影法將

國家支持電影的措施、國家對電影的投資、國家對電影活動實行的調節關稅的政策等以法律的形式確定了下來。接著又於 1997 年，提出了《至 2005 年俄羅斯電影發展新構想》。《新構想》在電影生產、發行、放映方面所提出的建議，獲得了政府的全面財力支持。十幾年的不斷探索和改革終於看到了希望，俄羅斯電影業逐漸步入正軌，正在朝著健康有序的方向發展。

崩潰過後，俄羅斯電影迎來了頻頻獲獎的豐收季節。1995 年，俄法合拍影片《烈日灼人》一舉摘得第 47 屆坎城電影節評審會特別大獎和第 67 屆奧斯卡最佳外語片獎。影片尖銳而客觀地再現了那段專政歲月的殘酷和無奈，被認為是「近年來最好的一部國產影片」。導演米哈爾科夫也憑藉此片登上了個人事業的巔峰，被譽為俄羅斯電影文化的象徵。

1997 年推出的《兄弟》，不僅在芝加哥電影節上榮獲最佳男演員獎，國內票房也形勢喜人。導演和製片方順水推舟，再接再厲推出續集。《兄弟 2》上映後也大受歡迎，其錄影帶的銷量不僅在國內遙遙領先，且首次超越外國電影，打了個漂亮的翻身仗。影片中，男主角達尼拉勇於在美國本土，和美國人進行面對面的較量，並且取得了勝利，這一點無疑極大地鼓舞了當時俄羅斯人的士氣。影片中那句臺詞「讓我們愛我們的國家，就因為她是我們的」，聽來揚眉吐氣，令人精神振奮。俄羅斯社會上甚至開始流行這樣一句口頭語：「普丁，我們的總統；達尼拉，我們的兄弟」。

2002 年，在多倫多電影節上獲得最佳視覺效果獎的《俄羅斯方舟》，以其夢幻般的電影語言引領觀眾一路漫遊冬宮，從彼得大帝到尼古拉二世，邂逅一系列歷史人物。一幅幅鮮活的歷史畫卷展現在眼前，特長鏡頭連續不斷地延伸，彷彿昭示著俄羅斯歷史的綿綿之路。影片的最後，觀眾隨著氣勢恢弘的交響樂和熱烈的掌聲步入富麗堂皇的歌舞大廳，彷彿在共同慶賀俄羅斯的光明未來。

　　2003 年的第 60 屆威尼斯國際電影節上，榮耀注定屬於俄羅斯。俄羅斯參賽的三部影片全部獲獎，而最大的贏家無疑是導演安德烈‧日瓦金采夫，其處女作影片《回歸》一舉榮獲金獅獎和最佳處女作獎兩項大獎。充滿神祕感與詩意的影片講述了兩個孩子在成長道路上經歷的重要一步：父愛的回歸。《回歸》為俄羅斯電影描繪了新的前景，消息傳到俄羅斯，舉國歡慶，媒體盛讚「俄羅斯電影終於回歸！」。渴望復興的吶喊聲，已在這片土地上響起。

　　2005 年，《尋找幸福的起點》在第 55 屆柏林國際影展獲獎；2006 年，俄羅斯電影《四》獲鹿特丹電影節最佳影片獎、西雅圖電影節和布宜諾斯艾利斯獨立電影節的最佳新導演獎。2007 年，第 60 屆坎城國際電影節的最佳男演員獎被俄羅斯影片《驅逐》摘走，而第 64 屆威尼斯國際電影節最佳短片金獅獎則由《俄羅斯聯邦》收入囊中。

　　復興的吶喊聲隨著俄羅斯國力的提升而逐漸響亮起來，帶來了電影業的一片欣欣向榮。2006 年初，俄羅斯總統普丁曾公開表揚電影界：「我國電影工業開始復甦，我感到很開心，在經濟、技術如此艱難的條件下，你們能發揮自己的天才，取得如此大成績，是俄羅斯人的驕傲。」一切跡象顯示，二十一世紀的俄羅斯電影，正在逐漸實現民族電影的「回歸」。

● 俄羅斯建築

　　俄羅斯地域橫跨歐亞大陸，位於東西方文化交匯之處。那裡的建築風格自然會展現著俄羅斯特有的文化特點。羅斯民族早先居住在森林周圍，就地取材搭建居所，木材資源又取之不盡，傳統建築是以木造為主。自十世紀末，接受基督教後受了拜占庭的影響。石造建築便開始出現在公共建築中。

　　早期的建築藝術品自然與宗教有關，其中最有代表性的是東正教堂。俄羅斯人傳統的木造建築技術後來結合了石造技術，形成新的建築結構。從木結構發展出來的技巧，如層次疊砌架構與大斜面帳幕式尖頂，還有衍生而來的外牆民俗浮雕。

　　石造建築，形式上則是典雅大方高闊端正，這樣的主建築結構搭配多個矗立上端的半圓形頂蓋。這種建築形式旨在突出一切以神為依歸，塑造莊重典雅偉大高尚的氣氛。在那個多神信仰的時代，對於一般民眾，的確有「神勝過一切」的感受。

　　十月革命前，莫斯科有兩千座教堂，克里姆林宮教堂群、聖母修道院等教堂已經成為俄羅斯人心目中的驕傲。深受宗教影響的建築風格彰顯著民族文化特性，古樸之中透著宏大，雄渾之中蘊涵精湛，獨具魅力。

木建築

　　俄羅斯大地森林資源豐富。古時俄羅斯人人都是木匠，都會建房。斧頭則幾乎是他們唯一的工具，他們用斧頭砍伐樹木，清理枯枝，劈開原木做成木板。樹木不像石頭，它很容易加工，因此建築進行得很快。它的構造方法是使用圓木水平地疊成承重牆，在牆角，圓木相互咬榫，不用一釘一鉚。幾個好的木匠可以一天蓋好一座住宅或者一座小教堂。而原木如同石建築中的石塊一樣，是建築的基本原料。原木之間的青苔使房屋保暖，木房建築中幾乎用不著鐵釘。

(1) 城堡要塞

　　中世紀俄羅斯戰火連綿。人們為了躲避戰爭、尋求庇護所，藏入密林或者躲進築有高牆的要塞中。最初基輔、諾夫哥羅德、莫斯科和其他古俄

羅斯城市的要塞都是木製的。1238 年，韃靼蒙古曾用了七個星期都沒能攻下科澤利斯克的木製城牆。甚至十八世紀，石頭建築開始取代木製建築時，西伯利亞仍然在建造木製城堡，也就是所謂的要塞，城牆是尖頭向上的原木，根部豎直地插入地下。

要塞的四周通常環繞著深水溝。挖溝掘出的土被堆成圍牆，圍牆上建有豎著一座座塔樓的木牆。西元 1339 年，王公伊萬·卡里達在位時用木頭建造的克里姆林宮就是這個樣子。考古學家們找到了一些厚達 70 公分米的柞木殘骸。牆的總長度是 1,700 公尺。

伊萬雷帝攻打喀山時，下令就近建造一座木製要塞。他們先在窩瓦河上備好一根根原木，第二年河水一解凍，便將原木漂流過去。俄羅斯人只用了四個星期就在喀山附近幾乎建起了一座城：上百所住宅和民用設施，幾十座教堂，有十八個塔樓的兩公里長的城牆。

最長的要塞木牆建於西元 1591 年，長 15 公里。它環繞著日益擴大的首都。有 50 座要塞塔樓，大約有 34 座都可以通行。修造如此龐大的建築只用了一年時間。

十六世紀時，一位來俄羅斯旅行的法國人寫道：「建築……如此美妙絕倫的木質建築！沒有鐵釘，沒有鐵鉤，卻是如此天衣無縫，讓人無可挑剔，但是工匠的全部工具只是些斧頭。」

(2) 科洛緬斯科耶

在莫斯科科洛緬斯科耶博物館，透過展櫃的玻璃可以欣賞到一件珍品：一座木製宮殿。這座宮殿曾經屬於科洛緬斯科耶皇家莊園，被同時代人譽為「世界第八奇觀」。這並沒有誇大其詞，因為它確實是俄羅斯的一件空前絕後之作。

　　科洛緬斯科耶的木製宮殿於西元 1667 年春天奠基，入秋前，木匠們已經基本收工。又經過一年的裝修，最終它變成了一座美妙絕倫、冠有多彩屋頂、三四層高的木質宮殿。殿頂飾有雙頭鷹風向標，宮殿的 3,000 個窗戶個個鑲嵌著華麗的花框，入口門廊全都雕刻得富麗堂皇。

　　宮殿的內部更為華美絢麗，270 個廳室的大部分都由克里姆林宮的藝術大師雕飾而成。每個大廳都裝配有砌著瓷磚、飾有美麗花紋的壁爐。窗戶上鑲嵌著五顏六色的雲母石，看起來像是一面面彩花玻璃。所有這些裝飾還都加上了鎦金木紋。

　　「世界第八奇觀」整整矗立了一百年。到十八世紀中葉，宮殿已經腐朽破落，需要大修。這在當時需要七萬盧布。葉卡捷琳娜二世捨不得花這筆錢，便下令拆除宮殿。幸虧它的構建規格和設計圖保留了下來，因此後來才能夠按 1 ： 40 的比例做成了這個世上獨一無二的宮殿模型，也就是目前博物館裡的這件展品。

石建築

　　東正教堂均為石頭建築。有人說建築是凝固的歷史，石頭建築甚至被稱為「人類的石砌編年史」。俄羅斯東正教教堂具有豐富的文化底蘊，它不僅代表了一座城市、一個地區的宗教傳統和精神風貌，而且還記載著俄羅斯國家千年歷史的榮辱與興衰。有人說，東正教教堂是俄羅斯「永久的名片」。在這片「西風可以自由吹入，東風可以隨意襲來」的土地上，它總表現得那麼獨特與別緻。在廣袤的大地上散落著無數座大大小小、姿態各異的東正教堂，它們象徵著千年以來俄羅斯人的信仰。不論繁華的都市還是偏僻的鄉村，只要是有俄羅斯人居住的地方，就有東正教堂。金頂紅牆已經融入了俄羅斯的風景，與俄羅斯的大自然融為了一體。

(1) 索菲亞大教堂

　　據史書記載，西元 1036 年好戰的斯拉夫鄰族佩徹涅格人包圍了基輔。基輔大公智者雅羅斯拉夫率領士兵在古羅斯首都城牆旁浴血奮戰，打敗了敵人，一勞永逸地解決了佩徹涅格人入侵的威脅。大公為了紀念這次勝利，命人在戰鬥發生地修建起這座石頭教堂，命名為「索菲亞大教堂」。

　　該建築的技術和建築細部的處理上明顯帶有拜占庭東正教堂的特徵，也保留有自己的建築特色。建築氣勢宏大，十分壯觀。教堂內部的牆壁鑲嵌著壁畫和馬賽克，展現出當時的建築藝術和繪畫藝術水準。

　　教堂的三個方向有長廊圍繞，角上建有塔樓，內部的螺旋梯與回敞的二層相連，均用石頭和磚頭砌成。教堂十二個穹隆圓頂環繞著最大的一個圓頂，形成了角錐形結構。俄羅斯十一世紀的著名作家、大主教伊拉里昂如此評價索菲亞大教堂：「她令周圍所有的國家驚嘆讚賞，在從東到西的北國大地上無一能與之媲美！」

　　「索菲亞」希臘語為智慧的意思。該教堂建成之後，很快成為基輔羅斯的宗教、政治和文化中心。俄羅斯教會牧首、基輔大主教住持於此。大公在此接見外國使節，簽訂國際條約。這裡還建立了羅斯的第一個圖書館，保存著重要的國家文獻。大公本人死後遺體也葬在這座教堂。1987 年被列為歐洲最受保護的歷史紀念物之一，1990 年被世界教科文組織列為世界文化遺產。

(2) 聖母安息大教堂

　　十二世紀的基輔羅斯分裂成一個個公國。位於東北部的弗拉基米爾 - 蘇茲達里公國成為其中最強大的公國之一。它的建築以一批白石教堂著稱於世。西元 1158 年，安德烈·博戈柳布斯基大公下令在公國首都弗拉基米

爾建造了聖母安息大教堂。教堂建在陡峭的克利亞濟馬河畔 50 公尺高的山丘上。最早建造的是一座單頂小教堂。它矗立了大約三十年，但是西元 1185 年的一場大火卻使它毀於一旦。

弗謝沃洛德三世在弗拉基米爾當政時期下令重建。教堂變得規模宏大，粉刷一新的牆壁四角又建起了四個圓頂。於是，它成了一座五頂大教堂。野心勃勃的弗謝沃洛德大公下令重建的教堂要高於基輔的索菲亞大教堂，因此，32 公尺高的聖母安息大教堂成為十二世紀羅斯的最高建築。教堂的建築師們的姓名不詳，編年史上說：「上帝從各地派來大師」建造這座教堂，德國皇帝腓特烈·巴巴羅薩也派來了他的建築師。在莫斯科聖母安息大教堂建成以前的兩個世紀裡，弗拉基米爾的教堂是東北羅斯的教堂之最。作為當地大公的墓地，安德烈·博戈柳布斯基大公和弗謝沃洛德三世都葬在這裡。

西元 1475 ～ 1479 年間，莫斯科克里姆林宮內重建了聖母安息大教堂（音譯為烏斯賓斯基大教堂），為王公加冕和歷代主教安葬處，由義大利建築師阿里斯托捷爾·費奧拉凡京設計。為了標榜正統，基本上仿照十二世紀弗拉基米爾城的聖母安息教堂樣式建造，裡面有一排排聖像和天使像，頂上有五個俄羅斯式的蔥形穹隆，結構較輕，空間較開闊，聖潔而莊嚴。聖母安息大教堂以比例勻稱、藝術手段簡練而聞名遐邇，為這一時期大教堂的經典之作。

(3) 彼得保羅大教堂

彼得保羅大教堂是俄羅斯古教堂，坐落在聖彼得堡市涅瓦河畔。西元 1703 年 6 月 29 日是神徒彼得日，彼得一世下令建造了彼得保羅大教堂。這座教堂成為彼得保羅要塞建築群中最著名的建築，原為木質結構，

1712 ～ 1733 年在原處改建為石砌的大教堂。是一座早期俄羅斯巴羅克式大教堂。

　　該教堂完全迥異於幾個世紀以來羅斯的教堂，由瑞士建築師多米尼科‧特列吉尼主持設計建造。外表線條簡潔，形象莊嚴肅穆。一座高大尖頂的鐘樓威武地屹立著。從遠處就可以看見塔金光閃閃的尖頂直刺藍天，景色十分迷人。彼得保羅要塞的尖頂高 123 公尺，是全城最高的建築。頂尖高 40 公尺，為金屬結構，表面用薄金黏貼而成。上端是一個做成天使十字架形狀的風向標。天使高 2 公尺，翼展 8 公尺。但從地面仰望卻顯得很小，似乎遠在天邊。西元 1720 年教堂的鐘樓上曾裝有音樂報時鐘，1756 年毀於水災。1776 年又新裝自鳴鐘。鐘的機械部分由荷蘭工匠克拉斯造，有 11 個鐘鈴：最小的重 16 公斤，最大的重 5 噸，於 1761 年就已運抵彼得堡。1952 年自鳴鐘又被改造，每晝夜可自鳴四次，及時向人們報時，成為要塞的一大景觀。

　　教堂外表莊嚴肅穆，內部裝飾富麗堂皇。橡木雕成的塗金聖像壁裝飾成一座三開間的凱旋門，聖像壁上的每一組圖案加工極其精細準確。教堂四壁以鮮亮的顏色為基調裝飾，拱頂雕有各式圖案，弧形窗邊掛有 18 幅以福音故事為題材的繪畫。有鍍銅的吊燈和有色的水晶枝形燈架，內壁飾有 43 幅精雕細鏤的木刻雕像。彼得大帝和羅曼諾夫王朝家族有多人死後均葬在這裡，他們的陵墓在教堂南門離祭壇不遠的地方。亞歷山大二世夫婦陵墓上的墓碑特別引人注目，石棺是用阿爾泰玉石和烏拉爾薔薇輝石做的，僅這項工作就耗費了 17 年時間。

宮殿、博物館

俄羅斯宮殿、博物館不僅展示著沙皇帝國建築的成就，更展示著帝國的奢侈與偉大。精美的裝飾，流光溢彩，罕世的藏品，揭示著一個民族的輝煌。

(1) 彼得夏宮

舉世聞名的彼得夏宮位於聖彼得堡西北方向 29 公里處，隱於芬蘭灣南岸的森林中，這座豪華壯麗的建築被譽為「俄羅斯的凡爾賽」。

彼得夏宮，是彼得大帝當年的避暑勝地，同時也是歷代沙皇的郊外別墅。彼得夏宮始建於西元 1725 年，背倚丘陵，面對芬蘭灣，有一組組華美的建築物、花園、噴泉、鍍金雕塑、宮殿、游亭等風景名勝，由大宮殿、上下花園、瑪爾麗宮、奇珍閣、亞歷山大花園及茅舍組成，建築風格與法國的凡爾賽宮相像，卻又有所不同。整個夏宮有「噴泉之都」、「噴泉王國」之稱。大宮殿前面被稱為「大瀑布」的著名噴泉群，有噴泉二百餘座，大小不一，造型各異，如金字塔噴泉、太陽噴泉、亞當噴泉、夏娃噴泉等。每當噴泉齊放，天空彩虹飛架，地上水花四濺，情趣無窮。在噴泉群中心的一個大半圓形水池中央，聳立著有大力士參孫和獅子搏鬥的著名薩姆松噴泉。塑像高三米，重量達五噸，參孫雙手把獅子的上下顎撐開，泉水從獅子口中沖天而出，水柱高達 22 公尺，是夏宮最大的噴水柱，它象徵著俄羅斯在 1700 ～ 1721 年北方戰爭中的勝利。整座噴泉氣勢宏偉，金碧輝煌，是俄羅斯民族文化的瑰寶，是俄羅斯建築、雕塑、園林藝術高度結合的產物。

下花園偏西的海邊有瑪爾麗宮，是沙皇的私人起居之處。坐落於下花園的奇珍閣，為沙皇接見名人之處。蒙普拉宮在下花園東半部，僅有一

層，是彼得大帝親自設計的。彼得大帝最愛此宮，常常佇立平臺遠眺大海。

十月革命後，彼得夏宮被闢為畫廊和博物館。衛國戰爭期間遭嚴重破壞。戰後經 15 年的重建，現已恢復。

(2) 克里姆林宮

克里姆林宮屬於世界聞名的建築群，享有「世界第八奇景」的美譽。俄語中的「克里姆林宮」，原意就是「內城」、「堡壘」或「要塞」。它是俄國歷代帝王的宮殿。在俄羅斯，克里姆林宮並不為莫斯科所獨有，其他一些歷史悠久的俄羅斯城市也都有自己的克里姆林宮。但是，莫斯科的克里姆林宮卻以其厚重的歷史、壯麗的建築和獨特的功能而享譽世界，以至世界各地的人們誤以為是莫斯科那座被紅磚高牆環繞的宮殿是無獨僅有的「克里姆林宮」。

莫斯科克里姆林宮始建於西元 1156 年，尤里·多爾戈魯基相中了莫斯科河左岸的博羅茨基山岡，因為這座山岡是莫斯科的制高點之一，位於莫斯科河和它一條支流的交匯之處。多爾戈魯基在這裡用原木立起柵欄，建起要塞，這就是克里姆林宮的雛形。1238 年，成吉思汗的孫子拔都在掃蕩東斯拉夫諸多小公國的過程中，將莫斯科克里姆林宮付之一炬。十四世紀中期，有「錢袋」之稱的伊凡一世從弗拉基米爾遷都莫斯科，用橡樹圓木重新疊建克里姆林宮，使其成為莫斯科公國的中心。西元 1367 年，在一場大火將克里姆林宮夷為平地之後，莫斯科人改用白石壘砌宮牆。之後，在十五至十七世紀，隨著莫斯科成了全羅斯的中心，在伊凡三世和伊凡四世當政時期，莫斯科克里姆林宮得到空前發展，宮牆改用紅磚，宮牆上建起了高高的塔樓，宮內陸續建起了聖母安息大教堂、聖母領報大教堂、天使長大教堂和伊凡大帝鐘樓等建築，自那時至今，克里姆林宮的外形一直

沒有太大的變化，宮中的主人們僅僅在宮牆之內作了一些添加。

克里姆林宮南臨莫斯科河，北依亞歷山德羅夫花園，東臨紅場。紅場是莫斯科最古老的廣場，雖歷經修建改建，但仍然保持原樣，路面還是過去的石塊，已被鞋底磨得光滑而凹凸不平。中世紀的紅場建有一排排難以計數的商舖，每一排商舖都從事某種特定商品的交易。十七世紀莫斯科「集市」（紅場）的商舖多達一百二十餘種排數，實際商品的種類也達到這個數目。麵包等食品可以在「麵包」、「麵點」那一排店鋪購買，肉類可以在「火腿」、「脂肪」那一排店鋪購買，蔬菜可以在「大白菜」、「蔥頭」、「黃瓜」那一排店鋪購買；服裝可以在「成衣」、「帽子」、「手套」那一排店鋪購買。此外，還有買賣聖像、蠟燭、鏡子、書籍等許多商品的專排店鋪。這裡不僅買賣俄羅斯自產商品，在蘇羅日店鋪排還能買到諸如義大利、希臘、阿拉伯等地的商品。後來出現了這樣一句俗語來形容莫斯科「集市」商品的琳瑯滿目：「莫斯科集市有你家裡所需要的一切。」為了方便外地商人，集貿市場建造了少有的兩層石建築客棧。留宿商人們可以將貨物在客棧的院裡放上幾天。節日裡，集市成為民間歡慶場所。

有時，這裡也被官府用作公開刑場。禁衛軍時代的伊萬雷帝曾經在莫斯科集市殘暴地處死貴族，十七世紀時，農奴起義首領斯捷潘‧拉辛在這裡被斬首，彼得大帝也在紅場處死過叛亂的射擊軍。公開鞭打是廣為使用的一種刑罰，羅斯稱其為「市場鞭刑」因為它在是集市上公開進行的。

克里姆林宮最高的建築是白色金頂的伊凡大帝鐘樓，建於 1505 ～ 1508 八年，高 81 公尺，裡面藏有五十多口銅鐘。鐘樓外陳列著一口最大的鐘，高 14 公尺，直徑 6 公尺，重達二百多噸，表面上刻有浮雕、人像和題詞，聲傳 50 公里，為世界之「鐘王」。它是十八世紀時由二百多名俄國的能工巧匠費了兩年時間鑄造成的，是俄國鑄造工藝的紀念碑，據說

當時為了得到最佳音色，除用銅和錫外，還加了幾公斤金和銀。

與鐘王相伴的是一尊 34 公尺長長、口徑 89 公尺、40 噸重的「炮王」，這座古式銅鑄大砲從 1540 年開始造起，一直到 1586 年完工，中間換了八個沙皇，至今尚未使用過，巨大的炮口內同時可爬進二三個人。旁邊的聖母升天大教堂巍峨壯觀，五個金色的圓頂金光閃閃，沙皇曾在這裡舉行過加冕典禮，大文豪列夫·托爾斯泰也就是在這個教堂裡被逐出教門。西面有報喜教堂，南面有天使大教堂，此教堂是彼得大帝以前莫斯科歷代帝王的墓地，伊凡雷帝即葬於此。

十八世紀初，彼得大帝遷都彼得堡，莫斯科成了一座「被彼得拋棄的城市」，克里姆林宮也成了座「被彼得拋棄的宮殿」。但是，莫斯科仍是陪都，克里姆林宮也仍然是皇家行宮。在彼得大帝和葉卡捷琳娜女皇時期，克里姆林宮中增建了軍械庫、兵器館、參政院大廈、克里姆林宮大殿等世俗建築。十月革命後，克里姆林宮成為蘇聯領導人的居住和辦公地點，列寧的辦公室至今還原封不動地保留著。1930 年，克里姆林宮的東面宮牆下增建了列寧墓，列寧墓後面的地下和宮牆下還安葬著其他百餘位蘇聯領導人和各界名人。

具有八百多年歷史的克里姆林宮風風雨雨，興衰交替，其建造和發展的歷史，也就是莫斯科城和俄羅斯民族之歷史的一個縮影。

今天的莫斯科克里姆林宮的總面積為 28 公頃。環繞著克里姆林宮的 19 座高塔造型各異，高低錯落，猶如一串凝固的音符。牆內建於不同時期的各種建築，風格多樣。總體上講，莫斯科克里姆林宮外形呈不規則三角形，其內部的建築布局看上去也十分隨意。可奇怪的是，無論你是遠距離眺望，還是置身其中，都可以感覺到各個建築物之間那種和諧的呼應關係。

宮牆內，林木蔥鬱，花草繁茂，教堂聳峙，殿宇軒昂，各種博物館穿插其中尤其要數聖母升天大教堂巍峨壯觀。

大克里姆林宮是克里姆林宮的主體宮殿，坐落在克里姆林宮西南部，1839～1849 年建造，為兩層樓建築，樓上有露臺環繞。大克里姆林宮外觀為仿古典俄羅斯式，廳室全部建築式樣各異，配合協調，裝潢華麗。宮的正中是有各種花紋圖案的閣樓，上有高出主建築物的紫銅圓頂，並立有旗杆，節日時即升上國旗。第一層正面大廳全用大理石、孔雀石裝飾，陳列有青銅製品、精緻瓷器和十九世紀的家具；第二層有格奧爾基耶夫大廳、弗拉基米爾大廳和葉卡捷琳娜大廳。蘇聯解體前，大廳主席臺正中放著列寧塑像。大廳正面有 18 根圓柱，柱頂均塑有雕像。

● 俄羅斯繪畫

俄羅斯繪畫有著悠久的歷史，然而其藝術表達內容在十八世紀前大多以宗教為主。其中就有鑲嵌畫、壁畫、聖像畫、細密畫等幾種主要形式。

後來，俄羅斯繪畫開始擺脫中世紀藝術的束縛，不再囿於宗教聖像題材，開始表現現實世界，力圖如實地反映生活。十八世紀向現實主義藝術的發展，重視起肖像畫來，畫家們均以忠實描寫人的個性特點為主旨。其中德·格·列維茨基便是十八世紀下半葉的肖像名家，人物的場合，面部的表情，柔和的色調，閒逸的姿勢，溫雅的態度，安靜而傷感的情緒都能在畫布上得以展現。

十九世紀上半葉，現實主義在繪畫表現中逐漸取得主導地位，世俗題材開始取代聖經神話。畫家們擺脫古典主義的束縛，描繪同代人的肖像。與此同時，俄羅斯風俗畫也在阿·加·魏涅齊安諾夫的筆下得以展現。畫

家常以鄉村生活為背景來表現體魄健壯的農民。1860 年代民主運動高漲，極大地影響了俄國繪畫藝術的發展。1863 年，一批有才華的美術學院高年級學生開始與傳統決裂。

1863 年 11 月 9 日，彼得堡美術學院裡，13 名應屆畢業生掀起了一次不小的波瀾。他們聰明、勇敢、富有藝術天分和同情心，又充滿了信心與朝氣。他們先是宣布拒絕參加學院舉辦的金盾獎章競賽，接著又毅然決然地離開了這所著名的美術學院，成立了自己的畫派，並在 1871 ～ 1932 年的半個多世紀中，在俄羅斯各地舉辦了 48 次巡迴畫展，從而以「巡迴畫派」的名稱奠定了他們的藝術地位。著名的列賓、列維坦等就是其中的成員之一。

伊里亞・葉菲莫維奇・列賓（1844 ～ 1930 年），俄羅斯批判現實主義繪畫大師。1864 年，他考入彼得堡美術學院，習畫六年後，以優異的成績畢業，並獲得了大金質獎章和公費到義大利、法國留學的機會。1876 年回國，開始了堅持不懈的創作。他後來在皇家美術學院任教 14 年，為俄國美術界培養了一代後起之秀。

列賓在創作上充分觀察和深刻理解生活，並以此為基礎，用豐富、鮮明的藝術語言創作了大量的歷史畫、肖像畫。他畢生創作出大量的畫作，主題涉及俄羅斯社會生活的方方面面。鑑於「巡迴展覽畫派」主張真實地描繪俄羅斯人民的歷史、社會、生活和大自然，揭露沙俄的專制制度，列賓於 1878 年加入該畫派，並創作出大量現實主義的繪畫作品。

列賓著名的《窩瓦河上的縴夫》成為俄羅斯藝術的長卷中卓越的一頁，他為「巡迴畫派」掙得極大的榮譽。畫面上那十一個頂著烈日的縴夫是對苦難最極致、最精彩的詮釋。浩瀚遼闊的窩瓦河，俄羅斯人的驕傲。俄羅斯人的靈魂，在沉重的縴繩拖動下，顯得緩慢而沉重。在狹長的畫卷

裡，被縴夫們的腳步踏出痛苦的喘息。縴夫們的眉頭彷彿是解不開的愁鎖，縴夫們的眼神就像是窩瓦河水一般，緩慢、無奈、茫然向前。凝眸畫卷，極度的悲劇意境正悄然瀰漫，耳邊又似乎響起了《伏爾加船夫曲》，低沉、雄渾，卻又有著難以言喻的悲愴。在這艱辛苦難的漫漫人生旅程中，充滿了各種人生險阻，就像窩瓦河一樣，用無情的波浪逼迫人們低頭、咬牙、吃力地前行。在列賓不朽的畫筆下，窩瓦河上的縴夫把俄羅斯人的苦難推向了極致，用自己的腳步和眼神詮釋了真正的人間地獄。

列賓一生不知疲倦，勤於藝術探索與創作實踐。列賓認為，靈感是對辛勤勞動的一種報酬。他對藝術的要求非常嚴格，近乎於苛刻。長年不斷地勞動，勞動，再勞動幾乎成了他生命的唯一存在方式。晚年的他，因為右手的疾病而逐漸乾癟、癱瘓，失去工作能力的他沒有消沉和放棄，而是以不屈的精神，勇敢面對挑戰。他把調色板用繩子吊在自己的脖子上，用左手繼續從事繪畫。他這種對藝術的巨大熱情，似乎不但可以克服衰老，甚至可以戰勝死亡。也正是他對藝術執著不悔，勇往直前的精神，最終令他的畫作在思想內容和藝術技巧上都實現了高度的結合，獲得了崇高的讚揚。

列賓是一位勤勞的藝術家，十年如一日工作熱情和創作慾望，令他已經養成了收集素材的好習慣。他隨時隨地都在速寫記錄，捕捉了生活的每一朵浪花，挖掘生活的每一條潛流，研究它們的真正底蘊。僅其速寫本就有好幾箱子，它們成了他創作素材的豐富寶庫，從這裡，他的每一幅創作作品就像不竭而流的泉水一樣，不斷湧現。

高尚的精神無疑是其作品的靈魂，高超的繪畫技巧無疑給其作品賦予了雕塑般堅硬的外衣，他的成就能夠代表人類文明經久不衰的經典藝術。

孕育俄羅斯人靈魂的窩瓦河，壯美得令人無以言表，卻又是俄羅斯藝術家心中最輕柔的故鄉。在位於紹紅卡河流入窩瓦河的河口，有著一座古

老寧靜的小城普廖斯，交通不便，與世隔絕，普廖斯因此幸運地保留了山清水秀的天然之美，也定格了迷人的舊時風情。在這片堪稱窩瓦河沿岸最美的地區，最有名的就是那滿山遍野的白樺林。不高的山岡，藍天碧水間浮現的蔥蔥林木，教堂的蔥頭圓頂透過綠蔭如織的樹林送來安靜的鐘聲，美麗的窩瓦河融化在一片色彩斑斕的白樺林中。

　　普廖斯用她獨有的安寧與美麗吸引了一代又一代藝術先驅，巡迴派大師列維坦也沒能抵擋住其無邊的魅力。這位畫家以畫法傳神、細膩和感情激盪而聞名於世。1888 年，年僅 28 歲的列維坦一踏上普廖斯的土地，就立即被這片神奇的白樺林深深地迷上了。他漫步在窩瓦河邊，白樺樹葉子安靜地落在腳邊，畫家的腦海中已深深烙上了這些不朽的畫面：金色的夕陽、清幽的秋雨、銀色的河水、搖曳的白樺林、朦朧斑駁的光影下童話般的木教堂。這就是列維坦筆下「永恆的寧靜」，是畫家對白樺林最深情的謳歌，對窩瓦河不朽的描繪，對天堂最完美的註解。

　　伊薩克・列維坦（1860 ～ 1900 年），俄國傑出的寫生畫家，現實主義風景畫大師。列維坦以其極富詩意的作品，深刻而真實地表現了俄羅斯大自然的特點與優美。他用筆洗練、綜合廣泛、情感充沛，他的風景畫富有沉思、憂鬱的特性，能令人產生出種種不同的精神感受。

　　列維坦十二歲進入莫斯科繪畫雕刻學校半工半讀，師從巡迴派優秀畫家彼羅夫和瓦斯涅佐夫。列維坦的繪畫才華在學習期間便大放光彩，得到風景畫的奠基者的薩符拉索夫的特別青睞。後者將自己所學傾囊相授，尤其是為他講解了俄羅斯繪畫的文學性傳統以及如何在風景畫中用深刻的手法表現抒情性。

　　1879 年的秋天，列維坦完成了處女作《索科爾尼克的秋日》。畫面上灰暗的金色秋日，有如畫家本人的生活那樣淒婉，悲涼。一位穿黑衣的年

輕女郎踩著片片落葉，走在索然的小路上。女孩孤獨地置身於秋林之中，周圍的環境因之也顯得沉思與惆悵。

列維坦在後來的風景畫中再也沒有出現過人影。樹林、牧場、霧靄中的春風和俄羅斯的破舊小木房，這些都成為他永遠的題材。默默無聲的畫面、孤零淒涼的筆調，好似彰顯著畫家的某種心情。

他的風景畫概括和開拓社會生活的各種題材，大膽探索人生的哲理。不但有時代氣息，而且還有生活的特徵。列維坦的風景畫一般以農村的平凡景色為題材，賦予大自然以特殊的含義。在大自然面前，列維坦如此敏銳，而在列維坦眼裡，大自然又是如此生動；似乎每一個普通的角落都充滿了詩情畫意。他的許多優秀的作品似乎都取材於十分平常的景色，但畫家就像點石成金的術士，一下子把它變成了美麗的畫面。在契訶夫的啟發下，列維坦更加接近具有民主思想的人物，使自己的風景藝術更具時代意義。

列維坦的《三月》最大的特點就是滿載著生命力和希望。白樺樹頂殘留的金黃色樹葉，正在融雪的道路，安靜的房舍，悠閒的馬匹，映襯著碧藍的天空。畫家豐富的對比色調讓整個畫面充滿了早春清新的氣息，寧靜的《三月》在列維坦的畫筆下如此接近永恆。

俄羅斯油畫就是俄羅斯不朽的藝術史詩，無論痛苦還是深情、澎湃或是寧靜、沉痛抑或輕柔，都是畫家筆下不朽的地獄和天堂。

隨後，俄羅斯繪畫在二十世紀最初十年又出現了銳意改革的先鋒派。在巡迴畫派陷入停滯不前時，世紀之初的俄羅斯青年藝術家在繪畫領域的一種大膽的革新和反叛。先鋒派藝術家們透過在各種藝術形式裡進行試驗，創作出了一些十分「新」的創作流派，如抽象主義、立體主義、未來主義、原始主義等。

　　十月革命後，蘇聯在1930年代確立了社會主義現實主義的創作方法。
這時期的畫家在繼承了現實主義的繪畫傳統的同時，在作品中添入了革命
的內容。衛國戰爭時期，表現愛國主義內容自然成為畫家創作的主旋律。

　　60至70年代，現實主義仍舊是創作的主流。當然此時已經有好些新
生代畫家開始繼承和遵循俄羅斯繪畫藝術的另外一些傳統。他們的畫面語
言嚴峻、色彩簡單、形式率直、結構簡練，為繪畫界吹來一股新風。進入
80年代後，蘇聯繪畫更加豐富多樣，僑民藝術家對他們的影響開始加大，
尤其是馬列維奇、康定斯基等。蘇聯解體後，俄羅斯自改革開放以來各種
西方藝術思潮的衝擊與洗禮，俄羅斯「現實主義」新生代畫派又再度開始
衝擊世界畫壇⋯⋯

　　當然，由於篇幅的限制，筆者不可能較為詳細地介紹俄羅斯繪畫，在
此以點代面，盡可能將其輝煌與成就呈現在讀者面前。

傷痕中的戰鬥民族俄羅斯：

蘇聯政治改革、世紀文學成就、音樂藝術發展……自由與克制的矛盾體，成就偉大文化的冰封國度

主　　編：羅順江

發 行 人：黃振庭

出 版 者：崧燁文化事業有限公司

發 行 者：崧燁文化事業有限公司

E-mail：sonbookservice@gmail.com

粉 絲 頁：https://www.facebook.com/
　　　　　sonbookss/

網　　址：https://sonbook.net/

地　　址：台北市中正區重慶南路一段六十一號八
　　　　　樓 815 室

Rm. 815, 8F., No.61, Sec. 1, Chongqing S. Rd.,
Zhongzheng Dist., Taipei City 100, Taiwan

電　　話：(02)2370-3310

傳　　真：(02)2388-1990

印　　刷：京峯彩色印刷有限公司（京峰數位）

律師顧問：廣華律師事務所 張珮琦律師

定　　價：399 元

發行日期：2023 年 07 月第一版

◎本書以 POD 印製

國家圖書館出版品預行編目資料

傷痕中的戰鬥民族俄羅斯：蘇聯政治改革、世紀文學成就、音樂藝術發展……自由與克制的矛盾體，成就偉大文化的冰封國度 / 羅順江 主編 . -- 第一版 . -- 臺北市：崧燁文化事業有限公司 , 2023.07

面；　公分

POD 版

ISBN 978-626-357-453-3(平裝)

1.CST: 俄國史

748.1　　112009112

電子書購買

臉書